Aleph Verlag

Frank Sporkmann

Ich habe Kafka getötet

Erzählungen

Inhaltsverzeichnis

Die Personen und die Handlung der Erzählung sind frei erfunden. Etwaige Ähnlichkeiten mit tatsächlichen Begebenheiten oder lebenden oder verstorbenen Personen wären rein zufällig.

Die Nacht, als Tom Crombaile aufflog

„Was ist, Minsky, heute schon ein Showgirl gepudert?“
Erst als Lehmann, alle Welt nannte ihn nur Lehmann, mir im Vorbeigehen die Hand auf die Schulter legte, bemerkte ich, dass der Lacher, der sich zögerlich in der schmuddeligen Lobby des seit Kaisers Abdankung bereits renovierungsbedürftigen Hotels breit machte, auf meine Kosten ging.
Ich war gerade in einen Lokalzeitungsartikel vertieft, der verstörende Erinnerungen in mir wach rief. Lehmann hielt inne und wandte sich neuerlich an mich, diesmal mit gespielt besorgtem Unterton: „Alles in Ordnung? Du schaust, als …“
„Was?“ fragte ich zurück.
„Als hätte dich ein ganzes Rudel Showgirls heimgesucht.“
Diesmal schwoll das Gelächter deutlich an. Lehmann liebte es, stets und ständig die Aufmerksamkeit auf sich zu ziehen. Er legte sofort nach und tänzelte ein paar Schritte durch den Raum, betont mit dem Hinterteil wackelnd. Ich ließ meinen Blick durch die Runde schweifen und hatte plötzlich das beklemmende Gefühl, das ganze Elend dieser Welt baue sich wie eine Mauer um mich herum auf. Was gibt es Erbärmlicheres als ein apathisches Rudel, bestehend aus Handelsvertretern älteren Jahrgangs.
„Leck mich, Lehmann …“, sprach ich halblaut ohne wirklichen Adressaten in den Raum.
“Ich komme bei Gelegenheit auf dein Angebot zurück, Minsky.“

Man nannte mich im Kreis der Eingeweihten Minsky, obgleich mein Name Minkowski ist, weil ich allzu oft von einem Film aus den späten 60er Jahren geschwärmt hatte, der „Die Nacht, als Minsky aufflog“ hieß. Darin wurde die Geschichte der Minsky’s Burlesque Show erzählt. In dieser Show - nicht im Film - gab es eine Tänzerin namens Dardy Orlando, die für mich - ich muss es mir eingestehen - zur Obsession wurde. Sie ist vermutlich der Grund, warum ich allein lebe, denn keine Frau hielt und hält einem Vergleich mit ihr stand.

Sie repräsentiert für mich einen altmodischen Stil von Weiblichkeit voller Anmut und Liebreiz, zwei Eigenschaften, die, wie die sie bezeichnenden Begriffe, inzwischen gänzlich aus dem Bewusstsein und aus dem Sprachgebrauch verschwunden sind. Wer wie ich die Hälfte seines Lebens in miesen oder zumindest völlig unpersönlichen Hotelzimmern verbringt, der lernt die Welt des Films der 50er und 60er Jahre gerade wegen der menschlichen Nähe, der Verbindlichkeit sehr zu schätzen, die heute süffisant lächelnd als Retro abgetan wird. Ich glaube, dass in dieser Epoche ein Riss durch die Zeit ging und die Welt einem Wahnsinn anheimfiel, an den wir uns willig gewöhnten und der mit der Realität nicht mehr allzu viel gemein hat. Seit dieser Zeit wurde das Geld zu einer übermächtigen Idee, obgleich es ja nur ein Zahlungsmittel ist. Der Fetischcharakter war ihm allezeit immanent und heutigentags, wo ohnehin alles, aber auch alles ausgepreist ist, verheißt Geld Macht und Unabhängigkeit. Eine lächerliche Illusion, wie ein kurzer Blick in die Geschichte beweisen würde. Die Bilder, die heute über die Leinwände oder TVs flimmern, spiegeln nur noch selten echte Menschlichkeit wider, mit der sich die Ottonormalverbraucher, zu denen ich mich durchaus zähle, identifizieren könnten. Die Bilder sind unwahr, albern fiktional und dümmlich manipulativ, ein Mündungsfeuer medialer Kriege, in denen es nur noch um Einschaltquote geht, um die Gehirne der Zuschauer. Diese Gehirne werden systematisch zu Brei zerschossen, um sie dann mit Werbung zu verdünnen. Eine Grundeigenschaft unserer medialen Welt ist die Würdelosigkeit, eine neue Form der Barbarei, an der sich Menschen in ihrer eigenen Würdelosigkeit weiden. Ekel, ja, Ekel ist vermutlich das Grundgefühl meines Lebens, dem ich mich mit den lebendigen Bildern im Format 4x3 und mit mäßigem Erfolg zu entziehen suche.
Ich lebe also in der Welt der Burlesque Shows und des Vaudevilles, also in einer untergegangenen. Das ist ein wahrer Luxus, der mich allerdings auch sehr verletzlich macht, denn ich sehe selten oder nie eine Gefahr. Ich tappe in jede emotionale Falle, die man mir vorsätzlich oder auch unbewusst stellt. Immerhin habe ich mein Verhalten in geschäftlichen

Dingen einigermaßen optimieren können, so dass der Luxus auf mein Privatleben beschränkt bleibt. Gewiss besitze ich die umfangreichste Sammlung von Videomaterial, Fotos und anderen medialen Beiträgen zum Thema, gesammelt auf einer handlichen, sehr leistungsfähigen Festplatte. Dieser digitale Schatz ist ein reeller Trost an den langen, unbehausten Abenden in besagten Hotelzimmern. Und es gibt derer zu viele, denn ich bin Handlungsreisender für, nun sagen wir es mal fahrlässig, Kneipenausstattungen. Es ist kein Job, auf den man besonders stolz sein könnte, doch da mir eine gewisse Beredsamkeit, vermutlich das einzige Talent, gegeben ist, verdiene ich ganz anständig und habe es nicht sonderlich schwer, in der Branche zu bestehen. Zumindest kann ich mit Lehmann problemlos mithalten. Und der ist eine wahre Rampensau, wenn man mal den Theaterjargon bemühen darf, der zwar Kollege, aber vornehmlich Konkurrent ist.
Der Kreis der Eingeweihten, wie er sich selbst nennt, trifft sich einmal im Jahr in einem Landgasthof oder einem Drei-Sterne-Hotel mit Seminarraum zu einer Art Messe, wo Hersteller, die, und das ist entscheidend, auch alle Kosten für den Aufenthalt tragen, ihre neuesten Produkte präsentieren. Neue Produkte klingt ein wenig hochtrabend, denn eigentlich sind es nur neue Variationen der alten Produkte. Bierdeckel bleibt schließlich Bierdeckel und Aschenbecher, von denen seit dem Rauchverbot in Gaststätten naturgemäß so gut wie gar keine mehr gebraucht werden, ebenfalls. Der Kreis der Eingeweihten ist eigentlich ein Rudel Schakale, nicht die hellsten Lichter im Lüster, nicht die gepflegtesten und auch nicht die sensibelsten Vertreter des Berufsstandes. Viele haben eine unbeherrschbare Neigung zu alkoholischen Getränken und lediglich die eingefleischte Angst um den Führerschein, lebensnotwendig für einen Handlungsreisenden, naturgemäß allesamt Kombi- oder Kleinbusfahrer, ist ein brauchbares und wirkungsvolles Korrektiv.
Trotz aller Konkurrenz gibt es in dieser barbarischen, nur auf Geld starrenden Gesellschaft von Möchtegern-Salesmans so etwas wie einen natürlichen Respekt voreinander, deren Grenzen selbstredend von einigen Alphatieren, Lehmann hält

sich ganz gewiss für ein solches, immer wieder ausgetestet und geprüft werden. Diese seltsame Hassliebe bedeutet auch, wie die vielen Jahre der Bekanntschaft gezeigt haben, dass jeder mit jedem schon mal geschlafen hat, soweit es die sexuelle Orientierung erlaubt. Die Zahl der weiblichen Handlungsreisenden liegt gerade einmal bei etwas mehr als dreißig Prozent. Das lässt natürlich ahnen, wie Testosteron geschwängert die Veranstaltungen sind, insbesondere wenn man zum so genannten gemütlichen Teil übergeht.

„Was ist los, Minsky", tönte Lehmann durch den Raum, „hast du deine Todesanzeige entdeckt?"

Ich starrte auf die Zeitung und die Headline, die über einem dreispaltigen Artikel prangte: Mann verbrennt bei dem Versuch, seinen Hund zu retten.

„Mann verbrennt bei dem Versuch, seinen Hund zu retten", las ich laut vor.

„Und, hat der Hund es geschafft?" Lehmann erntete dafür keinen Lacher und genau das ist der Punkt, an dem auch in dieser Horde von Pavianen noch ein Mindestmaß an Mitgefühl spürbar wird.

„Nein, beide sind umgekommen."

Lisa, ihren Nachnamen kenne ich nicht und geschlafen habe ich mit ihr auch nicht, seufzte mit anschwellender Stimme: „Oh, Gooott. … Scheißgeschichten gibt es!"

Eine kurze Pause der Bedachtsamkeit, es Besinnlichkeit zu nennen wäre eine starke Übertreibung, bestrickte den Raum.

„Ich kannte ihn", hörte ich mich unerwartet sagen. „Er hat hier ganz in der Nähe in der Pampa eine Übernachtungspension für Radler mit einem Cafe oder besser mit einem kleinen Restaurant für italienische Spezialitäten geführt. Das war ein echter Scheißtyp, sage ich euch."

Lehmann heulte augenblicklich auf: „Scheißtyp! … Aus deinem Mund ein Wort wie: Scheißtyp! Das musst du uns erzählen."

Ich spürte, wie mir Schamesröte ins Gesicht stieg. Tatsächlich gehörte ein Wort wie Scheißtyp nicht zu meinem Vokabular, zumindest war es kein Wort, das mir in Gesellschaft achtlos entschlüpfte.

„Ihr kennt doch alle die Floskel: Ich glaub, ich bin im falschen Film. … Habt ihr ehrlich eine Vorstellung, was das bedeutet? Ich kann euch sagen, ich habe es erlebt, was das bedeutet. Der Typ, der hier verbrannt ist mit seinem Hund, hieß Tom Crombaile."

Lisa reckte ihren Hals in die Höhe und krähte: „Migrationshintergrund!"

„Mitnichten", antwortete ich gelassen, „gebürtiger Deutscher mit nordischen Vorfahren, … wenn es dich beruhigt." Lisa schmollte. Sie gehörte zu den Menschen, die ein vollendetes Weltbild hatten, und die nun kompromisslos daran arbeiteten, die Realität dem Weltbild anzupassen. Gelang das nicht auf Anhieb, waren sie augenblicklich zutiefst beleidigt.

„Also, ich war auf dem Weg von Berlin nach Norden. Brandenburg, Mecklenburg-Vorpommern …"

„Die Sibirientour ...", verkürzte Lehmann meine Ausführungen.

„Korrekt. Ich war spät aus Berlin weggekommen und brauchte ein Quartier. HRS empfahl mir diese Radlerherberge, relativ neu, gut ausgestattet für einen akzeptablen Preis. Die Anfahrt war selbst mit Navi abenteuerlich, aber ich fand es noch vor Sonnenuntergang. Es muss im Mai oder Anfang Juni gewesen sein. Das Gebäude war solide renoviert, zweistöckig mit Hochparterre und ausgebautem Dachgeschoss. Es stammte aus der Mitte des 19. Jahrhunderts und sah aus wie ein prächtiges, aber nüchternes, trutziges Gutshaus mit seinen großen Fenstern und einer halbhoch vergitterten, zweiflügligen Tür über dem Eingangsportal. Am rechten Giebel befand sich eine hölzerne Terrasse, die bis an einen kleinen Bachlauf heranreichte. Ich hatte über Smartphone gebucht, suchte nun die Rezeption und stand unverhofft in einem ganz normalen, schmucklosen Treppenhaus. Ein junger, sehr scheu wirkender Mann streifte eilig an mir vorüber, eine Aktenmappe unter dem Arm und eine Brotbüchse in der Hand. Seinen Gruß zu erwidern, blieb mir keine Zeit, so sehr wunderte ich mich über die Brotbüchse. Eine Brotbüchse war für mich immer ein Synonym für Familie, für Zuhause, für Geborgenheit und für Menschen, die einem sehr nahe standen. Jetzt erschien

sie mir wie ein Relikt aus einer längst vergangenen und vergessenen Welt. Wann hatte ich das letzte Mal in meinem Leben eine Brotbüchse gesehen? … Kaum hatte ich mich orientiert, stand ich einer kräftigen Schäferhündin gegenüber. … Ihr wisst, dass ich mit Hunden nicht so kann. Ich war vollkommen paralysiert.“
„Para … was?“ Der Frager war ein gewisser Knut aus Hamburg, von dem niemand wusste, wie er in diesem Job eigentlich durchkam, so schwerfällig und schlicht war er. Einige munkelten, er hätte in der Nähe von Hamburg ein kleines Familienhotel, das von seiner Frau, einer wahren Xanthippe betrieben wurde, vor der er, den Job als Handlungsreisenden vorschützend, auf der Flucht war.
„Erstarrt vor Angst“, übersetzte ich das Wort paralysiert.
Knut dachte angestrengt nach und man konnte es auch deutlich an seinen flackernden Augen sehen, als sich unerwartet für alle Anwesenden, es waren so an die fünfzehn Personen, ein Grinsen auf seinem Gesicht ausbreitete. „Verstehe.“ Der Eine oder Andere zweifelte daran.
Ich fuhr fort: „Die Schäferhündin bellte nur ein einziges Mal. Dann öffnete sich auf dem Flur eine Tür. Sie führte in ein Büro, wie ich deutlich erkennen konnte und heraus trat besagter Tom Crombaile.“ Ich tippte auf die Zeitung, um anzudeuten, dass er nicht mehr unter den Lebenden weilte. Von nun an lief die Geschichte als beängstigend deutliche Erinnerung vor meinem inneren Auge ab, wie ich sie erlebt hatte, und ich gab getreu wieder, was ich erlebt hatte. Ausgenommen die langen Momente des Schweigens, wenn der Alkohol und das Entsetzen übermächtig wurden.

2

„Michalski?“ Tom Crombaile war großgewachsen, er überragte mich um einen ganzen Kopf, und ziemlich schwergewichtig. Er bewegte sich sehr gemessen, um das Adjektiv phlegmatisch zu vermeiden, und sein mitteldeutscher Dialekt war bereits bei dem einen einzigen Wort unüberhörbar.

„Minkowski“, entgegnete ich eilfertig, ohne die Hündin aus den Augen zu lassen. In dem Moment, als wir uns die Hände schüttelten, entspannte sich das Tier und sank in seiner ganzen Länge und Breite geschmeidig auf die groben Fliesen.
„Minkowski, … Verzeihung, eine Übernachtung mit Frühstück?“
„Ganz recht. Ich habe die Buchungsbestätigung auf dem Smartphone.“ Dabei fingerte ich das Gerät aus der Tasche, um den Beweis des Gesagten anzutreten.
Er winkte ab. „Ich habe einen Ausdruck.“ Dann schaute er ein wenig ungläubig auf meine handliche Reisetasche. „Ist das Ihr gesamtes Gepäck?“
„Handlungsreisender! Da lernt man ballastfrei unterwegs zu sein.“
Tom Crombaile schob den Unterkiefer nach vorn, was seinem birnenförmigen Gesicht den Ausdruck eines Nussknackers verlieh, und kraulte die kurzen, dünnen, rötlichen Haare auf seiner blassen Kopfhaut. Schließlich zuckte er mit den Achseln und trabte los.
„Dann zeige ich Ihnen mal das Zimmer, Herr M…“
„Minkowski.“ Was war an diesem Namen nur so problematisch, dass ihn sich kaum jemand auf Anhieb merken konnte? Ich dachte, während wir die breite Holztreppe in den ersten Stock hinauf stapften, darüber nach, ob ich mir einen gefälligen Künstlernamen zulegen sollte, verabschiedete mich allerdings augenblicklich wieder von der Idee, denn schließlich war ich kein Künstler.
„Ihr Zimmer, Herr Mi…“ und als er sich von mir abwendete, hörte ich ihn in sich hinein brabbeln, „…oder wie auch immer.“
Ich war überrascht. Der Raum war hoch, hell und vor allem groß, hatte gut fünfundzwanzig Quadratmeter. Das angrenzende Bad war mindestens ebenso großzügig. Mein Einzimmerappartement, das ich nach vielen Jahren der Entbehrung inzwischen beinahe abgezahlt hatte, erschien mir längst nicht so komfortabel. Ich ließ es ihn in einem Anflug von Schwärmerei wissen. Das Mobiliar empfahl sich skandinavisch schlicht, Kiefernholzmöbel mit cremefarbenen

Bezügen. Der Fussboden war Parkett, neues Parkett, schnörkellos verlegt und edel. Ich gestehe, ich bin ein echter Fußbodenfan, genieße beispielsweise in amerikanischen Filmen die verschwenderischen, aus lebendigen, schön gemaserten Hölzern bestehenden, perfekt lackierten Fußböden. Sie versetzen mich geradezu in Verzückung.
„Wollen Sie noch etwas essen?“ Tom Crombaile stieß mir seinen riesigen Schädel entgegnen, wie ein Adler seiner Beute. Seine Augen schwammen wässrig in ihren Höhlen und die Vorstellung, sie könnten bei einer heftigeren Bewegung heraus schwappen, lösten bei mir ein Unbehagen aus.
„Äh, sehr gern, wenn ich noch etwas bekommen kann?“
„Im Restaurant. Ich erwarte Sie. Eingang am Ostgiebel.“ Damit wendete er behäbig, durchschritt die Tür, zog sie hinter sich her, als wäre er mit ihr verwachsen, und entschwand meinem Blick.
‚Das war doch mal eine positive Überraschung‘, dachte ich bei mir und begann mich auszubreiten. Eine halbe Stunde später, nachdem ich mich eingerichtet hatte, stieg ich die Treppe wieder hinab, um mich ins Restaurant zu begeben.
„Essen Sie Fleisch?“ Ich entdeckte Tom Crombaile hinter einem metallenen Tresen, hinter dem sich ganz offensichtlich eine Heiz- oder Kochplatte befand, denn dünner Dampf umnebelte ihn. „Sie essen doch Fleisch, oder? Ich erkenne es an Ihrer Hautfarbe. Diese käsige Blässe verrät Sie.“
„Oh ja, ich esse Fleisch.“ Ich hatte bis dahin immer geglaubt, ein gesundes Aussehen zu haben. Es war Frühling und ich war bislang kaum der Sonne ausgesetzt gewesen. Es war also, wenn überhaupt, eine winterliche Blässe.
„Dann mach ich uns mal zwei schöne Steaks.“ Er hob die rechte Hand über den Tresenrand und ich sah an einer Grillgabel zwei gewaltige Fleischbrocken von jeweils gut vierhundert Gramm baumeln. Mit einem breiten Grinsen ließ er die Stücke fallen und augenblicklich löste sich Tom Crombaile in einer Bratendampfwolke auf.
Das Fleisch kam rare auf die Teller, die sich auf dem einzigen eingedeckten Tisch im ganzen Raum befanden. Der Gastraum war überschaubar gestaltet. Im Hintergrund lief eine bizarr

anmutende Musik, meinen Hörgewohnheiten gänzlich fremd. Es waren ehemalige DDR-Bands, deren simpel-kitschigen Texte die letzten Identifikationsnervenstränge der ostdeutschen Neubundesbürger zu ihrer Vergangenheit enthüllten, die sie, wie ich besonders in Brandenburg und Mecklenburg-Vorpommern feststellen konnte, nun eifrig verklärten. Der Tunnelblick könnte in diesen Breiten erfunden worden sein. Das war ein Teil des Preises für die deutsche Wiedervereinigung. Sie konnten einem leidtun.
Obgleich der Gastraum mit edlen Materialen ausgestattet war, wirkte er unpersönlich, kühl und seelenlos. Zusammen mit der Musik, die immerhin in sehr dezenter Lautstärke und darum nur unterschwellig erklang, war das Ganze eine befremdliche Mischung. Hier fehlte ganz offensichtlich die Hand einer Frau. Dass das ein Irrtum war, sollte ich erst später erfahren. Weibliche Hände können auch vollkommen unsichtbar und spurlos bleiben. Es gab vier Tische, an denen jeweils sechs Stühle standen und mittendrin lag die Schäferhündin mit äußerst wachen Augen. Sie rührte sich nur, wenn Tom Crombaile es ihr mit einer fast unmerklichen Handbewegung bedeutete. Dann erhob sie sich und schlich herbei, die Rute zwischen die Hinterläufe nach innen gebogen. Ich wusste wenig über Schäferhunde, erinnerte mich aber an einen Zeitungsartikel, in dem sich ein Psychologe über das Verhältnis von Hitler zu seiner Schäferhündin ausließ. Auf allen Fotos war zu sehen, dass Hitlers Hündin dieselbe Haltung einnahm. Der Kommentar des Autors: Hitler beherrschte das Tier durch Angst und nicht mittels Liebe.
„Ist das Restaurant geschlossen?“ Das Fleisch war von vorzüglicher Qualität, saftig und cremig weich. Der frisch gemahlene Pfeffer tat ein Übriges. Ich genoss es.
„Wie kommen Sie darauf?“
Ich blickte mich fragend um.
„Hierher verirren sich selten Gäste. Auf die Dörfler kann ich gut und gern verzichten. Kulinarische Analphabeten. Die sitzen mit ihrem Sixpack lieber vor dem Fernseher und fressen den Dreck, den sie in der Werbung den ganzen Abend sehen.“

Er hatte sich, ohne mich zu fragen, zu mir an den Tisch gesetzt, als wären wir miteinander verabredet gewesen. Vielleicht hatte ich auf der Internetseite auch nur das Wort Familienanschluss überlesen. Im Grunde war es mir egal; ich heuchelte Interesse, um das Gespräch am Leben zu halten.
„Also, nach meiner Erfahrung lebt ein Restaurant von zahlenden Gästen."
Tom Crombailes Kiefer hörten augenblicklich auf zu mahlen. Er schaute sich um. Dann schluckte er vorsorglich und ließ ein tieftönendes Lachen hören.
„Ach, Sie denken, das ist ein Restaurant?"
Ich schaute ihn verwundert an. „Sie sagten oben im Zimmer: ‚Im Restaurant. Ich erwarte Sie. Eingang am Ostgiebel.' … Oder habe ich mich verhört?"
Er ließ seinen Blick durch den Raum schweifen, als sähe er ihn zum ersten Mal und begriffe ihn erst jetzt gleichsam als ein Restaurant. Dann, als wurde er unvermittelt von einer tieferen Erkenntnis heimgesucht, klärte sich sein Blick wieder.
„Natürlich ist es ein Restaurant, aber ich betreibe es vornehmlich für mich. Gäste, naja, sagen wir mal so, sind durchaus erwünscht. … Ich veranstalte gelegentlich Kochworkshops."
„Dann sind Sie Koch?"
„Wie kommen Sie darauf?" Er nahm einen Schluck Wein und schenkte uns nach. Es war sizilianischer Wein, schwer und vollmundig, mit einem sehr exotischen Abgang in Richtung massiver Gewürze. „Ach, Sie denken, ich verdiene meine Brötchen damit? Nein, ich habe ein Bauunternehmen."
„Dann ist das hier Hobby?"
„In gewisser Weise … nennen wir es Lebensform. Sehen Sie, ich locke Gäste hierher, mache sie betrunken, raube sie aus und entsorge sie im Wald hinter dem Dorf."
Ich starrte ihn an. Und nach einem weiteren kleinen Schluck Wein, den er mit spitzen Lippen einsog, merkte Tom Crombaile an: „Haben Sie nicht bemerkt, dass Sie der einzige Gast sind? Wir zwei sind ganz alleine hier in dem großen, alten Haus." Ruckartig lehnte er sich zurück und fuhr mit nüchternem Ton fort: „Das war zumindest im Mittelalter eine

gängiges Geschäftsmodell. Ich habe einen Baubetrieb, den man so zwischen Tür und Angel nicht erklären kann. Sehr komplex, sehr dynamisch. Und Sie? Was machen Sie?"
Ich nahm meinerseits einen Schluck Wein, denn ich war mir in diesem Augenblick nicht sicher, ob ich noch eine Stimme hatte.
„Handlungsreisender. Vertreter für Gaststättenzubehör und –bedarf. Selbstständig." Ich wies mit meiner Rechten auf den Raum und nickte dabei ein wenig zu heftig.
Er lachte jetzt erstaunlich natürlich. „Tja, da ist bei mir kein Geschäft zu machen. Ich bin mit allem reichlich eingedeckt."
Ich antwortete erneut mit einem zu heftigen Nicken.
„Und wo kommen Sie her? Haben Sie die Gaststätten und Restaurants der Umgebung abgeklappert?"
Ich atmete tief aus, um endlich zu einem natürlichen Ausdruck zu gelangen. Natürlicher Ausdruck ist in meinem Job das beste Handwerkszeug. Es schafft Glaubwürdigkeit.
„Ich komme aus Berlin von einem Motivationstraining."
Das schien sein Interesse zu wecken und er beugte sich wieder vor.
„Motivationstraining … Ich dachte immer, Motivation hat man oder man hat sie nicht. So etwas kann man sich doch nicht antrainieren, oder? Wie muss ich mir das vorstellen? … ‚Du bist der Tiger! Sei ein Raubtier! Beiß zu und reiß dir deinen Teil aus dem Kadaver Volkswirtschaft, Rrrr' …"
Er wirkte dabei sehr komisch, obwohl ich später feststellen musste, dass sein Humor, wenn überhaupt, nur sehr rudimentär ausgebildet war. Dabei ist Humor doch ein deutlicher Indikator für Intelligenz und die unterstellte ich ihm zu diesem Zeitpunkt noch.
„Ja", ich musste tatsächlich lachen, „ … Ja, ja, so in etwa."
„Haben Sie für diesen Unsinn etwas bezahlt? Mussten Sie Geld dafür bezahlen, dass Ihnen jemand erklärt, der Tiger sei ein gefährliches Raubtier?"
„Nein, das wusste ich auch vorher schon. Die Industrie- und Handelskammer hat die Veranstaltung ausgerichtet." Ich fand derartige Bemühungen durchaus sinnvoll und versuchte, diese Ansicht mit einem Lächeln zu unterstreichen.

„Was?“
Ich glaubte, er hätte akustisch nicht verstanden und wiederholte: „Nein, das wusste ich …“
Ein Missverständnis, wie sich herausstellte, denn er formulierte seine Frage nun in Gänze. „Was haben Sie vorher schon gewusst?“
„Nun, dass der Tiger ein gefährliches Raubtier ist.“ Er lehnte sich langsam wieder zurück, sah mich dabei unverwandt an und bemerkte schließlich lapidar. „Ist er nicht!“ Er schleuderte den Rest seines Steaks auf den Fußboden, etwa einen halben Meter vor die Schnauze der Hündin, die sich nicht rührte.

Ich hatte bereits aufgegessen und war mir nicht sicher, ob ich noch die geringste Lust hatte, das Gespräch fortzusetzen. Tom Crombaile war mir zutiefst unsympathisch. Doch meine Kinderstube riet mir ab. Es ist ein Leichtes, sich aus einer Gruppe zu verabschieden. Ist man allerdings mit einer einzigen Person allein, ist das ungleich schwieriger. Gewissensbisse zwacken den, der selbst ungern einfach stehen oder, wie in diesem Fall, sitzen gelassen wird. Dennoch war ich Willens, eine unüberwindliche Müdigkeit zu reklamieren, um auf mein Zimmer zu gelangen. Jedoch, der Augenblick war verpasst.
„Sie glauben wirklich, der Tiger sei ein gefährliches Raubtier. Was ist an einem Tiger gefährlich? Es gibt hier gar keine Tiger, insofern ist der Vergleich lächerlich. Und wenn es irgendwo einen Tiger gibt, dann ist es ein sehr berechenbares Tier. Nach einer bestimmten Zeit ohne Futter weiß man, dass es bald auf die Jagd gehen und dann ein anderes Tier töten wird, welches in sein Beuteschema passt. Im Übrigen ist es gegenüber dem Menschen nicht sehr wehrhaft. Sie können das Tier jederzeit mit einer entsprechenden Waffe töten. Der Tiger ist eigentlich ein lächerliches Tier, denn es hat nicht die geringste Ahnung, wie schwach und verletzlich es tatsächlich ist.“ Ganz beiläufig bedeutete er der Hündin mit einer kraftlosen Handbewegung, dass sie nun das Fleisch fressen dürfe, was sie auch sofort tat.
Ich schaute auf das Tier, überlegte kurz und fragte nach: „Welches Tier halten Sie für gefährlich?“

Tom Crombaile verteilte den Rest Wein aus der Flasche auf unsere beiden Gläser. Schließlich entkorkte er eine weitere Flasche derselben Marke, die bei mir bereits Wirkung zeigte, um den süffigen Traubentrank atmen zu lassen und begrub damit vorerst meine zögerlichen Rückzugspläne.
„Kein Tier. … Schimmel! Schimmel ist am gefährlichsten. Schimmel ist mein Favorit."
Möglicherweise war dies der Augenblick, in dem ich an seinem Verstand zu zweifeln begann. Es war aber in jedem Fall der Augenblick, in dem mein wohl geordnetes Weltbild Risse bekam.
„Nun", bemerkte ich immer noch in der Hoffnung, das Gespräch ausklingen lassen zu können, „es ist ja nur eine Metapher, wie zum Beispiel der Dschungel des Marktes. Und im Dschungel ist der Tiger ein gefährliches Tier."
„Mag sein, aber wenn Sie schon eine Metapher bemühen, dann sollte sie zumindest stimmen. Und im metaphorischen Dschungel der menschlichen Gesellschaft ist der metaphorische Schimmel viel gefährlicher. … Ich gab auch einmal den Tiger. Tiger sind schön, werden bewundert, aber sie sind nicht effizient. Wenn er einem anderen Tiger begegnet, kann es schnell vorbei sein mit der Herrlichkeit. … Vor allem, wenn sie als Tiger nicht bereit sind, bis zum Äußersten zu gehen. Und auch dann gibt es keine Garantie. Sie stehen als Tiger immer im Rampenlicht, zumindest so lange, bis die Verwesung einsetzt."
Ich kam nicht umhin, ihm Recht zu geben.
„In dieser Gesellschaft geht es permanent um Aneignung, um Inbesitznahme. Ein Tiger kann nicht in Besitz nehmen. Aber Schimmel. Schimmel breitet sich aus und Schimmel ist strategisch. Schimmel streut unentwegt seine Sporen und wenn seine Zeit gekommen ist, wird der Schimmel sichtbar und wenn er sichtbar geworden ist, hat er längst Besitz genommen. Er hat das, was er in Besitz genommen hat, unbrauchbar für jeden und alles gemacht. Das ist wahrer Besitz. Niemand wird wieder Anspruch darauf erheben können oder wollen."
Ich steckte meine Nase in das Weinglas und sog das herrliche

Aroma ein. „Das ist aber eine ziemlich eklige Metapher, finden Sie nicht? Wenn man den Vorgang zu Ende denkt, ist doch das, was vom Schimmel in Besitz genommen wurde, verdorben."
„Eklig? Ganz und gar nicht. Es ist genial und es funktioniert. Ich weiß, wovon ich rede. Sie müssen nur erkennen, wo etwas abzusterben beginnt. Selbst eine Ahnung reicht aus, um vorsorglich die Sporen zu platzieren. Dann lässt man den Dingen ihren Lauf. Es geht doch nicht darum, zu besitzen, sondern zu konsumieren, zu verbrauchen."
Jetzt hatte Tom Crombaile meine volle Aufmerksamkeit und heftiger Widerspruch regte sich in mir.
„Sie meinen damit vernichten. Aber dann gäbe es keinen Reichtum oder wenigstens Wohlstand. Den strebt doch jeder gesunde Mensch an."
Er starrte mich an, als hätte ich etwas unglaublich Dummes von mir gegeben.
„Was, denken Sie, ist Reichtum?"
Ich antwortete prompt: „Der Besitz von ausreichend finanziellen Mitteln, um keinem Broterwerb nachgehen zu müssen."
Er lachte schallend. „Das ist doch kein Reichtum, das ist nur viel Geld. Worauf basiert diese Gesellschaft? Doch darauf, dass alles, was produziert wird, schnellstmöglich verbraucht und somit vernichtet wird. Jede Form von Akkumulation ist Sand im Getriebe der Ökonomie. Leute wie Sie, Sparer, Wahrer, Häuslebauer, Vorsorger, Kinderabsicherer sind Feinde dieser ökonomischen Ordnung. Und alle diese Menschen sind arm, denn sie hinterlassen keine Spuren auf diesem Planeten. Da braucht es Menschen wie mich, die die Harmonie von Werden und Vergehen wieder herstellen. Und zwar mit allen zur Verfügung stehenden Mitteln. Wissen Sie, wer den Satz ‚Der Zweck heiligt die Mittel' gesagt hat?"
Ich schüttelte, mir meiner Unwissenheit schmerzhaft bewusst, den Kopf.
„Machiavelli."
Nun wusste ich in groben Umrissen, wer Machiavelli war. Die Tatsache, dass er nicht über Machiavelli zu reden begann,

sondern den Namen wie ein Orakel im Raum stehen ließ, machte mich stutzig. „Nun, das ist ja alles schön und gut, aber doch letztlich nur graue Theorie. Das Leben ist allemal vielfältiger, um es mit solchen Metaphern hinreichend erklären zu können."

Er schaute mich mit seinen wässrigen Augen wie ein desillusioniertes Kind an. „Ach, Sie gehören auch zu den Menschen, für die restlos klar ist, was gut oder schlecht, was schön oder hässlich ist? … Nun ja, es lebt sich bequem in so banalen Kategorien. Ich werfe Ihnen das nicht vor."

Ich war mir nicht hundertprozentig sicher, aber das grenzte für mein Gefühl nun doch an Beleidigung. „Niemand hat das Recht, einem anderen Menschen seinen Wertekanon vorzuwerfen."

Er setzte tatsächlich noch eins drauf: „Sie haben einen Wertekanon!" Und ehe ich reagieren konnte, füllte er erst mein und dann sein Glas mit dem rubinfarbenen Trank. Ich nahm die Geste als stille Entschuldigung. Tom Crombaile trank einen Schluck und straffte seinen, der Schwerkraft längst unterlegenen, massigen Körper.

„Sie wollen praktische Beispiele, um es zu verstehen, sonst ist es beleidigend für Sie. Stimmt's?"

Ich fühlte mich wie ein ertappter dummer Junge, spürte, wie mir die Schamesröte den Hals hinaufkroch und antwortete hastig: „Wenn es der Wahrheitsfindung dient."

„Hm", schnaufte er. „Dann sollten wir erst mal ein paar Dinge klären, damit wir nicht aneinander vorbei reden. Zuallererst, Wahrheit gibt es nicht. Die Lüge gibt es, die können Sie zweifelsfrei entlarven; der Wahrheit kann man sich annähern, aber nie zweifelsfrei. Dazu ist das menschliche Wesen nicht fähig. Dann sollten Sie akzeptieren, dass moralische Werte in einer Gesellschaft absolut nebensächlich sind. Was zählt, ist die Legalität. Nur Legalität schafft Handlungsräume, Moralität engt sie bis zur Handlungsunfähigkeit ein. Darum haben wir Gesetze, um die Legalität zu definieren. Stimmen Sie mir im Wesentlichen zu?"

Während ich verhalten nickte, zuckte ich gleichsam mit den Achseln; ich hatte nicht die geringste Vorstellung, worauf er hinaus wollte.

Tom Crombaile begann seine Rede, die sich dann für mich als eine echte Lebensbeichte entpuppte. „Gehen wir einmal dreißig Jahre zurück. Ich war damals ein Tiger in Kaschmirmantel und siebenhundert Mark teuren Budapestern, mit großem Silberpfeil und unentwegt das teuerste Handy am Ohr. Als Kind der DDR, Vater hochgeschätztes Parteimitglied, mit einem mäßigen Fachschulabschluss war ich hungrig auf das Leben, und ich wollte es mit vollen Händen greifen. Das Glück war mir hold und ich bekam eine Anstellung als Abteilungsleiter bei einem expandierenden westdeutschen Unternehmer. Der Mann war ein echter Patriarch. Sein Leitspruch: Ich bin fair, kann aber ein knochenharter Hund sein. Es herrschte Goldrausch. Alles schien entgrenzt und mein Patriarch agierte wie ein Halbgott. Er rief mich beispielsweise an und forderte mich auf, in einer halben Stunde in seinem Büro zu erscheinen. Als ich entgegnete, ich sei gerade zweihundert Kilometer entfernt, brüllte er entrüstet durchs Telefon: Dann chartere einen Flieger! … Dabei ging es eigentlich um Nichts, was nicht auch vierundzwanzig Stunden hätte warten können. … Das wurde die Regel. Bald schon sonnte ich mich im Glanz des Patriarchen, saß neben ihm auf der Ehrentribüne bei Sportveranstaltungen, weil er die Clubs und Vereine sponserte. Er begann, Kunst zu sammeln, obgleich er nicht das geringste Interesse daran hatte, wie ich selbst übrigens auch nicht. Es war reines Investment. Auch mangelte es ihm an Sachverstand und Sensibilität. Aber dafür gibt es Leute, die man kaufen kann. … In meinem Arbeitsbereich genoss ich die Macht, mit der ich ausgestattet war und mein unausgesprochenes Motto war: Ihr folgt mir oder ihr fallt von der Leiter. Bald schon wurde mir schmerzlich bewusst, dass ich Angestellter und abhängig von der Gunst des Patriarchen war. Nicht, dass es Gründe gab, an seinem Wohlwollen zu zweifeln, aber mein Ego passte einfach nicht mehr in diese Rolle. Der Gedanke daran begann mich zu zerfressen wie eine Säure. Da bemerkte ich, dass der Patriarch sich zunehmend mit anderen, sehr attraktiven Frauen in der Öffentlichkeit zeigte und ich erfuhr, dass seine Ehefrau erkrankt war. … Multiple Sklerose. Hässliche Sache. Wann immer ich bei ihnen zu Gast oder wir auf gemeinsamen Geschäftsreisen waren, empfahl ich mich der Frau als Tröster, als einer, mit dem man reden kann, dem man sein Herz ausschüttet. Ich erlebte, wie sich die Verzweiflung der Frau ins Unermessliche zu steigern begann. Und in dem Maße, wie ihre Verzweiflung und schließlich auch ihr Hass wuchsen, wuchs auch ihr Vertrauen in mich. Ich hörte einfach nur zu. Das genügte. Aufgemerkt, hier war etwas im Absterben begriffen und ich streute, ohne mir dessen damals so recht bewusst zu sein, meine Sporen aus. Ich nahm Besitz vom Bewusstsein der Frau, deren Krankheit mich im Übrigen völlig kalt ließ und in mir nur Ekel erzeugte. Ich begann, sie mit Medikamenten zu versorgen, die in Apotheken nicht erhältlich waren. Ich bezog sie von einem ehemaligen Leibwächter des Patriarchen, einem armen Würstchen, der zu blöd war, einen Eimer Wasser umzustoßen. Er wurde Taxifahrer, nachdem er seinen Leibwächterjob verloren hatte, woran ich im Übrigen nicht ganz unbeteiligt war. Irgendwann schälte sich immer deutlicher heraus, dass der Patriarch derart miserabel gewirtschaftet hatte, ich hatte ihn dabei nach Kräften unterstützt, dass die Firma unmittelbar vor dem Ruin stand. Seine Frau, um die er sich kaum noch kümmerte, war inzwischen zur einen Hälfte in beispielloses Selbstmitleid, zur anderen Hälfte in rücksichtslosen Hass gegen ihren Mann versunken. Sie äußerte mir gegenüber eine tiefe Todessehnsucht, gestand aber auch ihre Angst vor dem Schritt. Wenn es jemanden geben würde, der ihr dabei behilflich wäre … Der Frau konnte geholfen werden.“

Tom Crombaile hatte die Weingläser erneut gefüllt und prostete mir zu. Dabei war sein Gesicht seltsam abwesend, als hätte er Probleme, aus der dreißig Jahre zurückliegenden Welt in die Gegenwart zu gelangen. Er war es auch nicht.

“Am Ende der Geschichte stand bereits erwähnter Taxifahrer, der die beiden in ihrem Ehebett mit acht Schüssen aus einer kleinkalibrigen Maschinenpistole hingerichtet hatte, vor Gericht. Alles deutete auf Raubmord hin, denn die Villa war komplett durchwühlt worden. … Der Taxifahrer war einige Tage danach mit der Bankkarte des Opfers erwischt worden, als er versuchte Geld abzuheben. Im Prozess blieb zuletzt nur noch eine Anklage wegen Tötung auf Verlangen übrig. Der Mann behauptete, und man glaubte ihm, dass er mit der Tat ein Versprechen eingelöst hatte, welches er dem Patriarchen Jahre zuvor gegeben hatte. Die forensischen Untersuchungen ergaben einen hohen Pegel an Narkotika, dieselben Schmerzmittel, mit denen ich die Frau seit längerem versorgt hatte, in den Körpern der Opfer. Die hätten allerdings nicht den Tod der beiden zur Folge gehabt. Das Urteil, vier Jahre und neun Monate, ein echtes Schnäppchen, wie ich finde. Das müssen Sie sich mal auf der Zunge zergehen lassen. Einem Taxifahrer, der zuvor bereits im Rotlichtmillieu gearbeitet hatte, Fahrer bei einem Escortservice gewesen war und zugab, für den Patriarchen Politiker und geschäftliche Konkurrenten bespitzelt zu haben, kaufte der Richter ein Ehrenwort ab. Entschuldigung, aber so etwas hat man doch nicht einmal dem Bundeskanzler geglaubt. Niemand hat auch nur ein einziges Mal auf die Frau des Patriarchen geschaut. … Der Patriarch hatte ihr einige Abende zuvor eröffnet, dass er sich von ihr trennen würde. Die Frau war einverstanden. Sie gestand mir, sie sei dazu bereit, vorausgesetzt, der Tod scheide sie voneinander. Das war leicht zu arrangieren. Sie hatte nur dafür zu sorgen, dass er tief und fest schlief. Der Taxifahrer hatte tatsächlich geglaubt, dass es beider Wunsch war. Er hatte tatsächlich geglaubt, Tote zu erschießen. … Da sehen Sie mal, wie unterschiedlich geflügelte Sätze interpretiert werden könne: „Die Justiz ist blind." Das meint für all die lächerlichen Moralisten dieser Welt, sie ist unparteiisch. Ich sage, sie ist einfach nur eine blinde Kuh."

Tom Crombaile genoss seine putative Überlegenheit und zeigte ein breites Homerisches Grinsen. Er schenkte diesmal nur sich selbst nach, da mein Glas noch annähernd voll war, und fuhr mit seiner Erzählung fort. Mir taumelten vom Alkohol und seiner Beichte bereits die Sinne.

„Nachdem die Staatsanwaltschaft die Firma unter die Lupe genommen hatte, wurde das Insolvenzverfahren eingeleitet und ich kaufte für einen vergleichsweise lächerlichen Betrag den von mir verwalteten Firmenteil auf. Den Kredit dafür drängte man mir geradezu auf. Nun frage ich Sie,

Herr Minkowski, ist die Geschichte für Sie schlüssig? Also, für mich wäre sie es nicht. Ich finde sie geradezu absurd. Und doch ist es genau so ausgegangen."
Mein Hals war trocken. Ich spülte meine Benommenheit mit einen großen Schluck Wein hinunter und Tom Crombaile beeilte sich, meine Meinung in Erfahrung zu bringen. „Nun, was denken Sie?"
„Ich bin jetzt schon irritiert. Warum haben Sie mir eigentlich die Geschichte erzählt? Wollen Sie etwa andeuten, dass Sie selbst ...ich meine, ... dass Sie? Ach, ich weiß nicht, was ich davon halten soll."
Er suchte geradezu lüstern Bestätigung und ließ mich nicht aus: „Glauben Sie, dass der Prozess die Wahrheit ans Tageslicht gebracht hat? Glauben Sie, dass es sich so zugetragen hat. Glauben Sie, dass hier Gerechtigkeit gewaltet hat? Es war eine schlüssige Geschichte, auf Grund derer die Schuldfrage für geklärt schien. Ich meine, der Taxifahrer hat geschossen und die Frau des Patriarchen wollte sterben. Das entsprach durchaus der Wahrheit. In wie weit allerdings deckten sich die Vorgänge mit dem Willen des Patriarchen. An diesem Punkt müssen wir uns eingestehen, dass die Wahrheit nicht zweifelsfrei ans Licht gelangen wird. ... Ich stand am Ende als Retter etlicher Arbeitsplätze da. Sie sehen, was auch immer mein Anteil an der Geschichte war, ich bin ein Guter."
Er stand auf, ging hinter die Theke und kehrte mit einer Schale Oliven und einem Teller mit Käse zurück. Es war Ziegen- und Schafskäse, wie die helle, fast weiße Farbe und auch der Geruch verrieten. Dann nahm Tom Crombaile einen Schluck und ließ den Wein genüsslich die Kehle hinunter rinnen, grinste zufrieden in sich hinein, schob eine Olive nach und bemerke Unheil verkündend: "Und das war erst der Anfang."
Ich war verwirrt. Warum hatte er mir die Geschichte erzählt? Konnte sie überhaupt stimmen? Wenn ja, war es dann Prahlerei? Wenn es Prahlerei war, war es nicht gefährlich für ihn?
„Sie fragen sich, warum ich Ihnen das erzähle, nicht wahr? Sie denken, es ist nur eine Geschichte, die ich mir ausgedacht

habe. Aber sicher sind Sie sich nicht, denn die Geschichte ist zu gut, als dass sie sich jemand wie ich, einer vom Bau, ohne Abitur, ausdenken könnte. Und wenn sie stimmt, bringe ich mich nicht selbst in Gefahr? Ich sage Ihnen, warum ich Sie Ihnen erzähle. Zuallererst, weil es mit absoluter Sicherheit in jeder Hinsicht ohne Folgen bleibt, was ich Ihnen erzähle. Und ich erzähle Ihnen das, damit Sie etwas lernen; damit Sie sich endlich von Ihrer antrainierten Moral befreien, denn die bremst Sie aus. Wenn ich Sie so anschaue, bin ich mir sicher, Sie haben manches Geschäft nicht zum Abschluss gebracht, weil Sie meinten, der Wirt stehe mit seiner Kneipe nicht gut da und das letzte, was der gebrauchen kann ist ein verchromter Luftbefeuchter, oder spülmaschinentaugliche Bierdeckel oder versilberte Zahnstocher, die antiseptisch sind, nicht wahr? … Wirte, die ihre Kneipen nicht halten können, müssen zugrunde gehen. Es kommen neue Wirte, die es besser machen oder auch baden gehen. So bleiben die Dinge im Fluss, vor allem das Kapital. Das ist gut. Und wenn Sie jetzt denken, der Kerl hat gut reden, sein Portfolio ist sicher prall gefüllt, dann täuschen Sie sich ganz gewaltig. Ich habe nicht lange gebraucht, um die Firma, die ich dem Patriarchen abgejagt hatte, in den Ruin zu treiben. Und wissen Sie warum? Weil ich immer noch den Tiger gemimt, weil ich den Patriarchen einfach nur ersetzt und kopiert habe.“

Er machte eine Pause und dachte nach, als wolle er sich auf den Fortgang seiner Geschichte besinnen. Dabei schwenkte er seinen Wein und schien sich in dessen Rot zu verlieren. Plötzlich ging ein Ruck durch seinen Körper und ein Glucksen stieg aus den Tiefen seiner Massen auf.

„Ich muss zugeben, ich beanspruche den Ruhm nicht alleine, denn ich hatte meinen Buchhalter als Partner mit ins Geschäft genommen, um das Risiko zu verteilen, was an sich nicht unklug ist. Doch der war mir stets einen Schritt voraus, hatte den Konkurs rechtzeitig auf dem Schirm und bereitete seine Rolle dabei gut vor. Darüber hinaus fuhr er schon mehrgleisig und sicherte sich materiell bestens ab. … Ich hatte einige Jahre zuvor eine Frau kennen gelernt. Simone. Sie war wie ich versessen auf Luxus und auf Status. Wir verstanden uns

auf Anhieb. Es gab einige Frauen nach der Scheidung von meiner ersten Ehefrau, die so gänzlich andere Vorstellungen vom Leben hatte als ich und die immerhin den Mut hatten, sich von mir zu trennen. … Sie kennen den Satz, Geld macht sexy. Frauen, die Geld sexy finden, haben eine Libido wie ein Girokonto. Sie sind anschmiegsam, wenn der Cashflow funktioniert. Aber scheu, wie das Reh namens Kapital. … Simone war anders. Sie wirkte stark, selbstbewusst und erfolgsorientiert. Sie lachte gern und viel. … Aber mit dieser Einschätzung irrte ich gewaltig, wie ich bald feststellen musste. Sie war von ihrem Vater, der ein Jahr zuvor an Herzschwäche gestorben war, ihre gesamte Kindheit und Jugend über sexuell ausgebeutet worden. Er hat sie derart beherrscht durch sexuelle Abhängigkeit, Bevormundung und finanzielle Verführung, dass sie eine völlig instabile Persönlichkeit entwickelt hatte, die ohne den Vater gar nicht existieren konnte. Ich gebe ehrlich zu, den Mann hätte ich gern kennengelernt. Simone und ich begegneten uns auf beruflicher Ebene, stellten aber schnell fest, dass wir auf dieselbe Schule gegangen waren. … Probieren Sie den Käse; es ist französischer aus Region Périgord-Dordogne.“
Letzteres hatte Tom Crombaile vom zerfransten Rest der Verpackung abgelesen, wobei er die geografischen Namen deutsch intonierte, was einigermaßen lächerlich klang und sein selbstverliehenes Attribut Gourmet mehr als nur in Frage stellte. Das Versprechen, ein Feinschmecker zu sein, fand sich auf der Website zu den Kochkursen, wie ich später nachlesen konnte. Es war eher ein Versprecher, denn wirklich Feinschmecken und Genießen kann für mein Dafürhalten nur, wer genug Poesie in sich trägt, um den Genuss auch zu beschreiben. Daran war bei Tom Crombaile jedoch nicht im Entferntesten zu denken. Er war indes in der Lage, Unmengen hochwertigster Nahrungsmittel in sich hinein zu stopfen, ohne den Genuss zu reflektieren. Das kam ihm ganz augenscheinlich überhaupt nicht in den Sinn. Selbstsicher und gelassen fuhr er fort.
„Simone. … Es brauchte gar nicht lange, bis ich ihre Schadhaftigkeit bemerkte. Ich hatte sie bewegt, ihren Job

aufzugeben und mit in die Firma einzutreten. Das war dumm, das gebe ich zu. Sie war zu sehr involviert und vor allem begann sie, mich und mein Handeln und vor allem mein Auftreten zu kritisieren. Ich meine, wer braucht eine Frau an seiner Seite, für die man sich den Arsch aufreißt und die einen dafür kritisiert. Sie warf mir Arroganz vor, Maßlosigkeit, Herrschsucht. … Zugegeben, ich bin nicht der Typ, der sich mit seinen Angestellten gemein macht. Sie hat das immer von mir erwartet. Sie selbst hat es getan. … Ich war der Unternehmer; ich habe ihnen Arbeit gegeben; ich erwartete, dass getan wird, was ich verlangte. Nicht mehr und nicht weniger. So ist das nun mal eingerichtet. Daran gab es nichts zu rütteln. Dafür wurden die Leute schließlich bezahlt, … nun ja, zuletzt nicht mehr… Als ich drei Jahre später in Konkurs ging, mein Partner kam einigermaßen unbeschadet raus, denn er hatte bereits alle seine Vermögenswerte seiner Ehefrau übertragen, hat mir die Belegschaft die von der Arbeitskleidung herunter gerissenen Firmenembleme ins Gesicht geschleudert. Da wusste ich, dass ich ihnen gegenüber zu nachlässig gewesen war, zu weich, zu verständnisvoll. … Undankbares Gesocks. Ich hoffe inständig, sie haben nie wieder Arbeit gefunden und sind Alkoholiker geworden. Es folgte also eine Privatinsolvenz. Sie wissen über so was Bescheid, oder?“

Die Frage war rhetorisch, wie sich sogleich herausstellte. Aber abgesehen davon kannte ich mich nicht wirklich aus. Ich war immer der Ansicht, wer bankrott ist, kommt nicht wieder auf die Füße.

„Sieben lange Jahre der Demütigung. Das war eine echte Lehrzeit. Als sie sich dem Ende neigte, war ich mir sicher, dass ich nie wieder eine Schaufel in die Hand nehmen würde.“

Mir war plötzlich speiübel, der Batzen Fleisch lag mir im Magen wie die vielbesungenen Wackersteine. Der Wein tat ein Übriges. Allerdings war ich noch immer vollkommen aufnahmefähig und mein Gehirn arbeitete, wie es sollte. Ich wollte nur heraus aus der Geschichte, die mich nichts anging und die ich eigentlich gar nicht wissen wollte, oder doch?

„Was heißt das, eine Schaufel in die Hand nehmen?

Mussten Sie in den Knast?“
Tom Crombaile schaute mich mit weitaufgerissenen Augen an und wieder beschlich mich dieses Unbehagen, sie könnten aus ihren Höhlen flutschen und auf den Tisch fallen. Diesen fischig kalten Blick kannte ich bislang nur aus schlechten Horrorfilmen. Es war, als würde er lachen, doch dieses Lachen verließ seinen massigen Körper nicht, sondern brachte ihn lediglich zum Beben, das sich rhythmisch ausbreitete und wieder in das tiefste Innen zurückströmte.
„In den Knast? … Wo denken Sie hin. Ich habe weitergemacht, wie bisher, habe eine neue Firma gegründet und einfach weiter gemacht.“
„Wie? Ich denke, Sie befanden sich in einer Privatinsolvenz. … Also jetzt erzählen Sie mir wirklich Läuschen.“ Ich war irgendwie froh, ihn als Schwindler überführt zu haben, denn langsam beängstigte mich seine Lebensbeichte.
„Sie haben nicht die geringste Ahnung, welche Möglichkeiten es gibt. Haben Sie noch nie das geflügelte Wort gehört, dass eine Insolvenz zugleich auch eine Chance ist? Ich hatte eine willige Partnerin an meiner Seite, die nur eine Angst hatte, nämlich auf den Luxus verzichten zu müssen. Ich habe auf ihren Namen eine neue Firma gegründet, die eigentlich die alte war. … Es hat ihrer Eitelkeit geschmeichelt, dass sie alles unterschreiben durfte und ich hatte freie Hand. Allerdings dauerte es nicht lange, bis sie sich ihrer reinen Strohfraurolle bewusst wurde, denn ich hatte weder die Lust noch die Zeit, jede Entscheidung mit ihr zu diskutieren, zumal ich die Entscheidungen ja schon getroffen hatte. Das hat bei ihr Ängste ausgelöst, denn schließlich hatte sie begriffen, dass sie für alles gerade stehen musste. Ich denke, zu dieser Zeit nahm ihr Psychopharmakakonsum bedenkliche Formen an. … Mich hat es nicht sonderlich gestört, wenn sie ganze Wochen lang nicht mehr aus dem Bett kam. Ich war in der Firma, die ich leitete, als geringfügig Beschäftigter angestellt. Und da das jeder wusste, was allerdings keine Konsequenzen nach sich zog, denn die Ämter schauten lieber weg als hin, weil hinschauen Arbeit bedeutet, war es sinnvoll, den Standort zu wechseln. Abgesehen davon wollte ich endlich eine eigene

luxuriöse Immobilie haben, die ein bisschen was hermacht. … Die ist doch nicht schlecht, oder?"
Er deutete mir, in dem er den rechten Arm kreisen ließ, dass es sich um eben diese Immobilie handelte, in der ich mich gerade befand und die in der Tat eine Menge hermachte.
„Ich verstehe nicht, Sie waren doch gerade insolvent. Um so etwas zu erwerben braucht es Geld, Kredite …"
Er war sichtlich zufrieden mit meinem Einwand, denn jetzt konnte er noch großspuriger ausholen und erzählen.
„Ein Narr, wer sich in so eine Insolvenz fügt und sieben Jahre lang am Existenzminimum vegetiert. Es reichte, den Eindruck zu erwecken, kein Geld zu haben, auf das Gläubiger eventuell zugreifen konnten. … Geld. … Ja, Geld brauchte es auch und ich hatte gelernt, nicht nur andere die Verantwortung für mein Handeln tragen zu lassen, sondern auch das Geld anderer Leute dafür zu benutzen. Als erstes überredete ich Simone, ihre Mutter zu bitten, eine Grundschuld auf ihr kleines und sehr bescheidenes Häuschen aufzunehmen. Die Mutter war nicht das Problem, sondern Simones Bruder, ein nichtsnutziger Künstler, der es in seinem Leben zu nichts gebracht hatte, abgesehen davon, dass er wie ein Penner, also ohne Geld, die ganze Welt bereist hat. … Simone vergötterte ihn geradezu, denn dem Typ fiel eigentlich alles in den Schoß. Der lebte, als gäbe es kein morgen mehr und die Frauen liebten ihn. Er seinerseits liebte indes die Schwester, so dass es kaum Überredungskünste bedurfte, seine Zustimmung zu bekommen. Für die Mutter war das Wort dieses mir zutiefst widerwärtigen Menschen ein Evangelium. … Der Bruder war einigermaßen erstaunt, als er erfuhr, dass wir die marode Hütte mit 60.000 Euro beliehen hatten. Die Rente der Mutter war ausreichend, um, sollte etwas passieren, die Tilgung und die Zinsen bedienen zu können. Abgesehen davon hat der Steuerzahler einen Großteil der Kohle zurückgezahlt. Ich habe der Mutter, wohlgemerkt einer beinahe achtzigjährigen Frau, die zweihundertfünfzig Kilometer entfernt wohnte, einen Arbeitsvertrag gegeben und die Lohnkosten von der Steuer abgesetzt. Das Amt hat´s geschluckt. Niemand kommt

in einem Amt auf die Idee zu hinterfragen, was eine beinahe achtzigjährige Frau in einer zweihundertfünfzig Kilometer entfernten Baufirma arbeitet. Das schreit doch geradezu nach unternehmerischer Initiative. Sie hat mit dem Einkommen die Hypothek bedient. Ist das genial oder ist das genial.“
Er hielt inne und genoss neuerlich den Wein und den Nachhall seiner auf sich selbst gehaltenen Lobeshymne.
„Sie hätte, wenn es schief gegangen wäre, ihr trautes Heim nicht verlassen müssen. Sie wäre lediglich genötigt gewesen, sich etwas einzuschränken. Ich finde, das war doch eine sehr menschliche Geste meinerseits. Erstaunt allerdings war der Bruder, als er erfuhr, dass ich auf die 60.000 Euro, die ja nun mein Eigenkapital waren, noch einen Kredit über 240.000 Euro herauspresste. Das absolute Maximum. Ich liebe es, Maximum zu erzielen! Was sonst niemand wusste, war, dass ich diesen Kredit dringend benötigte, um die Firma am Laufen zu halten, die schon wieder schwer ins Schlingern geraten war. Der nächste Konkurs deutete sich bereits an, was sich insofern als ungünstig erwies, da ich noch nicht wieder geschäftsfähig war. Ich musste die sieben verflixten Jahre überstehen. Es waren zugleich auch sieben Lehrjahre, in denen ich meine Strategien vervollkommnen und langfristig planen lernte. Die Firma befand sich längst auf der schiefen Ebene. Ich musste nur aufpassen, dass es nicht zu schnell abwärts ging. Also brauchte ich Geld und das holte ich mir bei meiner Familie, ich habe sämtliche Geschwister und vor allem die Eltern angepumpt. Dabei ist mir klar geworden, wie viele Unternehmen in dieser ach so grandiosen Volkswirtschaft nach dem Schneeballprinzip funktionieren. … Mit Simone ging es wie mit der Firma rapide bergab. Immer öfter brauchte sie Therapien, was mir nicht unangenehm war, denn die Rolle als Frau spielte sie in unserer Beziehung schon lange nicht mehr. Aber ich brauchte sie und ihren Namen; also hielt ich sie hin und bezahlte gern auch für teurere Einrichtungen. Es ist schon erstaunlich, was für medizinische Institutionen es gibt, wo Menschen, die dringend Hilfe brauchen, eigentlich nur einen von den Krankenkassen bezahlten Wellnessurlaub bekommen. … Erschütternd! … Aber auch ein Geschäftsfeld,

auf dem es sich lohnen würde, zu investieren. … Bei Simone waren es Ängste, durchaus berechtigte, das gebe ich zu, die sie in immer tiefere Depressionen stürzten. Selbst bei ihrem gewaltigen Medikamentenkonsum entging es ihr nicht, dass ich schon wieder jonglierte und einfach zu viele Bälle in Bewegung halten musste. Es zeichnete sich allerdings ab, dass ihr Bewusstsein in überschaubarem Zeitraum bis an die Grenze der Zurechnungsfähigkeit getrübt sein würde, was es mir immer einfacher machte, meine Sporen zu streuen. Es wurde eine Lebensversicherung für sie abgeschlossen, nicht zu hoch, aber doch beträchtlich genug. Jetzt dauerte es nur noch ein paar Monate, bis meine Insolvenzzeit ablaufen würde und ich konnte anfangen Nägel mit Köpfen zu machen. Einer dieser Nägel war ein Testament. Da wir weder verheiratet waren, noch in eingeschriebener Lebensgemeinschaft lebten, ich war ja geringfügig Beschäftigter bei Simone, ließ ich mich testamentarisch zum Universalerben machen. …“

Er hielt plötzlich inne und überlegte, als wäre er im Zweifel, ob er gut daran täte weiter zu erzählen. Und als brauche er Zeit für seine Überlegungen, öffnete er langsam und behutsam eine neue Flasche Wein. Ich hatte längst den Überblick verloren, die wievielte es eigentlich war. Er roch mechanisch am Korken und schenkte ein, meine Geste ignorierend mit der ich anzudeuten versuchte, dass ich genug hätte.

„Erinnern Sie sich, was ich am Anfang unseres Gesprächs über Moral sagte? Ich sagte Ihnen, dass das Wichtigste Legalität ist, denn Legalität schafft Handlungsräume, Moralität engt sie bis zur Handlungsunfähigkeit ein. Sie müssen stets darauf schauen, dass die Legalität der Handlungen nachgewiesen werden kann. Sie werden erstaunt sein, wie viele Möglichkeiten sich daraus ergeben. Erben ist eine wunderbare Sache. Um richtig zu erben, braucht es gute Anwälte. Es gibt Anwälte und Anwälte. Sie brauchen Anwälte. Die Anwälte, die ich meine, sind Anwälte, die wissen, was legal und was illegal ist und wie man zum Beispiel illegale Dinge, Vorgänge, was auch immer, in legale umwandeln kann. Ich hatte und habe solche Anwälte; Anwälte, mit denen man strategisch planen kann, die mir Sicherheiten auf dem

Papier gezaubert haben, mit denen ich an beinahe jeden Kredit kam. Darunter waren auch Sicherheiten, die andere besaßen, und die nicht wussten, dass ich deren Sicherheiten zu meinen Sicherheiten machen konnte. Damit kommen wir zum Testament Simones. Ich denke, Sie sind zu zart besaitet, als dass ich Sie mit den Einzelheiten des Zustandekommens belasten möchte. Nehmen Sie es einfach als gegeben. Wichtig war, dass niemand Kenntnis davon hatte. Ein Rat am Rande: Wenn Sie auf etwas mit absoluter Sicherheit bauen können, dann auf die Gutgläubigkeit und die Naivität ihrer Mitbürger in solchen Dingen. Ich genieße es immer wieder, wenn sie plötzlich aus allen Wolken fallen. …“
Er machte eine lange und bedeutungsvolle Pause, als wollte er eine gewichtige philosophische Sequenz in die Welt bringen. Wie so oft kreißte der Berg und gebar eine banale Maus.
„Was denken Sie, sind die Menschen schlecht, die Böses tun oder die Menschen, die ahnungslos das Böse gewähren lassen. Ich sage Ihnen, es sind letztere, denn diese Menschen kommen ihrer Pflicht zur Verantwortung, gegen das Böse präventiv vorzugehen, nicht nach. Das ist sträflich; das muss bestraft werden. Selbstverständlich nur mit legalen Mitteln. Sehen Sie, Eichmann war doch nicht böse, er hat im Rahmen der Legalität seine Arbeit gemacht. Es waren die Mitmenschen, die das Ergebnis seiner Arbeit nicht infrage gestellt haben, um ihm eine andere Arbeit zu geben. … Probieren Sie doch mal den Käse. Der ist … der ist … der ist gut.“
Ich lehnte mit einer Handbewegung ab und wollte nicht glauben, was ich da hörte. Ich war versucht, mich unter dem Tisch in den Schenkel zu kneifen, um in Erfahrung zu bringen, ob ich nicht vielleicht träumte. Allein das Bewusstsein, dass ich mich unter dem Tisch in den Oberschenkel kneifen wollte, um in Erfahrung zu bringen, ob ich träumte, bewies mir, dass ich nicht träumte. Der Gedanke war entsetzlich.
„Ich langweile Sie doch hoffentlich nicht? … Ich will mich kürzer fassen. Machen wir an dem Punkt weiter, an dem meine Insolvenzzeit auslief und ich wieder geschäftsfähig wurde. Es war höchste Zeit und mir brannte bereits der Hintern. Schon bei meiner Insolvenz gelang es mir nur dank

der Anwälte, nicht wegen Insolvenzverschleppung angeklagt zu werden. Es waren heikle Verhandlungen. Es kostete mich Einiges. Inzwischen war ich in einer ähnlichen Situation ..."
Er hielt erneut inne und lauschte mit düsterer Miene in sich hinein. Doch dann hellte sich das Gesicht wieder auf und er fuhr fort, was mir deutlich zu verstehen gab, dass auch bei ihm der Alkohol längst zu Beeinträchtigungen führte.
„Also nicht ich war in einer ähnlichen Situation, sondern Simone, denn es war ja ihr Laden."
Er kicherte kurz, wedelte mit der rechten Hand in der Luft herum, als müsse er meine Aufmerksamkeit erregen und fuhr fort.
„Die kommende Insolvenz begann sich ziemlich deutlich abzuzeichnen und ich hing total in der Luft. Was wäre geschehen, wenn Simone in Konkurs gegangen wäre? Ich hätte das Haus verloren, die Firma ... wir hätten definitiv vor dem Nichts gestanden und ich hatte eine Menge Schulden bei meiner Familie, das Darlehen bei Simones Mutter, die ihren Scheinjob und ihr Einkommen verlieren würde ... Es war höchste Eile geboten. Der einzige Ausweg aus der Situation war der Tod Simones. ... Was schauen Sie so entsetzt. Aus ökonomischer Sicht gab es keine Alternative. Zudem war sie bereits so tief im Drogensumpf versunken, dass sich die Frage stellte, ob es überhaupt gut für sie gewesen wäre, sie da wieder rauszuholen? Sie hatte schon Organschädigungen und für ihre Psyche gab ich keinen Pfifferling mehr. ... Ich wusste, wie sehr sie sich wünschte, von mir geheiratet zu werden. Wahrscheinlich glaubte sie, dass ich ihr dann moralisch verpflichtet sei. ... Ja, schauen Sie nur, Frauen denken so. ... Ich ließ sie in dem Glauben, hatte allerdings nicht einkalkuliert, dass der Gedanke daran und die Beschäftigung mit den Vorbereitungen ihr Aufwind gaben. Ihr Drogenkonsum ging zurück. Es blieb mir nichts anderes übrig, als ihr einen letzten Tiefschlag zu versetzen. Ich hatte inzwischen im Internet eine Frau kennen gelernt, Janin69, hatte mich schon einige Male mit ihr getroffen und tat nun alles, damit Simone eine Ahnung von diesem Verhältnis bekam. Zeitgleich offenbarte ich ihr, dass ich die Hochzeit

angesichts ihres Zustandes für keine gute Idee hielt. Diese Tortur hatte genau die richtige Dosis. Simone verabschiedete sich in einen Dauerrausch, bei dem jeder Außenstehende deutlich sehen konnte, dass sie nichts mehr unter Kontrolle hatte. … Das Wunderbare an dem erbarmungswürdigen Scheitern aller Pläne war, dass sie sich selbst die Schuld gab und mir so, ohne es auszusprechen, verzieh. Sie hatte in jeder Hinsicht versagt und mir, der ich mich redlich bemühte, gelang es nicht mehr das Ruder herumzureißen. … Das Jahr neigte sich dem Ende. Die buchhalterischen Auswertungen ergaben, dass Simone bankrott war. Es war höchste Eisenbahn. Und dann, Halleluja, ersehnt aber dennoch unverhofft, kam der Tag der Erlösung. Zwei Wochen vor dem Offenbarungseid tauchte sie plötzlich am Vormittag in Jogginklamotten und Bademantel im Büro auf, gleich hier nebenan, faselte unzusammenhängendes Zeug, torkelte eine Runde durch den Garten und verschwand wieder in der Wohnung. Ich ging hinauf, stellte das Frühstücksgeschirr in den Geschirrspüler und stellte ihn an. … Ich sah sie auf dem Sofa liegen, regungslos. … Als ich im Büro an meine Arbeit ging, war ich derart erregt, dass ich mich auf kaum etwas konzentrieren konnte. Es waren die längsten drei Stunden meines Lebens. Ich habe mich gefühlt wie ein Ertrinkender, der nur den Kopf aus dem Wasser heben braucht, um Luft zu bekommen. Doch wenn er das tut, trifft ihn der Blitz."
Er hielt mir seinen Unterarm hin und strich sich behutsam über die aufgestellten Härchen.
„Unbeschreiblich. Selten habe ich mich so lebendig gefühlt in meinem Leben. … Dann sah ich plötzlich Saskia vorfahren. Saskia war eine Freundin Simones, hier im Dorf wohnhaft. Es war purer Zufall. Ich hatte keine Ahnung, dass sie kommen wollte. Für mich war es dennoch ein Glücksfall. Sie ging direkt hinauf in die Wohnung und kam kaum eine Minute später ins Büro gestürzt, um zu verkünden, dass Simone bewusstlos auf dem Boden des Wohnzimmers lag, die Hündin im Arm, und nicht mehr atmete. … Haben Sie schon mal einen heftigen Stromstoß bekommen? So fühlte ich mich, zitterte am ganzen Leib und hatte motorische Störungen. Ich habe ein

verdammt gutes Bild abgegeben. Unser Mitarbeiter im Büro, ein ziemliches Weichei, er ist Ihnen begegnet, als Sie kamen, hätte in den höchste Tönen Hymnen auf meine Erschütterung gesungen, wenn es vonnöten gewesen wäre. …"
Ich sah plötzlich ganz deutlich den jungen Mann mit der Brotbüchse an mir vorbeihasten. Vermutlich hätte ich ihn schon vergessen, wenn da nicht die Brotbüchse gewesen wäre.
„Aber es war nicht vonnöten. Der Notarzt kam und, ob Sie es glauben oder nicht, man reanimierte sie. Sie erlangte allerdings nicht mehr das Bewusstsein und verstarb während der Fahrt ins Krankenhaus erneut. Im Krankenhaus hat man sie noch einmal reanimiert und wieder begann ihr Herz zu schlagen. … Also, das war schon hart. Aber ich konnte doch unmöglich sagen, lasst sie sterben. Es soll so sein. … Das war wirklich eine Qual für mich und ich hasste diese ganze Bande von Weißkitteln. … Ich meine, einerseits war es gut, dass Saskia und nicht ich sie gefunden hatte, andererseits hätte sie auch eine oder zwei Stunden später kommen können. Es wäre ein schönes rundes Bild vom Tag gewesen. Wir haben gemeinsam gefrühstückt. Ich habe ihr Müsli bereitet … Sie wäre mitten am Tag noch einmal auf der Szene erschienen und drei oder vier Stunden später hätte man den Tod diagnostiziert …"
Er schaute versonnen in sein Weinglas, als wollte er sein Wunschbild heraufbeschwören, das ihm nicht vergönnt war. Die Bilder, die ich im Kopf hatte, waren keine Wunschbilder. Warum nur hatte er den Geschirrspüler erwähnt?
„Warum haben Sie das Frühstücksgeschirr in den Spüler gestellt?"
„Tja, warum wohl? … Weil ich ein ordentlicher Mensch bin."
Tom Crombaile starrte mit trübem Blick und hängenden Wangen in eine unerfindliche Ferne. „Man weiß ja nie, auf was für dämliche Gedanken die Menschen kommen. Ein übereifriger Staatsanwalt hatte tatsächlich eine Obduktion gefordert. Man unterließ sie letztlich vermutlich aus Kostengründen. … Was hätte dabei schon herauskommen können? Dass sie eine Überdosis Psychopharmaka genommen hatte! Sie nahm ständig hohe Dosen Psychopharmaka zu sich. Jeder wusste

das. … Das war eine unumstößliche Tatsache. Irgendwann musste es schief gehen. … Ja, das Frühstücksgeschirr. Was wäre wohl dabei herausgekommen, wenn man es untersucht hätte? … Und die Beisetzung, Gott war das schön. Nicht, dass Sie glauben, ich sei kein Genießer. Ich habe mir eine Beisetzung für 8.000 Euro geleistet und ich habe sie nur für mich gemacht. Mein Leid und meine Trauer brauchten einen würdigen Rahmen. Ich habe den Tagungsraum eines vorzüglichen Golfclubs gemietet. Alles war vom Feinsten. Schade nur, dass ich die blöde Sippe von Simone nicht außen vor lassen konnte. Ich hätte so gern ganz allein Abschied von ihr genommen."

Er schaute mich jetzt aufmerksamer mit seinen wässrig fischigen Augen an, als wollte er meine Stirn durchdringen, um zu erfahren, was gerade in mir vorging, welche Wirkung seine Ausführungen auf mich hatten, ob ich verunsichert sei oder gar ängstlich. Mir schwante nichts Gutes und ich versuchte, meine Gesichtszüge unter Kontrolle zu halten, was nicht sonderlich schwer fiel, denn der viele Alkohol hatte die Muskulatur längst gelähmt. Nüchtern fuhr er fort.

„Wissen Sie, Herr Minkowski, was das eigentlich Verräterische war? Das Timing. Ich meine, wie blind muss man sein, ... Und wissen Sie, warum es aufging? Weil niemand auch nur die leiseste Ahnung zuließ, dass das alles kein Zufall war. Selbst der dümmste Trottel geht immer von der Gutherzigkeit des anderen aus. Diese Scheißmoral ist auch nur Schimmel. … Janin69 war zu der Zeit schon präsent, doch niemand bemerkte sie. Ich hatte, ganz nebenbei gesagt, eine gute Wahl getroffen, denn sie hatte Geld. Und auch bei ihr arbeitete der Schimmel bereits, ohne sichtbar zu werden. Schon zwei Wochen nach der Beisetzung war sie eingezogen, kaum dass das Bett von Simone kalt war. Keinen interessierte es, niemand nahm daran Anstoß. Warum auch. Wer martert schon vorsätzlich einen vom Schmerz gebeugten Mann, der zu allem Leid auch noch eine ruinöse Hinterlassenschaft erbte. Eine bankrotte Firma, die mir nun als Universalerbe zufiel, musste irgendwie gerettet werden. … Der Konkurs ließ sich jetzt allerdings recht leicht abwenden, denn mir flatterte ja eine Lebensversicherung ins

Haus. 100.000 Euro. Es war also wieder Geld da, auf das man Kredite aufnehmen konnte. Ich dramatisierte bei der kleinen Belegschaft und verführte unseren Sekretär, den Sie gesehen haben, sein gesamtes Erspartes in die Firma zu geben. 30.000 Euro.“

Wieder erschien der junge Mann vor meinem imaginären Auge, wieder mit seiner Brotbüchse unter dem Arm, doch diesmal, so glaubte ich in diesem Moment jedenfalls, konnte ich mich besser erinnern und in sein Gesicht schauen, dem ich bislang keine Beachtung geschenkt hatte. Ich sah einen grundehrlichen, korrekten und arbeitsamen Menschen, der um seinen Arbeitsplatz besorgt war, weil es in der Region kaum welche gab. Er war vermutlich frisch verheiratet und hatte vielleicht einen dreijährigen Sohn, dem er allzu gern eine gute und sichere Zukunft bieten wollte.
„Ich hatte die Vorteile seines Eintritts in die Firma bislang gar nicht gesehen. Sie wurden mir erst klar, nachdem ich ihn mit fünfundzwanzig Prozent zum Partner gemacht hatte. Wenn jetzt das Geld knapp wurde, musste ich mir nicht mehr den Kopf zerbrechen, wie ich ihm seinen Lohn zahlen könnte. Er war Partner und kein Angestellter mehr. Er war frisch verheiratet und hatte eine dreijährige Tochter. Dieser Mann arbeitet wie ein Kuli, macht Überstunden ohne Zahl …“
Wieder hielt Tom Crombaile inne und versuchte sich an etwas zu erinnern. Auch bei ihm machte sich jetzt die Wirkung des Weins deutlicher bemerkbar.
„Da fällt mir noch so ein idiotisches Sprichwort ein: ‚Das Glück ist mit dem Tüchtigen.‘ Es liegt doch unbestritten auf der Hand: Ich bin ein Tüchtiger! … Wer erfindet solche Sprichwörter? … Aber zurück zum Timing. Ich liebe Krimis, schau gern die Filme nach den Büchern von Agatha Christie. Es versetzt mich immer wieder in Begeisterung, wenn Hercule Poirot am Ende dann den ganzen Fall aufdröselt und den Täter, also den Mörder überführt. Kennen Sie doch, oder?“
Ein Hicks entrann meiner Kehle und ich war froh, dass es nur ein Laut und nichts Handfesteres war, was in meinem Körper aus der tiefsten Tiefe aufstieg. „Also ich bin mehr

William Friedkin Fan. ‚Die Nacht, als Minsky aufflog‘ ist mein absoluter Favorit. Kennen Sie den?“ Doch er hatte mir gar nicht zugehört und sprach, ohne meiner Frage auch nur die geringste Beachtung zu schenken, weiter. Ich musste mich der Einsicht beugen, dass seine Fragen allesamt nur rhetorisch waren.

„Also manchmal sind die Geschichten ziemlich verzwickt und ich muss mir den Film zwei oder drei Mal anschauen, um zu verstehen, wie Poirot dahinter gekommen ist. Aber daran sieht man wieder einmal, dass Film absolut nichts mit der Realität zu tun hat, und filmische Detektivarbeit von der Polizeiarbeit so weit entfernt ist wie Brandenburg von der Mongolei.

Er kicherte angesichts des Vergleichs, denn er erinnerte sich plötzlich an den Spruch: ‚Brandenburg ist die Mongolei.‘

„Das Leben ist so unglaublich banal! Nehmen Sie folgende Geschichte: Ein Mann, der sich in einer Privatinsolvenz befindet, was nicht unbedingt für ihn spricht, benutzt eine Frau als Strohmann – oder besser Strohfrau – und gründet mit ihrem Geld, also dem ihrer Mutter, und von ihr aufgenommene Kredite eine Firma auf ihren Namen und kauft ein großes Haus. Er wirtschaftet die Firma relativ schnell zu Grunde, was den Gesundheitszustand der Frau, die ohnehin traumatisiert und manisch depressiv ist, derart verschlechtert, dass sie nur noch unter Drogen leben kann, sprich: völlig willenlos. Diese Frau macht in einem Testament, nur wenige Monate vor ihrem Ableben, besagten Mann zum Universalerben. Der Mann hat sie beizeiten dazu angehalten, eine Lebensversicherung abzuschließen. Dann endet die Privatinsolvenz des Mannes, der wieder geschäftsfähig wird, und die Insolvenz der von der Frau verantworteten Firma ist nicht mehr abzuwenden. Zwei Wochen vor dem Konkurs verstirbt die Frau an einer Überdosis unter nie aufgeklärten Umständen. Eine Obduktion wird angesetzt und abgesetzt, die Einäscherung findet überraschend schnell statt. Zwei Wochen nach der Bestattung zieht im Haus der Frau eine andere Frau ein. Der Mann erbt das große Haus, die bankrotte Firma, bekommt 100.000 Euro aus der Versicherung, kann die Firma sanieren und lebt glücklich und vergnügt mit der neuen Frau, die zudem auch noch Geld hat, weiter bis auf den heutigen Tag. … Wie hört sich das für Sie an? Gibt es da noch Zweifel? Wissen Sie, was mich ehrlich überrascht hat? Das war die Zahlungswilligkeit der Versicherung. Man hört doch immer, dass Versicherungen Nachforschungen anstellen und Fragen stellen. … Nichts von alledem. Die Ämter haben nie hinterfragt, wie ein geringfügig Beschäftigter hemmungslos als Firmenboss auftreten und die Geschäfte abwickeln konnte. Und die Banken scheinen auf allen Augen blind zu sein, dass sie jemanden ernst nehmen, der an zwei Insolvenzen beteiligt war und die dritte augenscheinlich mit herbeigeführt hat. … Sagen Sie mal, verstehen Sie überhaupt, was ich Ihnen zu erklären versuche?“

Mir war speiübel und Panik ergriff mich, dass ich im hohen Bogen auf den Tisch kotzen könnte. Ich schaute Tom Crombaile ins Gesicht und augenblicklich verstärkte sich die Übelkeit. Also starrte ich auf die Hündin, die unvermittelt die Augen öffnete und mich anschaute. Ich hielt dem Blick nicht stand und schloss meine Augen.

„Ich verstehe sehr wohl, was … was … Sie mir erzählen. Aber ich weiß weder, warum Sie mir das erzählen, noch, warum ich Ihnen zuhöre. Das ist doch alles kompletter Blödsinn. …“

„Kommen Sie, trinken Sie Wasser. Trinken Sie … trinken Sie.“

Ich schluckte und schluckte und schluckte. Es war gut schmeckendes Leitungswasser, klar und rein. Doch plötzlich schoss mir die Idee durch den Kopf, es könnte vergiftet sein und ich hielt inne. Doch dann wurde ich mir der Paranoia bewusst und konzentrierte mich. Es dauerte nur kurze Zeit und die Wirkung des Wassers setzte ein. Die Übelkeit ließ nach und ich entspannte mich. Eine endlos lange Zeit schien unter dem Schweigen verflossen zu sein. Ich wollte ihm nichts schuldig bleiben, auch nicht den natürlichen Respekt.

„Welchen Coup planen Sie jetzt gerade? … Oder ist der Weg des Tüchtigen hier zu Ende?“

„Ach, Minkowski, Sie sind schon ein recht verbiesterter Typ. Bis hierher war es doch amüsant, oder? Natürlich fragen Sie sich, ob es die Wahrheit war oder nicht. Aber, wie ich eingangs bemerkte, werden wir die Wahrheit nie erfahren. Wir können uns ihr vielleicht nähern, aber das war's schon. Würden Sie mir glauben, wenn ich Schwüre ablegen würde? Ganz sicher nicht. Darum sind Schwüre auch so belanglos. Leisten Sie Schwüre wann und wo Sie nur können. Es vereinfacht vieles. Es gibt immer schlichte Gemüter, die Ihnen die Schwüre glauben. Nur kommen Sie selbst nie auf die Idee, Schwüren zu glauben. … Sie wollen wissen, was ich gerade plane? Nun, der Schimmel hat weiter gearbeitet und ich sehe mich jetzt gezwungen, eine Herzenssache zu einem guten Ende zu bringen. Ich werde Simones Bruder um sein Erbe bringen. Vor knapp einem Jahr ist die Mutter gestorben, nicht wissend, dass ich als Universalerbe Simones auch an ihrer Hinterlassenschaft Rechte habe. Die werde ich jetzt einfordern. Ich werde diesem arroganten Arschloch nehmen, was er für sein hält. Im günstigsten Fall kann ich ihn dazu zwingen, das Erbe zu veräußern. In jedem Fall aber werde ich ihn melken und es erregt mich übermäßig, wenn ich mir vorstelle, wie er schäumt vor Wut. … Kennen Sie den Unterschied zwischen einer Zecke und einem Erbschleicher? Nicht? … Nun, die Zecke fällt ab, wenn der Erblasser verstorben ist. … Hm, … es gibt Leute, die finden das komisch."

Ich hatte genug. Ich wollte unbedingt weg, fühlte meine Beine jedoch nur noch wie hölzerne Prothesen.

„Und wenn Sie wieder einmal auf einen Konkurs zusteuern? Was wird dann? Glauben Sie ernsthaft, dass Ihnen noch irgendjemand einen Kredit einräumt?"

Tom Crombaile lehnte sich zurück und seine Miene wurde finster. Er musterte mich mit einer ätzenden Herablassung. Wenn ich nur ansatzweise so erbärmlich aussah, wie ich mich fühlte, musste ich ein bedauernswertes Bild abgeben. Doch dieser Mann, soviel war sicher, hatte nicht das geringste Mitgefühl übrig.

„Sie haben gar nichts verstanden! Man wird mir jeden Kredit einräumen; sie warten geradezu darauf, mir Kredite aufzudrängen. Sie leben von Menschen wie mir, nicht von Menschen wie Ihnen. Menschen wie Sie zahlen den ganzen

Mist mit ihren Steuern. So ist das nun mal. Und wenn es hier nicht reibungslos läuft, dann …“
Er beugte sich langsam vor und sprach jetzt flüsternd, als wolle er mich in eine Konspiration verwickeln.
„Dann bleibt mir immer noch das Haus, das gut versichert ist und eines Tages ganz unerwartet in Flammen aufgehen könnte. 1,5 Millionen. Was glauben Sie, was für einen Kredit ich bekomme mit 1,5 Millionen Euro Eigenkapital und einer scheinbar guten Idee?! ... Wie wäre es jetzt mit der Rechnung? … Draußen graut schon der Morgen.“
Er stand auf und ging hinter den Tresen, wo er in seine Kasse tippte.
„Soll ich das Zimmer gleich mit draufschreiben?“
Er wartete die Antwort nicht ab. Endlich kam er mit schlurfenden Schritten hinter seinem Tresen hervor und offerierte mir auf einer Untertasse den Kassenbon. 394 Euro, las ich und erstarrte.
„Das Zimmer mit Frühstück: 64 Euro. Das Steak, echtes Pomme-Rind …“
„Echtes was …?“
Er schaute mich müde an und es war nicht zu übersehen, dass ihn meine Anwesenheit jetzt gewaltig nervte.
„Echtes Pomme-Rind. … Sie kennen doch Kobe-Rind: Kobe Wagyu Beef Filet Mignon, 200 Gramm, 700 Euro? … Pomme-Rind, auch Pommersches Rind, 400 Gramm, 200 Euro. Ein Schnäppchen. Und die Weinverkostung: 130 Euro. Sieben Flaschen á 37 Euro. Die Hälfte geht auf Sie, macht 130 Euro. Ich hab’s mal rund gemacht; ich hasse Kommabeträge. 394 Euro. Zahlen Sie bar oder mit Karte?“
Ich kramte meine Geldkarte hervor. Er schlurfte zurück zum Tresen und wickelte den Bezahlvorgang ab. Dann kam er zurück, um mich den Zahlungsbeleg unterschreiben zu lassen. Es waren 400 Euro abgebucht. Ich stockte erneut.
„Ich sagte ja bereits, ich hasse Kommabeträge.“
„394 Euro sind kein Kommabetrag.“ Ich unterschrieb.
„Für Sie vielleicht nicht, für mich schon. … Bis 10.00 Uhr müssen Sie das Zimmer geräumt haben. Frühstück … Wollen Sie Frühstück?“

Ich winkte ab und versuchte, auf die Beine zu kommen. Mein Körper fühlte sich an, als wäre er nicht der meinige, als würde ich mich in einem geborgten Körper befinden, der mir nicht passte, der zu groß war und sich nur unter großen Anstrengungen und schwerfällig bewegen ließ. Jeder Schritt, jedes Aufsetzen eines Fußes hallte in diesem Körper nach, als wäre er aus Ton. Ich tastete mich vorwärts und musste feststellen, dass alle Bewegungen meines Körpers und auch meines Kopfes zeitverzögert passierten.
Tom Crombailes letzte Worte, die ich vernahm, waren: „Ihre Entscheidung. … Empfehlen Sie mich weiter!" Ich schaute nicht mehr zurück, sondern stapfte wie Prags tönerner Golem aus dem Raum, peinlich genau darauf bedacht, das Gleichgewicht nicht zu verlieren. Ich erklomm die Treppe, geradezu hysterisch den Handlauf des Geländers umklammernd und brauchte, endlich oben angekommen, einen etwas längeren Moment, um die Tür zu meinem Zimmer auszumachen. Als ich mir endlich sicher war, dass es sich um mein Zimmer handelte, betrat ich es breitbeinig, wie ein Seemann im ärgsten Sturm. Für einen kurzen Moment war ich versucht, mich auf das Bett fallen zu lassen. Stattdessen warf ich einen Blick auf meine Armbanduhr und stellte fest, dass es bereits 6.30 Uhr war. Ich packte meine Sachen so schnell ich es vermochte ein und brach mit dem wenigen Gepäck in Richtung Auto auf. Ich startete den Wagen und verließ sehr langsam und vorsichtig einen Ort, von dem ich hoffte, ihn nie wiedersehen zu müssen. Nach einer Viertel Stunde bog ich in einen Feldweg ein, denn mir war klar, dass ich schnellstens von der Straße musste. Kaum hatte ich angehalten, kam die große Übelkeit wieder über mich und ich erbrach mich eine ganze gefühlte Stunde lang. Ich schaffte es vor Erschöpfung kaum in den Wagen zurück, wo ich augenblicklich in einen ohnmachtsähnlichen Schlaf fiel, aus dem ich erst wieder erwachte, als die Sonne unterging.

3

Damit beendete ich meinen Bericht und schaute in die Runde, die inzwischen auf gut zwanzig Personen angewachsen war. Die Rezeptionistin stand in hinterer Reihe mit verschränkten Armen und schüttelte bedächtig den Kopf. Ein Gast, ein Herr mit greisenhaftem Aussehen setzte seinen Koffer auf dem Fußboden ab und knetete die blutleere Hand, mit der er den Griff wer weiß wie lange umklammert hatte.
Wieder war es Lehmann, der zuerst das Schweigen brach, diesmal allerdings kleinlaut und verhalten. „Das hast du genau so erlebt, Minsky? … So und nicht anders?"
Ich schaute auf den Boden und überlegte, ob ich die Geschichte so und nicht anders erlebt hatte. „Genau so und nicht anders."
In diesem Moment räusperte sich der ältere Herr, der scheinbar noch immer kein Gefühl in seiner linken Hand hatte. „In jedem Fall haben Sie ein beachtliches Talent, eine Geschichte zu erzählen. Ich bedanke mich." Er deutete eine Verbeugung an, hob seinen Koffer auf und bewegte sich langsam und schlurfend in Richtung Rezeption, an deren Rückwand sich ein LED Fernseher beträchtlichen Ausmaßes befand. Bewegung kam in die Runde. Sie begann sich aufzulösen. Und wie auf Stichwort sah ich tonlos Nachrichten vom Brand des Hauses von Tom Crombaile. Gebannt starrte ich auf den Monitor, denn es war der Showdown der Geschichte, die ich gerade zum Besten gegeben hatte. Er hatte ihn vorausgesagt, wenngleich nicht mit diesem Ergebnis. Sollte die Hündin wirklich der Grund gewesen sein, warum er sich in das Inferno gestürzt hat. Und ein Inferno war es in der Tat. Die Feuersbrunst war so gewaltig, dass glühende Teile des Gebäudes wie durch einen Höllenatem angeblasen in den Himmel geschleudert wurden. Eine blonde Frau mit einem recht tumben Gesichtsausdruck wurde interviewt. Ihre fahrigen Bewegungen ließen erahnen, dass sie eine Betroffene war. Die Rezeptionistin, die mein Interesse bemerkte, schaltet den Ton an.
„Ich war geschäftlich unterwegs … Er muss versucht haben, den Hund aus dem Feuer zu retten. Anders kann ich es mir

nicht erklären. Es ist so schlimm. Er war ein so guter … Mensch …“
Es gibt Erkenntnisse, die berühren einen geradezu körperlich und in diesem Augenblick war es, als hätte mir jemand eine Kanüle ins Gehirn gerammt und den Kolben gedrückt. Heraus kam: Janin69. Es konnte nicht anders sein. Das war Janin69, ein echtes Spiegelbild Tom Crombailes in seiner Grobschlächtigkeit und seiner Empathiefreiheit. Die Kamera schwenkte erneut auf das brennende Haus. Es war scheinbar ein besonderer Stoff, der da in Flammen aufging und angesichts der infernalischen Bilder kam mir der frevelhafte Gedanke: ‚Die Nacht, als Tom Crombaile aufflog.‘ Er tat es im wahrsten Sinn des Wortes. Und wenn es eine Hölle gab, dann war sie im Himmel.
„Ich gebe den Job auf, gehe zurück nach Bremerhaven. Dort haben meine Frau und ich eine kleine Familienpension. Nichts weltbewegendes, aber immerhin …“ Knut hatte den Kopf leicht zur Seite geneigt, als erwarte er einen anerkennenden Klaps von mir auf die Schulter. Er hatte sehr gutmütige Augen. Das war mir bisher noch nie aufgefallen.
„Bremerhaven, nicht Hamburg …“
Knut schaute mich etwas irritiert an.
Ich winkte ab. „Ich denke, es ist eine gute Entscheidung. … Ich wünsche dir Glück.“ Ich gab ihm den Klaps auf die Schulter, den er zu erwarten schien und erntete dafür ein breites, ehrliches Lächeln. Sein Anblick tat mir gut. Wir schüttelten einander die Hände, wohl wissend, dass es das letzte Mal sein würde, denn Bremerhaven lag nicht in meinem Einzugsbereich, und jeder ging seiner Wege. Meiner führte mich, nachdem ich meine Bestellungen bei den jeweiligen Anbietern von Gastronomiezubehör und –bedarf abgegeben hatte, auf mein Zimmer. Dort angekommen, berührte ich das Touchpad meines Laptops und Britt Ekland erstieg auf mit kleinen nackten Brüsten und erschrockenem Gesicht, ein Bildschirmschonprogramm, bei dem sich das Bild von unten nach oben entrollt. Die schwedische Schönheit war zu dem Zeitpunkt der Entstehung des Films sechsundzwanzig Jahre alt und mit Peter Sellers verheiratet. Dabei wäre sie glatt als

Sechszehnjährige durchgegangen, so rein und unschuldig war ihr Ausdruck. Sie war so gänzlich ohne vordergründige erotische Ausstrahlung, einfach ein Engel, selbst mit nackten Brüsten und in dem Bemühen, vordergründig erotisch zu erscheinen. Es waren Bilder aus dem Showdown des Films „Die Nacht, als Minsky aufflog“, in dem die strenggläubige Tochter eines Gottesmannes von zwei Vaudevillekomikern verführt, einen züchtigen Tanz über „Eva im Garten Eden“ tanzen soll und dabei rein zufällig den Striptease erfindet. Ich hatte den Film am Vorabend zum wer-weiß-wievielten Mal im Bett geschaut, ihn aber wegen unbesiegbarer Müdigkeit an der freizügigsten Stelle abgebrochen. Wie freizügig diese Stelle tatsächlich ist, mag die Tatsache, dass mich die Müdigkeit übermannte, wohl hinreichend erklären.

Ich packte meine Sachen, ließ beim Verlassen des Zimmers den Schlüssel von außen in der Tür stecken und stieg in die Lobby hinunter. Dort standen noch einige Kollegen herum, die ich per Handschlag verabschiedete. Dann ging ich auf den Parkplatz und richtete mich in meinem Skoda Octavia Combi ein, denn ich hatte die Sibirientour, wie Lehmann sie nannte, also Brandenburg und Mecklenburg-Vorpommern, vor mir. Es war fast 14.00 Uhr und ich hätte gern noch drei oder vier Kunden abgeklappert. Ich steckte den Zündschlüssel ins Schloss und drehte ihn herum. Ein lokaler Sender spielte die Pudys, was mich automatisch dazu veranlasste, nach der CD-Tasche im Handschuhfach zu greifen. Ich blätterte sie durch und stoppte bei ‚The Night They Raided Minsky’s‘ Untertitel: Original songs composed by Charles Strouse with lyrics by Lee Adams.
„Warum nicht“, sagte ich zu mir selbst und noch ehe ich die CD aus der Hülle ziehen und in den Schacht des CD-Players schieben konnte, vernahm ich die Stimme einer Nachrichtensprecherin.
„Wie das Landeskriminalamt gerade mitteilte, hat sich in den Morgenstunden eine männliche Person gestellt und sich selbst der Brandstiftung bezichtigt. Die gestern Nacht niedergebrannte Radlerherberge in Breitendorf an der Putlitz,

bei dem Brand kam der Eigentümer ums Leben, war die Arbeitsstätte des geständigen Lutz R.. Er hatte einen in einer Frühstücksbrotdose deponierten Brandsatz im Büro der im Haus ansässigen Baufirma zurückgelassen. Der Brandsatz zündete kurz vor Mitternacht. Der ehemalige Herrensitz brannte vollständig aus. Als Motiv nannte Lutz R. seinen privaten wirtschaftlichen Ruin einhergehend mit dem Bankrott der Firma, in der er Anteilseigner war und der vom Firmeninhaber Tom C., der bei dem Brand zu Tode kam, angeblich mutwillig herbeigeführt wurde. Die Staatsanwaltschaft ermittelt gegen Lutz R. … Und noch eine erfreuliche Meldung zu dem Brand: Der tot geglaubte Hund des Besitzers ist wieder aufgetaucht. Er hatte es offensichtlich geschafft, unversehrt aus dem brennenden Gebäude zu entkommen.“

Ich startete die CD und lauschte dem gerade Gehörten nach. Wieder erschien der junge Mann mit der Aktentasche und der Brotbüchse, der nun einen Namen hatte, vor meinem inneren Auge und ich sah einen gehetzten Ausdruck in seinen sanften Augen.

C.M.Meier
gewidmet

Minotauros oder Das ungeliebte Kind

1 Minos und Daidalos

Minos, der König der Kreter, war in eine tiefe Traurigkeit eingetaucht. Keine noch so eindringliche Stimme konnte ihn erreichen. Es hatte den Anschein, als wäre er auf den Grund des Ionischen Meeres gesunken, unerreichbar und taub.
Unduldsam verstieß er alle seine Getreuen aus der Runde seiner üppigen Tafel, deren Freuden er schon seit vielen Tagen nicht mehr genießen konnte. Sein Gesicht war zu Asche geworden und seine Hände zitterten.
Einzig Daidalos, der geschickteste Künstler auf dem Erdenrund, durfte sich ihm nähern, ohne des Grolls Opfer zu werden. Wieder einmal dauerte ihn die Niedergeschlagenheit seines Königs als wäre es sein eigenes Leid und voller Sanftmut richtete er seine Stimme an den Gekrönten.
„Herr, die Sonne macht ihre tägliche Reise, nährt Mensch und Tier und erfüllt die Trauben mit tiefen und guten Träumen. Warum wendest du das Gesicht gegen Staub und Stein von Iraklion. Was hoffst du dort zu finden?“
Minos hob den Kopf und durch einen Schleier von Tränen sprach er zu seinem Getreuen.
„Meine Jahre gehen dahin und ich muss erkennen, dass die Zeit mich auslöschen wird. Werden die Sänger dereinst von mir künden? Werde ich genannt in einem Atemzug mit den Helden oder Weisen? Nein, denn mein Dasein ist ohne Bedeutung. Ich bin eine Kreatur des Mittelmaßes.“
Daidalos, benommen vom Glück, dieser Offenbarung teilhaftig geworden zu sein, schüttelte seinen kahlen Schädel.
„Du bist der König der Kreter. Was willst du mehr? Dein Verdienst, die Geschicke der Insel mit weiser und fester Hand geführt zu haben, wird in die Gesänge Eingang finden. Ich werde dein Antlitz so vorzüglich in Stein schlagen, dass der Name Minos in alle Ewigkeit fortleben wird.“
Minos lächelte ein Lächeln, das einen Fels gerührt hätte, denn es schwamm in Verzweifelung.

„Alle diese wunderbaren Werke werden nur einen Namen befördern, deinen, Daidalos, und es wird ein göttlicher Name sein. Kunst hatte schon immer mehr Gelegenheit zur Göttlichkeit. Ich bekleide ein Amt, mit Eifer zwar, doch ohne den göttlichen Funken. Ich bin ausgeliefert dem endlosen Meer des Vergessens und kann daraus das Haupt nicht heben."

Daidalos fror in einer Mittagsglut, die Steine wispern machte, denn nie zuvor hatte er teilhaben müssen am Leid eines so verzweifelten Menschen, dessen Stellung unter den Seinen Garant war für Glück.

„Du bist König. Das Blut Zeus und Europes fließt in dir, Göttlicheres gibt es nicht. Das erhebt dich über alle anderen und lässt sie aufschauen. Genieße das Glück und erweise dich deiner würdig."

Minos war erstaunt über das Mitleid seines Bildhauers und auch über dessen Mut, ihm Ratschlag erteilen zu wollen.

„Höre, Daidalos, zu dünn ist das Blut dieser Götter, wie sich zeigt, verschlissen, faulig wohl. Nein, ein Stachel steckt in meinem Fleisch. Lange schon schwärt die Wunde in mir und vereitert mir das Hirn. Ich sehe mich hingeworfen vom Schicksal, dass es nur scheinbar gut mit mir meint. Es hat mich zum König gemacht, versagt mir aber ein Gott zu sein. Und was ist ein König einem Gott? Ein Lakai, nicht unähnlich dem lauthals schreienden Wasserträger oder dem Viehhirten, der dumpf in der Sonne döst!"

Daidalos traute seinen Ohren kaum.

„Herr und König, was redest du. Bist du im Fieber, dass du dich vergleichst mit Pöbel und niedrigem Volk? Soll ich nach einem Heiler schicken oder nach der Hohepriesterin, dass sie dich von diesen Dämonen befreit?"

Minos´ Hände, eben noch zögerlich das Gewand ordnend, sanken kraftlos in den Schoß.

„Nein, mein Freund, der Verstand ist so klar wie das Meer, das die Klippen umspült, allein, er wird beschäumt von Eitelkeit wie trübe Gischt. Und jetzt, wo du weißt, was deines Königs Leid ist, müsste ich dich töten, denn nie darf ein Ohr vernehmen, dass der König von Kreta ein eitler Mensch ist."

Das waren Worte, die Daidalos überzeugten. Nachdenklich betrachtete er den Silberstreif auf dem Meer, der sich hinter dem Horizont verlor und in dessen Zenit der glühende Ball der Sonne prangte. Wie eng die Welt doch ist, dachte er und gelobte, alle seine Kunst darauf zu verwenden, dieser Enge zu entfliehen, sich wie ein beschwingter Vogel aus ihr zu befreien.

„Du nennst mich Freund und bedrohst mich mit dem Tod im selben Atemzug. Das ist göttliche Größe, mein König. Doch wer sieht sie schon? Darin stimme ich dir zu. Um meinem Tod zu entgehen, will ich ein Geheimnis mit dir teilen, welches mich dir auf immer Untertan macht. Ich tötete meiner Schwester Sohn Talos ..."

Minos blickte Daidalos erstaunt an.

„Deiner Schwester Sohn und deinen Zögling in der Kunst hast du getötet?"

„Ja, ich stieß den arglosen Jüngling von der Mauer der Athener Feste. Ich habe ihn geliebt wie einen eigenen Sohn und ihn verscharrt wie einen räudigen Hund. Doch die Sache wurde ruchbar und meine Flucht führte mich an deinen Hof."

Minos straffte sich. Seine fahlen Lippen füllten sich mit Blut und die Asche wich aus seinem Gesicht.

„Warum, bei allen Göttern, tatest du das?"

Daidalos schlug die Augen nieder und eine Träne benetzte den weißen Marmor.

„Ich tat es aus Eitelkeit. Ja, mein König, die Eitelkeit obsiegte und ich stürzte das junge, noch nicht in Gänze erblühte Fleisch in den Styx. Seine aufkeimende Kunstfertigkeit ließ mich erkennen, dass er der Gott war, nicht ich. Als Kind schon erfand er die Töpferscheibe, ein Segen für die Menschen. Den Zähnen der Schlange schaute er die Säge ab. Bedenke dabei, er war noch ein Kind! Jede Fertigkeit, die ich ihm vermittelte, war ein Todesstoß gegen mich selbst. Ich hatte nicht die Größe, denn ich bin kein Gott, ihm die seine nachzusehen oder gar zu gönnen. Talos hätte den Namen Daidalos vergessen machen. Also tötete ich ihn, damit ich bin, der ich heute vorgebe zu sein. Ein Gott. ... Und bin es nicht, obgleich ich es allen glauben machen kann."

Minos Stimme klang brüchiger als faules Holz. Das Geständnis hatte das Gewissen des Königs gerührt.
„Das Gesetz Kretas fordert für diese Tat dein Blut."
Daidalos richtete sich zur vollen Größe auf und beschirmte den König mit seinem kräftigen Körper vor der Sonne, die reizbar machte. Dann beugte er das Knie und sprach mit Endgültigkeit.
„Du, König, fordertest es zuvor. Man kann mir mein Blut nur einmal nehmen. Jetzt bin ich in deiner Gewalt. Doch eins sollst du wissen. Wenn es einen Menschen auf Kreta gibt, der dein Leid versteht, dann bin ich es. Wir sind uns ähnlich. Wir sind keine niederen Geschöpfe. Du bist der König der Menschen und ich der König der Kunst. Nenn mich nicht anmaßend. Ich mache dir dein Königtum nicht streitig. Aber ich bin der ich bin. Dies wissend, können wir göttlich sein. Wirf ab die Gesetze, nach denen dich der gemeine Mensch wertet und lass uns handeln, damit man den Gott in dir erkennt. Dem Pöbel genügt ein wenig Tand und Gaukelei, dass er vor Ehrfurcht erstarrt."
Nie zuvor hatte ein Mensch so mit dem König gesprochen. Doch Minos fühlte, dass diese Worte feinstes Balsam war auf seinen Wunden und in einem Augenblick, kurz wie der Flügelschlag einer Taube, kehrte alle Kraft und Zuversicht in ihn zurück. Lange schaute er auf den gebeugten Nacken Daidalos und mit jedem Schweißtropfen auf der sonnengegerbten Haut seines Untertan und Freundes wuchs die Zuversicht auf ein erfolgreiches Unternehmen.
„Du sollst meine Rettung sein, Daidalos, oder mein Tod. Sei es um die Göttlichkeit. Sprich, welchen Weg beschreiten wir?"
Das Lächeln beider Männer begegnete sich.
„Stell dir vor, mein König, was das Volk denkt, wenn deine Gemahlin, Pasiphae, ein Kind göttlicher Abkunft in die Welt entbindet, ein Kind, das, wenn es göttlicher Abkunft ist, dies bald offenbaren wird durch große Taten und weises Handeln?"
Minos überlegte, doch die Worte erlaubten ihm keinen Schluss.

„Was? Sprich!“
„Das Volk wird erkennen und fortan wissen, dass sein Vater, also du, Minos, ein Gott bist!“
Minos schüttelte das Haupt. Die Rede war ihm unverständlich und die Logik ebenso.
„Ein Kind, welches ich zeuge ist ein Kind von Minos und nicht von einem Gott.“
Daidalos schaute sich nach fremden Ohren um und flüsterte:
„Diese Nichtigkeit der Zeugung überlassen wir einem Gott. Niemand wird es wissen.“
Minos, noch immer unwissend, hob die Hände gegen den Himmel.
„Wie soll ich dich verstehen? Deine Rede ist mir Rätsel!“
Daidalos zögerte. Würde der Zorn Minos ihn zermalmen, wenn er sich offenbarte?
„Nenn mir den Namen des Gottes, dem du seine Allmacht neidest.“
Minos schaute in das blaue Rund des unendlichen Meeres. Ihm schien das Meer so unüberwindlich, dass er in diesem Element die größte Macht vermutete.
„Poseidon! Ja, Poseidon ist der Herr und seine Macht ist so unermesslich, dass mein Auge und mein Geist sie nicht fassen können.“
Daidalos lächelte. Er wähnte sich am Ziel.
„So soll Poseidon Vater deines kommenden Kindes sein. Wir werden ein neues Geschlecht von Titanen zeugen, dessen Stammvater nicht Zeus und auch nicht Poseidon geheißen wird. Minos ist der Name, der in aller Munde sein und den Äther füllen wird.“
Minos erhob sich und seine Gestalt war wieder die alte, Ehrfurcht gebietend und königlich.
„Schamloser, ich soll dem Gott mein Weib darbieten? Was ist dir meine Ehre wert?“
Daidalos blickte erstaunt.
„Ehre? Was redest du, mein König. Was soll das sein, Ehre? Das ist ein Wort, gut genug, den Untertan zu zeugen. Ein Mann wie du, der darf um Ehre sich nicht kümmern, wenn es um Willen geht. Überlass die Ehre den Krämern, die

immerfort schwören, bei meiner Ehre, der Handel ist gerecht, und doch betrügen. Nicht du bietest dem Gott dein Weib dar. Du bedienst dich des Gottes und erhebst dich über ihn. Der Gott ist dein Werkzeug, wie der Meißel meines ist, um der Schöpfung Willen."

2 Pasiphae und Daidalos

Pasiphae, die Königin von Kreta, räkelte sich auf ihrem Lager. Ihre Bewegungen waren die einer Raubkatze, selbstsicher und der eigenen Schönheit gegenwärtig. Ihre Augen sprachen von Wollust und ihre Hände verrieten Kunstfertigkeit in Liebesdingen. Sie badete mehrmals täglich im Meer, wie die Sklaven zu berichten wussten, um sich ihrer feinen Grazie immer wieder zu vergewissern und sich daran zu weiden.
„Daidalos, wer gab dir die übermenschliche Kraft, Minos die Schleier der Trauer von der Stirn zu reißen. Mein Dank ist grenzenlos und wenn du einen Wunsch hast, so offenbare ihn mir. Ich will dir jeden erfüllen."
Daidalos gestattete sich, näher an die Lagerstatt seine Herrin zu treten, um das Gespräch mit keinem Dritten teilen zu müssen.
„Königin, mit Kraft war kein Ausweg zu erzwingen. Bedarf es Kraft, den Stopfen aus dem Fass zu ziehen, damit das Faule abfließt? Nein. Geschick vielleicht und Wissen half, des Königs Sinn zu wandeln."
Pasiphae hatte sich aufgerichtet und schaute Daidalos eindringlich an. Ihre schöne Brust hob und senkte sich im Gleichmaß ihres Atems und Daidalos gedachte der wogenden See, die seine Sinne immer wieder erregten.
„Du bist ein großer Mann, Daidalos. Du erschufst eine neue Welt in deiner Kunst. Niemand durchschaut deine Geheimnisse, die tote Welt in eine lebende zu verwandeln und das Absterbende zu verjüngen. Mich reizt deine Kraft. Lass mich teilhaben an deinen Geheimnissen, die die Menschen erschauern und in Ehrfurcht erstarren lassen. Du, ein Künstler, vermochtest es, meinen Minos zu neuem Leben zu erwecken. Mir blieb das verwehrt."

Daidalos senkte vor dem Lob der hohen Dame die Augen.
„Die Wolken sind noch am Horizont und dreht der Wind, werden neue Wetter aufziehen, deren Gewalt ich nicht zähmen kann. Darum bin ich vor dich getreten, Königin. Es ist an dir, den König zu erretten."
Pasiphaes Stirn sank in sanfte Falten. Sie erhob sich, trat an Daidalos heran und legte ihre Hand schwesterlich auf seinen Arm.
„Wie? Nicht gebannt sind unsere Sorgen um den König? Sprich, Daidalos, und nimm mir nicht den frischen Frieden. Bedarf es meiner? Sag es frei hinaus."
Daidalos führte die Frau, deren Blick den Raum durchflatterte wie ein verirrter Vogel, zur Lagerstatt zurück und setzte sich neben sie.
„Du, Königin, nur du kannst helfen. Ich habe mich einer schweren Sünde schuldig gemacht aus Liebe zu dem Mann, der mein Leben ist."
„Er ist der meine und wenn ich es vermag, so will ich die Sünde mit dir teilen, wenn ich ihn nur retten kann. Welche Sünde begingst du, die so wundersam das Gemüt Minos reinigte?"
Daidalos schwieg lange. ‚Ich muss ihre Ungeduld stacheln', dachte er, ‚bis ihre Bereitschaft jedes Maß übersteigt'. Endlich sprach er ohne Umschweife.
„Ich prophezeite Minos, dass du ihm einen Sohn gebären wirst, der in allem Göttlichen Poseidon ähnelt. Darauf umarmte er mich, mich, seinen Diener, und sprach: So war mein Leben nicht vergebens. Ich bin gerettet!"
Ein spitzer Schrei durchgellte das Gemach der Königin wie ein feindlicher Pfeil. Ihr Gesicht verlor alle Lieblichkeit und wurde Entsetzen, so blank wie der Schild einer Leibwache, die aufgeschreckt herbeieilte. Schnell fasste sich die Frau und verwies den Mann mit der Wundenflamme des Raumes.
„Dann hast du dein und mein Schicksal besiegelt. Ich Unselige, was hast du getan? Warum hasst du mich, dass du mein Leben so leichtfertig verwirfst."
Verzweifelt schleuderte sie sich in die Kissen, als wolle sie mit der Geste ihr Leben fortwerfen.

„Königin, ich liebe dich wie auch Minos und unbedacht war meine Rede nicht. Wenn du für Minos ebenso empfindest, wird sich alles zum Guten wenden und die Prophezeiung wird sich erfüllen zu unser aller Wohl. Ich weiß um die Gelüste deines Körpers. Ich sah das unsichtbare Beben, als ich die Skizze nahm für dein Bildnis neben dem Stier. Es war Poseidons Stimme, die deine Säfte rührte. Wenn du mir vertraust, so werde ich deine Sehnsucht und die von Minos stillen."
Pasiphae hatte die Augen niedergeschlagen. Ein Schauer wogte durch ihren Körper, als Daidalos sie an das Bildnis des Stieres erinnerte und alle Lippen schwollen ihr. Die Abendröte spiegelte sich auf ihren hohen Wangen.
„Welche Wahl habe ich? Wenn du einen Weg findest, die Geschicke so zu lenken, dass unser aller Leben weiter währt, so will ich jedes Opfer bringen. Ich vertraue dir, Daidalos."
Daidalos verbeugte sich vor seiner Königin und schaute sie ernsten Auges an.
„Wie oft steigst du ins Meer, unschuldig, und liegst in Poseidons Schoß. Ist das Sünde? Nein. Sei versichert: Dein Leben ist mein Leben. Lebst du, lebe ich."

3 Daidalos und Poseidon

Daidalos stand auf einer Klippe unweit von Iraklion und blickte lange auf das Meer hinaus. Er war unsicher, ob sein Unterfangen glücken würde. Wer war er, dass seine Stimme das Ohr Poseidons erreichen konnte? Ein Sterblicher auf den Pfaden der Arglist war er und anmaßend, das Schicksal lenken zu wollen. Doch es gab kein Zurück mehr für ihn. So erhob er seine wuchtige Stimme gegen den Horizont. Die Ohren der Götter sind überall und Poseidons auf allen Meeren.

„Poseidon, Gebieter aller Meere, höre mich. Ich rufe dich an, mir eine Gunst zu gewähren. Schau auf Kreta, eine Insel nur und begrenzt durch dein Reich. Ich bin es überdrüssig, nur an Gestaden zu wandeln. Hilf mir, dem Gefängnis zu entfliehen."

Aus der Tiefe dröhnte ein Beben und das Meer krönte sich mit Gischt. Strömungen flossen labyrinthisch ineinander und warfen Wellenwände auf. Daidalos stand wie gebannt und beobachtete das Schauspiel. Ein Schauer erfasste ihn, angesichts der Undurchdringlichkeit der göttlichen Wege. Hier offenbarte sich ihm das wahre Gefängnis, an dem menschlicher Geist zerschellte. Er prägte sich das Bild ein, das einer Karte glich. Er schaute ein Land, aus dem kein Entrinnen war. Dann vernahm er eine grollende Stimme.
„Daidalos, Mensch. Vermessener, du wagst es?"
Daidalos, dem eine Träne ins Auge getreten war vor der Schönheit göttlichen Tuns, senkte demütig sein Haupt.
„Nur diese Gunst erbitte ich, nicht gegen mich zu handeln. Lass mich das Meer überqueren ohne dein Spiel mit mir zu treiben. Ich werde fliegen wie ein Vogel und möchte, dass du meine Tat tatenlos schaust. Mehr verlange ich nicht."
Wieder grollte Poseidons Stimme.
„Das will ich tun, denn es ist eine Anmaßung, mit der du selbst dein Schicksal forderst. Das macht mich Lachen. Du, Mensch, und fliegen wie ein Vogel." Das Gelächter des Gottes verwandelte die See in einen brodelnden Kessel.
„Doch jede Gunst hat ihren Preis. Wie willst du mir diese Gunst vergelten?" Daidalos streckte seine Hände gegen das Meer und sprach mit beschwörender Stimme.
„Mit diesen Händen reiche ich dir dar, was deine Begierde bändigt. Ich weiß, dass du den Körper Pasiphaes begehrst. Ich werde sie dir vor aller Menschen Augen auf den Palaststufen von Knossos darbieten. Sende einen weißen Stier, der an deiner Statt deine Sehnsucht nach dem edlen Fleisch stillt. Das ist ein Schwur und wenn ich diesen breche, so fege mich vom Himmel und gib mir ein Grab in tiefsten Tiefen."

4 Daidalos und das Volk von Kreta

Eine große Menge Menschen war aufgelaufen und drängte sich auf dem weiten Vorplatz des Palastes. Daidalos hatte das Volk herbeigerufen. Vor den Stufen der königlichen

Behausung stand eine hölzerne Kuh. Diese Kuh war von Daidalos so meisterhaft gefertigt, dass man meinen konnte, sie sei lebendig. Das niedere Volk und die Sklaven bestaunten das leblose Tier mit aufgerissenen Augen und Mündern.
Trommeln erklangen vom Palast her und Diener schenkten ein Gebräu aus vergorener Gerste aus. Das Getränk floss in Strömen und bald schon begannen einige Trinkeifrige taumelnd im Rhythmus der Trommeln zu stampfen. Staub stand über der Menschenmenge und legte sich auf die schwitzenden Körper der Tanzenden.

Theseus, der als Gast im Haus des Königs weilte, ließ sich ebenfalls von dem berauschenden Getränk reichen und stürzte gleich mehrer Schalen hinunter. Seinem glutfunkelnden Blick konnte jeder entnehmen, dass das Fest nach seinem Geschmack war.
„Gebt mir ein Weib, dass mir der Kamm nicht schwillt zur Krone des Unholds. Nur ein Weib kann mich vor üblen Taten retten. Ein Weib! Oder der Glanz meines Schwertes wird euch leuchten!“
Man warf ihm zwei Dienerinnen in die Arme wie das willenlose Fleisch von Lämmern in den Rachen eines Löwen und Theseus grollende Stimme verstummte für den Augenblick.
Als der Mond am Himmel erschien, die Sonne noch nicht ins Meer getaucht, war die Menge in rauschhafter und tobsüchtiger Bewegung.
Daidalos trat aus dem schattigen Innern des Palastes hervor, breitete seine Arme aus und sprach mit kraftvoller Stimme gegen das Meer.
„Poseidon, Herrscher der Meere, zeige dich. Hier entbiete ich dir ein Tier, damit du es mit deinem Samen heiligst. Dieser Same möge Früchte tragen zum Heil Kretas und seiner edlen Geschlechter. Erweise uns, die wir dich achten, deine Gunst.“
Der Himmel verdunkelte sich und im Zwielicht erblickte Daidalos einen weißen Stier, der vom Meer her kam. Das wilde Tier spie Feuer aus seinen Nüstern und scharrte mit den

Hufen, dass grelle Funken seinen Schritt erhellten. Das Volk hielt inne. Die Erscheinung bannte sie wie ein Donnerschlag. Von panischem Entsetzen ergriffen, wichen sie vor dem Tier zurück, das die Gasse mit stolz erhoben Kopf durchschritt. Der Stier steuerte ohne Umschweife auf die hölzerne Kuh zu. Dann hielt er inne und sog den Duft seiner hölzernen Liebesgefährtin ein. Mit einem gewaltigen Brüllen stieg er auf die Hinterbeine und besprang die bereitwillige Gefährtin. Ein heller Schrei erklang aus der Kuh, der noch einige Male zu vernehmen war. Die kraftvollen Stöße des Tieres erregten die reglosen Menschen und sie begannen den Rhythmus des Stieres mit den Füßen aufzunehmen. Die Trommeln dröhnten. Alles geriet in ein lustvolles und besinnungsloses Tosen, das erst mit dem befreienden Brüllen des Stieres ein Ende fand. Der Stier glitt herab und wendete sich dem Rückweg zu. Das Feuer aus seinen Nüstern war erloschen. Doch als er endlich den Palastvorplatz durchschritten hatte, sprang Theseus auf. Ein gewaltiges Glied prangte aus seinem Himation hervor, den er mit flinker Hand von den Schultern strich. Mit der anderen packte er sein kurzes Schwert und eilte dem Stier hinterher.
„Warte, du Ungeheuer. Jetzt werden wir uns messen!“
Vergeblich versuchte Daidalos den Helden aufzuhalten. Theseus war besessen von dem Gedanken, den Stier zu bezwingen und in Eisen zu legen. Sein Geist, der ohnehin nicht üppig gediehen war, badete betäubt im Gerstensaft.
Daidalos wies die Wachen an, die hölzerne Kuh in den Palast zu tragen. Als er mit seinem Werk allein war, öffnete er an der Unterseite des Bauches eine Tür. Pasiphae glitt ihm kraftlos vor die Füße. Ihr ganzer Körper zitterte noch immer vor Wollust und die Beine versagten ihr den Dienst. Daidalos nahm sie in seine Arme und trug sie in ihr Gemach. Als er sie auf das Lager bettete, stöhnte sie beglückt und sprach:
„Es ist vollbracht.“

5 Theseus

Schwankenden Schrittes hatte Theseus die Verfolgung des weißen Stieres aufgenommen. Das Weiß seines Auges hatte die Farbe des Blutahorns angenommen. Seine Nasenflügel waren vom rasenden Lauf und großer innerer Raufsucht gebläht. Ein wüster Schrei entrang seiner Kehle, als er den Stier in einer sanften Senke ausmachte.

Der Stier schaute sich verwundert um. Nach wenigen kraftvollen Schritten war Theseus bei seinem Opfer angelangt und setzte zum Sprung an, als er eine gewaltige Wassersäule am Horizont erblickte. Doch der Anblick dieser alles überragenden Erscheinung spornte ihn nur noch mehr an. Er deutet das Zeichen als Zuspruch und dass sein Tun gottgewollt sei. Im Flug ergriff er die Hörner des Tieres und riss es um. Der Aufprall war so heftig, dass der Stier die Sinne verlor.

Als das Tier die Sinne wiedererlangte, war es mit groben Stricken gebunden. Sein Schicksal war besiegelt.

Für den Rest seines kümmerlichen Lebens sollte der stolze weiße Stier die Jagdtrophäe des dumpf vor sich hingrinsenden Helden Theseus sein.

Der letzte Gruß seines Gebieters Poseidon war ein wüster Regen, der vom Himmel stürzte. Einer der betrunkenen Diener Theseus bemerkte, dass er salzig schmeckte.

6 Die Geburt des Asterions

Es war eine sternenklare Nacht, als Minos in das Gemach seiner Gemahlin gerufen wurde. Daidalos ließ ihn wissen, dass Pasiphae in den Wehen läge und bald niederkommen würde.

Als er den Raum betrat, erblickte er darin Daidalos, die zukünftige Amme seines Kindes und eine leidende Pasiphae. Ihre Augen flehten um Erlösung, die ihr jedoch erst im Morgengrauen zuteil werden sollte.

Daidalos wandte sich an den König.

„Herr, welchen Namen willst du eurem Kind geben?"
Minos erschrak, denn er hatte es vermieden, darüber nachzudenken. Er war Pasiphae in den vergangenen Monaten aus dem Weg gegangen, denn Schuld und Unbehagen drückte sein Gewissen. Der Ausgang dieser Unternehmung stand in den Sternen. Auch quälte ihn der Anblick seiner schönen Gemahlin, die sich in widernatürlicher Liebe einem Tier hingegeben hatte. Er wusste, dass er sie nie wieder berühren konnte. Daidalos, der die Abscheu auf Minos Gesicht lesen konnte, sprang seinem König bei.
„Es sollte ein Name sein, der einem Göttlichen gebührt."
„Ein göttlicher Name? Nun, Daidalos, du bist bewandert in göttlichen Dingen. Welcher Name wäre angemessen?"
Daidalos dachte kurz nach und antwortete.
„Asterion ist ein guter Name. Er beginnt mit dem ersten Buchstaben des Alphabets. Der neue Sohn steht gleichsam am Anfang eines neuen großen Geschlechts. Asterion ist angemessen."
Minos, den schwere Vorahnungen drückten, stimmte zu. Ihm war es einerlei, wenn sich nur kein Unglück ereignen würde. Er befahl, man solle Wein bringen und die beiden Männer tranken wortlos dem Morgengrauen entgegen, als sich der ersehnte und gleichsam gefürchtete Augenblick endlich durch das markerschütternde Schreien Pasiphaes ankündigte. Minos verschüttete mit zitternder Hand eine große Menge des roten Weins auf den weißen Marmor des Palastes. Und wie er dem Fluss des Weins mit den Augen folgte, bemerkte er einen anderen roten Fluss, der vom Lager Pasiphaes herkam. Als sich beide vereinigten, verwandelten sie sich in eine grüne brodelnde Flüssigkeit. Entsetzt starrte Minos auf die Amme, die das Neugeborene im Arm hielt. Ihr schwarzes Haar war in einem Augenblick schlohweiß geworden und sie selbst zu einer Säule erstarrt.
„Asterion?"
Jetzt erblickte Minos das Antlitz des Kindes. Es hatte einen Stierkopf. Der König schlug sich die Hände gegen die Ohren, denn er vernahm ein durchdringendes Lachen. Auch Daidalos hörte das Gelächter. Es war die Stimme Poseidons.

Pasiphae hatte den Verstand verloren. Sie lächelte das Lächeln einer stolzen Mutter und bedeutet der Amme mit kraftloser Geste, sie möge dem Kind die Brust geben. Doch noch ehe die Amme ihr Gewand öffnen konnte, ward sie gefällt. Asterion hatte ihr seine Zähne in die Gurgel geschlagen und soff begierig schmatzend ihr Blut. Minos und Daidalos wichen entsetzt zurück.

„Töte es, Daidalos, töte es! Es ist Rabenfraß!"

Daidalos hatte den Befehl vernommen, doch er war gelähmt. Nicht die von ihm verlangte Tat schreckte ihn, sondern das Wort es. War es nicht ihrer beider Geschöpf? Wollten sie nicht einen Menschen zeugen, der gottgleich sein sollte. Dieses Wesen war gottgleich. Und menschlich war es auch. Asterion war sein Name.

„Ich kann Asterion nicht töten. Töte du ihn, König, und schaff ihn aus der Welt, wenn du kannst."

Minos vermochte es ebenso wenig. Er wandte sich geschlagen ab und floh in seine Gemächer, wo er sich bis zur Besinnungslosigkeit dem Wein hingab. Daidalos aber näherte sich dem kleinen Wesen, das seinen Durst gestillt hatte und ihn mit warmen braunen Augen anschaute. Er hob Asterion auf und drückte ihn an seine Brust. Der Kleine grunzte wohlig, als er Daidalos Wärme spürte und einschlief. Daidalos schlug den schlafenden Asterion in sein Gewand ein und entschwand in seine Bildhauerwerkstatt.

7 Daidalos und Asterion

Daidalos war in der Nacht, als Asterion zur Welt kam, selbst Vater geworden. Sein Sohn Ikaros war das Glück seiner späten Tage. Aber auch Asterion hatte eine sichere Heimstatt in seinem Herz gefunden. Wenn Daidalos am Tag hinter verschlossenen Türen in seiner Werkstatt arbeitete, war Asterion stets um ihn. Er nährte das zwitterhafte Geschöpf mit Ziegenblut und sprach mit dem Kleinen, der unentwegt auf Endeckungsreise in allen Winkeln der Räume war. Schon nach wenigen Wochen begann er, die Geräusche von Daidalos Meißel nachzuahmen.

„Tack, tack, tack ...“
Des Nachts verwahrte Daidalos Asterion in einem eigens für ihn gefertigten eisernen Käfig. Wenn die Sonne unterging, stillte er das Kind mit Tierblut, bettete es auf reinlichen Schaffellen, sang es in den Schlaf und verschloss die Türen hinter sich. Dann eilte er zu seinem Sohn Ikaros, um mit Hingabe seinen Vaterpflichten nachzukommen.

Die Zeit verstrich und nach weniger als einem halben Jahr begann Asterion zu sprechen. Sein Geist war von feinerer Art als der des gemeinen Menschen und immer häufiger stellte Asterion Daidalos Fragen, die dieser nicht beantworten konnte. Ohne zu wissen, das Asterion alles verstand, breitete er sein ganzes Leben vor dem stierköpfigen Knaben aus.
Als er seinen Bericht geendet hatte, schlang Asterion seine Arme um Daidalos und sprach:
„Vater! Vater! Vater!“

8 Minos und Daidalos

Minos hatte nach Daidalos verlangt. Er empfing ihn aber nicht als Freund, sondern als König und Herrscher auf dem Thron sitzend.
„Du hast nach mir gerufen, König?“
Minos Blick war voller Bitterkeit.
„Ich habe kein Weib mehr. Pasiphae redet wirr und stillt Puppen aus Holz. Einen Namen gibt sie allen: Asterion!“
Daidalos suchte nach Entschuldigung.
„Vergib mir, Minos. Ich handelte nach bestem Wissen und Gewissen, dir zu Diensten zu sein. Glaube mir, auch mich drückt tiefe Schuld.“
Minos war von unbezähmbarer Wut erfüllt.
„Vergeben, dir? Niemals. Du bist in meiner Hand und wirst keinen Tag mehr erleben, an dem du dich glücklich nennen darfst. Sag mir, warum begingen wir die Freveltat?“
Daidalos konnte keine andere Antwort geben als eine, die über der Tat steht.

„Wir, die wir Fehler begehen, die wir uns böser Handlungen schuldig machen, tun dies, weil wir die Fähigkeit dazu besitzen."

Minos schüttelte heftig den Kopf.

„Dein Wort ist gegen das Gesetz."

Daidalos schwieg. Er war sich bewusst, dass seine Antworten in diesem Moment über sein Leben entscheiden konnten. Doch seine Taten, vor allem die schlechten, hatten seine Weisheit reifen lassen. Auch schien ihm sein Leben zu gering als Preis für die Wahrheit.

„Das Gesetz ist Menschenwerk. Du und ich wollten göttlich sein."

Minos begriff, dass er nicht weniger verstrickt war und ließ ab davon, einen Schuldspruch gegen Daidalos zu suchen. Daidalos spürte die Wut des Königs sterben.

„Mein König, Asterion ..."

Minos war bei Nennung dieses Namens aufgesprungen und gebärdete sich wie Kerberos.

„Nenne nie wieder diesen Namen oder du hast dein Leben verwirkt. Wenn du von diesem Tier sprechen musst, dann nenne es Minotauros. Zu dieser Schuld bekenne ich mich und gebe ihm meinen Namen. Aber nenne es nicht Asterion, als wäre es ein menschliches Wesen. Ein Ungeheuer ist es. Mein Ungeheuer."

Um den Geist des Königs versöhnlich zu stimmen, berichtete Daidalos von Asterion, ohne dessen Namen zu nennen. Er beschrieb ihn mit leidenschaftlichen Worten, pries dessen Klugheit und Liebreiz. Minos hörte aufmerksam zu, ohne sich vom schmeichlerischen Ton Daidalos einfangen zu lassen. Als Daidalos Minos berichtete, dass der Minotauros siech sei, weil er alle Nahrung außer Menschenfleisch ablehnte, gebot der König in staatsmännischer Manier.

„Füttere das Tier mit Kadavern von Sklaven und schaffe ihm ein sicheres Gefängnis. Athen ist mir Tribut schuldig. Ich werde Botschaft senden, dass man jedes Jahr sieben Jungfrauen und sieben Jünglinge schickt. Das muss seinen Hunger stillen. Mehr kann und will ich nicht tun. Und nun geh. Aber sei gewiss, Freundschaft verbindet uns nicht mehr. Die geringste Verfehlung kostet dich dein Blut."

Daidalos ging nach seiner Heimkehr aus dem Palast sofort an die Arbeit. Er begann mit dem Bau des Labyrinths. Dabei bediente er sich der Karte, die er seit seiner Anrufung Poseidons bei Iraklion im Kopf hatte. Er schuf ein Gebäude, dessen enge Gänge so verworren waren, dass ein Mensch, hatte er dieses einmal betreten, aus eigener Kraft nicht wieder verlassen konnte.
Mehr als ein Jahr dauerten die Bauarbeiten und am Ende wurden einige der Bausklaven vermisst. Sie hatten sich im Labyrinth verlaufen und wurden nie wieder gesehen.

9 Daidalos und Asterion

Das Labyrinth war errichtet und Daidalos hatte den Auftrag, Asterion in sein neues Gefängnis zu führen. Sein Herz war schwer und er wusste, dass ihm die Trennung eine tiefe Wunde reißen würde. Er verbrachte die letzte Nacht mit dem geliebten stierköpfigen Knaben.

Daidalos erzählte viele Geschichten, um die Zeit zu verkürzen. Neben anderen auch die von den sagenumwobenen Gärten in Ägypten, in denen die Kinder der Pharaonen Verstecken spielten. Asterion lauschte gespannt.
„Das müssen glückliche Kinder gewesen sein, wenn man eigens für sie und ihr Spiel ganze Gärten schuf. Gern würde ich einen solchen Garten sehen."
Daidalos kämpfte mit seinen Tränen. Er unterlag.
„Ich habe dir einen solchen geschaffen und noch ehe die Sonne aufgeht, wirst du ihn sehen."
Asterion war sehr glücklich und umarmte Daidalos.
„Ich habe dir das größte und schönste Labyrinth geschaffen, in dem du dich frei bewegen kannst. Du wirst viel Zeit darin zubringen."

Asterion war misstrauisch, denn er verstand die Tränen Daidalos nicht. Behutsam wischte er sie mit seinen weichen Knabenhänden vom Gesicht seines Ziehvaters.
„Werde ich dich wieder sehen, Vater?“
Daidalos nahm allen Mut zusammen und versuchte zu lächeln.
„Das Labyrinth hat vierzehn Türen. Wann immer es dir beliebt, kannst du es verlassen. Du musst die Türen nur suchen.“
Asterion überlegte.
„Vielleicht werde ich in dem neuen Garten wohnen. Ich weiß, dass ich anders bin als die übrigen Menschen und dass ich nie Aufnahme in ihre Gesellschaft finden werde. Alleinsein ist mein Los. Sei nicht traurig.“
Für einen kurzen Augenblick verfolgte Daidalos den Gedanken, gemeinsam mit Asterion zu fliehen. Doch diese Überlegung erwies sich als untauglich. Wo und wie wollte er mit dem gezeichneten Knaben leben? Wohin auch immer sie kommen würden, sie wären entdeckt und Ausgestoßene.

Er nahm Asterion in den Arm und beide warteten stumm und aneinander geschmiegt auf den Silberstreif am Horizont. Als dieser erschien, nahm er Asterion an die Hand und ging mit ihm zum Labyrinth. Ihr Weg führte sie durch die im Schlummer liegende Stadt, vorbei an dem Palast von Knossos. Asterion, der zum ersten Mal die Werkstatt Daidalos verlassen hatte, zitterte vor Erregung und Staunen.
„Ich wusste nicht, dass die Welt so schön ist.“
Am Labyrinth angelangt, küsste Daidalos den Knaben die braunen gutmütigen Augen, schob ihn sanft in das Innere des Gebäudes und schloss die Tür. Als er sich umwandte, erblickte er die Zinnen des Palastes und ein tiefer unauslöschlicher Hass gegen Minos erfüllte ihn.

10 Asterion der Minotauros

Das Krachen der zufallenden Tür war lange Zeit das einzige Geräusch, das Asterion zu hören bekam. Anfangs trieb ihn

kindliche Neugierde, das Labyrinth zu erforschen. Um die marternde Stille zu übertönen, führte er unentwegt Selbstgespräche.
„Was verbirgt sich hinter der nächsten Biegung? Steige ich hinauf oder lieber hinunter?“
Doch bald schon erkannte er, dass es die Eintönigkeit war, die seine Gefangenschaft besiegelte.
„Wie schön die Welt doch ist.“
Gelegentlich hielt er inne und schlug mit den Hörnern gegen die Mauern.
„Tack, tack, tack ...“
Dann dachte er an Daidalos, wie dieser auf den Stein einschlug und wundervolle Formen aus den unförmigen Blöcken schälte.
„Mein Vater, wo bist du?“

Asterion verlor bald jedes Gefühl für die Zeit und seine Selbstgespräche wurden immer einsilbiger, bis sie schließlich verstummten. Bald trottete er unentwegt vor sich hin, immer auf der Suche nach Nahrung.
Was er fand, das waren junge schöne Mädchen und Männer. Lange betrachtete er die Körper und Gesichter, deren Antlitze ihn anfangs erschreckten, denn sie waren vom Todeskampf entstellt. Die jungen Menschen waren auf ihren Wegen durch das Labyrinth verdurstet. Manche hatten auch selbst Hand an sich gelegt, um das Martyrium zu verkürzen.
Es gab nichts Lebendiges an diesem Ort und in Asterion erloschen nach und nach die Erinnerungen an seinen Vater und dessen Werkstatt. Seine Seele wurde stumpf und war nur noch erfüllt von beißendem Hunger.

Eines Tages traf er auf ein junges Mädchen, in dem noch ein Rest Leben war. Ein freudiges Zucken ging durch seinen Körper und er wollte das Wort an das entsetzt greinende Mädchen richten. Doch er hatte keine Worte mehr. Alle Erinnerung an seine Sprache, die er als Knabe wohl zu sprechen verstand, war ausgelöscht. Das kraftlose Wimmern, nach Jahren das erste Geräusch eines Menschen, schmerzte und machte ihn brüllen. Um seinem Schmerz ein Ende zu bereiten, zerstampfte er den zarten Körper.

Er war nun der Minotauros.

11 Daidalos, Ikaros und Poseidon

Daidalos arbeitete hinter verschlossenen Türen. Sein Sohn Ikaros beobachtete ihn, wie er Federn von unterschiedlicher Länge sorgfältig mit Leinfäden an ein feines Gerüst band.
„Du musst das Wachs kneten, bis es geschmeidig wird, knete, mein Sohn, knete."
Ikaros verstand das Tun seines Vaters nicht, doch er befolgte eifrig dessen Anweisungen. Nachdem das Wachs gefügig war, verklebte Daidalos die Federn miteinander. Als er seine Arbeit beendet hatte, begriff Ikaros. Sein Vater hatte zwei Flügelpaare geschaffen, mit denen sie sich in die Lüfte erheben konnten.
In tiefschwarzer Nacht brachten sie ihre Fluggeräte vor die Tore der Stadt. Der Vater band sich seine Flügel um und hieß den Knaben ruhig zu warten. Dann verschwand er hügelwärts in die Dunkelheit.
Während Ikaros still wartete, hob er seinen Blick hinauf zum milchigen Mond und erblickte seinen Vater, der wie eine Fledermaus schattenhaft den Himmel durchquerte.
Nach der Landung sprach Daidalos sehr eindringlich mit seinem Sohn.
„Du musst genau meiner Spur folgen. Fliege nicht zu tief. Wenn du mit dem Wasser in Berührung kommst, wird es die Fittiche beschweren und dich hinab ziehen. Ich weiß, du bist ein guter Schwimmer, doch auf dem offenen Meer wird uns keine Rettung zuteil. Wenn du auf derselben Straße bleibst, welche ich beschreibe, wird es uns gelingen, dem Kerker Kreta zu entfliehen. Ich habe diesen Tag lange ersehnt, mein Sohn. Mit der Hilfe Poseidons wird es uns gelingen."
Daidalos umarmte und küsste seinen Sohn so innig, als wäre es das letzte Mal. Dann legten beide die Flügel an und erhoben sich in die Lüfte. Die aufgehende Sonne im Rücken flogen sie davon.

Bald befanden sie sich über dem Meer. Daidalos schaute sich wieder und wieder besorgt nach seinem Sohn um. Der folgte den Weisungen seines Vaters getreu. Das Meer unter ihnen war ein Spiegel und Daidalos konnte seinen Sohn in dessen Bild sehen.
Ikaros genoss das Abenteuer und wurde ausgelassener. So verließ er die vorgegebene Bahn, um dem Meer näher zu sein. Delfine trieben ihr heiteres Spiel und Ikaros war wie gebannt. Doch dann erinnerte er sich an die Worte des Vaters und ließ sich von den Aufwinden höher und höher tragen.

Es war gegen Mittag und die Gestade einer Insel, die später den Namen Ikaria tragen sollte, kamen in Sicht. Ikaros stieg höher, um die Insel besser sehen zu können. Dabei kam er der Sonne so nahe, dass das Wachs an seinen Federn schmolz. Ehe er noch begreifen konnte, was geschehen war, verlor er seine Federn und den Halt und stürzte in die Tiefe.
Als Daidalos sich umschaute, konnte er seinen Sohn nicht mehr erblicken. Er entdeckte vereinzelte Federn auf dem Wasser schwimmen. Seinen Sohn konnte er nicht erspähen. Er senkte seinen Flug und landete wohlbehalten am Ufer der Insel. Kaum hatte er die Flügel abgelegt, schwemmten gleichgültige Wellen den leblosen Körper des Knaben an.
Daidalos riss die Arme in die Höhe und brüllte seinen Schmerz auf das Meer hinaus.
„Poseidon! Warum hast du das getan? Ich hatte dein Wort!"
Und sanft wie das Säuseln der Wellen im Kies antwortete Poseidon:
„Du hast deine Reise unbeschadet überstanden. Ich hielt mein Wort. Du batest nicht um das Leben deines Sohnes. Ich nahm ihn dir als Sühne für Talos, den du um das Leben brachtest, und für den weißen Stier. Du hast Theseus nicht gehindert, mein Geschöpf auf Jahrmärkten vorzuführen und zu opfern."
Daidalos begrub seinen Sohn. Von diesem Tag an hat ihn kein Mensch mehr lächelnd gesehen. Sein Herz war gebrochen. Mit zitternden Händen schaufelte er den weißen Sand auf den zarten Körper seiner letzten Liebe.

„Mit dir, mein Sohn, endet mein Leben. Alle guten Gründe sind gegangen. Von nun an bin ich bloßes Dasein, freudlos ... Friedvoll vielleicht, denn nun kann mir kein Gott, kein Herrscher etwas nehmen. Daidalos weilt noch in dieser Welt und schon im Totenreich."
Daidalos reiste weiter auf die große Insel Sizilien, wo er bei König Kokalos gütige Aufnahme fand.

12 Theseus in Athen

Die Eupatriden von Athen hatten Theseus zu einer Versammlung auf die Akropolis geladen. Sie schätzten ihn nicht sonderlich, denn sein aufbrausendes Temperament, insbesondere im Zustand der Trunkenheit, hatte schon so manche von ihnen in missliche Lagen gebracht. Aber sie wussten auch um seine bescheidene Klugheit. Durch geschickte Schmeichelei wollten sie ihn für ihre Zwecke gefügig machen.
Theseus lümmelte auf der Steinbank, trank Wein und hörte griesgrämig die Reden der Männer.
„Seit sieben Jahren leisten wir nun schon Tribut an Kreta. Jahr für Jahr vergeuden wir das Blut unserer Jugend. Das muss ein Ende haben."
Ein anderer erhob sich und deutete auf Theseus.
„Wir beherbergen den kühnsten Held Attikas in unseren Mauern. Wir lobpreisen seine Heldentaten und fürchten uns vor den kretischen Bastarden. Das muss ein Ende haben."
Der erste Redner pflichtete ihm bei.
„Noch floss das Blut der Kinder der Geomoren und der Demiurgen. Bald werden wir, die Edlen der Stadt, unsere Kinder hergeben müssen. Das muss ein Ende haben."
Und im ganzen Rund hörte man das Murmeln der Männer.
„Das muss ein Ende haben!"
Der älteste und am meisten geachtete der Männer, er war gleichsam auch der vermögendste an Geist und Gut in der Stadt, erhob sich und wandte sich an Theseus.

„Theseus, du hast viele Ungeheuer überwältigt. Du bezwangst Prokrustes bei Eleusis, hast Sinis auf dem Weg von Troizen nach Athen auf dem Isthmos in der Luft zerrissen, warfst Skiron der Schildkröte zum Fraß vor und rangst Kerkyon nieder. Du hast uns von vielen Übeln befreit. Sei erneut der Retter Athens und befreie uns von diesem Tribut."
Theseus, dessen Gestalt sich bei der Aufzählung seiner Heldentaten sichtbar gestrafft hatte, schaute den Redner fragend an.
„Das will ich tun. Nennt mir den Feind und ich will ihn töten. Töten ist ein Handwerk, in dem ich der Meister bin. Niemand vermag es, mich zu bezwingen. Ich bin der Gute, in der Götter Gunst, und gehe den Weg des Guten mit der Götter Hilfe. Mein Geist und meine Stärke erhellen Hellas. So soll es sein, so lange Leben in mir ist!"
Und die Männer beugten sich vor.
„Wie wirst du es tun?"
Theseus hatte noch nicht begriffen, was man von ihm erwartete. Wenn es um Heldentaten ging, und bei ihm bedeutete eine solche immer den Tod eines anderen Wesens, war er bereit. Doch musste man ihm einen deutlichen Wink geben.
„Was soll ich tun?"
Die Männer schauten sich betroffen an.
„Du musst den stierköpfigen Minotauros töten."
Theseus überlegte lange. Schließlich sprach er:
„Wie ich es anstelle? Das wird sich finden. Ich werde ihn töten."
Der Rat war unsicher, ob er für diese Aufgabe taugen würde. Alle bisherigen Ungeheuer hatte er mit deren eigenen Waffen zur Strecke gebracht. Für die Tötung des Minotauros bedurfte es eines klugen Verstandes und List. Weder über das Eine noch das Andere verfügte Theseus.
„Höre, Theseus, wenn dir diese Heldentat gelingt, wird dir niemand den Anspruch auf Athens Thron versagen können."

Theseus, der für schmeichlerische Sprache empfänglich war, hatte bislang noch keinen Gedanken darauf verschwendet,

König von Athen zu werden. Die von den Eupatriden in Aussicht gestellte Würde traf ihn wie ein Blitzstrahl. Fortan war er nur von diesem Gedanken beseelt. Am nächsten Tag rüstete er sich für die Reise nach Kreta.

13 Theseus und Minos

Minos bemerkte, das Theseus seine Waffen abgelegt hatte, als er den Thronsaal betrat.
„Ich grüße dich, Theseus, Held aus Attika. Was ist dein Begehr? Es wundert mich, dass du deinen Besuch nicht angekündigt hast. Sprich."
Theseus schaute sich nach einer Sitzgelegenheit um. Doch fand sich nirgends eine. Er empfand es als schmachvoll, dem König von Kreta stehend Bericht geben zu müssen.
„Ich bin aufgebrochen von Athen, um mir ein Weib zu suchen. Mein Alter gebietet es, Nachkommen zu zeugen."
Diese Auskunft nahm eine schwere Last von Minos' Herz. Er misstraute dem Fremden, da er wusste, dass der Weg des Helden stets einer blutigen Spur glich. Er wies die Wache an, einen guten Stuhl für den Gast herbei zu schaffen.
„Und da kommst du nach Kreta? Gibt es keine Frau für Theseus in Attika?"
Theseus nahm versöhnt Platz.
„Ja, nach Kreta komme ich zuerst. Der Gründe gibt es zwei. Du, verehrter König hast zwei Töchter, deren Liebreiz auf allen Inseln gepriesen wird, Ariadne und Phaidra. Ich möchte sie in Augenschein nehmen."
Minos nickte wohlgefällig.
„Und der zweite Grund?"
Theseus überlegte, denn ihm war der Grund entfallen. Schließlich erinnerte er sich, was ihm der Rat eingebläut hatte, und wie er das Vertrauen Minos am ehesten erringen würde.
„Was könnte Kreta und Athen wohl besser zum Wohle gereichen, als eine dauerhafte Verbindung zwischen den edelsten Familien? Wie denkst du darüber, Minos?"

Theseus konnte zwar das Herz des Vaters erweichen, nicht aber das des Staatsmannes.
„Athen ist mir tributpflichtig. Diese Pflicht muss von einer Heirat unberührt bleiben.“
Theseus hob abwehrend die Hand.
„Ich stehe vor dir nicht als Händler in Staatsgeschäften, sondern als ein Mann auf der Suche nach einem liebenden Weib. Nicht mehr und nichts Geringeres ist mein Anliegen. In Athen wurde mir die Würde des Königs angetragen. Du, Minos, wirst mir, wenn ich erst dein Sohn bin, keinen Tribut mehr abverlangen, wenn die Notwendigkeit dafür aus der Welt ist, oder? Was du mir nimmst, würdest du auch deiner Tochter vorenthalten.“
Minos überlegte. Er fand unter den beschriebenen Umständen keinen Grund mehr, seine verbrieften Rechte einzufordern.
„Wenn wir unser Blut vereinen und ich des Tributs nicht mehr bedarf, so soll meine Forderung auf immer verstummen!“
Minos erhob sich von seinem Thron und reichte Theseus aufrichtig die Hand.
„Ich will dir zu Ehren ein Fest ausrichten. Meine Töchter werden anwesend sein und wenn deine Wahl auf eine der beiden fällt, so soll der Bund besiegelt werden.“

14 Minos, Theseus, Ariadne und Phaidra

Der Palast von Knossos erstrahlte in hellem Glanz. Unzählige Öllampen tauchten den Reichtum des Hauses in ein goldenes Licht. Musik erklang und eilfertige Sklaven huschten durch den Festraum, die Trinkschalen mit dem besten kretischen Wein zu füllen. Ein Stier war geschlachtet und bereitet worden und süße Früchte quollen über die Ränder der edlen Gefäße. Die Botschaft, Theseus, der Held von Attika, weile im Palast, hatte sich mit Lauffeuern auf der ganzen Insel verbreitet. Alle Edlen des Landes waren gekommen.
Theseus, dessen Sinneslust unerschöpflich zu sein schien, hatte sein Vorhaben angesichts der üppigen Speisentafeln schnell aus den Augen verloren und soff und schlang wie

ein unersättliches Fabelwesen. Die Kreter bewunderten ihn selbst darin.
Minos war an die Liegestatt von Theseus herangetreten. Zu seiner Linken stand Ariadne und zu seiner Rechten Phaidra.
„Hier, Theseus, sind meine Töchter. Ariadne und Phaidra. Es ist mir eine Ehre, wenn du eine von ihnen erwählst."
Theseus, von den vielen Speisen und dem starken Wein träge geworden, betrachtete die Frauen, ohne sich zu erheben. Ariadne hatte die Augen niedergeschlagen. Ihre demutsvolle Haltung stieß ihn ab. Sie erinnerte ihn an ein Lamm, dass gerade zur Schlachtbank geführt wurde. Phaidra hingegen erregte seine Sinne. Sie schaute ihm mit ihren schwarzen Augen ohne Scham ins Gesicht und erinnerte ihn an eine feurige schwarze Stute, die zu zähmen er sich augenblicklich herausgefordert sah.
Theseus erhob sich.
„Die Kunde von der Anmut und Schönheit deiner Töchter ist eine Lüge, Minos, denn sie ist eine verachtenswerte Untertreibung."

Während des ganzen Festes, wandte sich Theseus einmal der einen, einmal der anderen zu und umgarnte sie mit Schmeicheleien. Bei Ariadne waren es Höflichkeiten, die nicht von Herzen kamen. Phaidra hingegen zog ihn gewaltig an und bald spürte er einen unwiderstehlichen Drang, sie auf ein Lager zu werfen, um seine Lust an ihrem Körper zu stillen.
Trotz des unmäßigen Genusses des kretischen Weines vergaß er seine Mission nicht. Noch ehe ihm die Eroten die Sinne gänzlich raubten, stillte er seine schier unerschöpfliche Begierde an einem verborgenen Ort so lange am schwarzen Fleisch einer äthiopischen Sklavin, bis diese ohne Besinnung zu seinen Füßen niedersank.
Als er zum Fest zurückkehrte, begegnete ihm der scheue aber auch begehrliche Blick Ariadnes. Er führte sie hinaus in die Gärten des Palastes und gestand ihr unter vier Augen seine aufrichtige Liebe. Er sprach zu ihr von dem großen Haus, in welches er sie heimführen wolle, und den Kindern, die

sie zeugen würden. Die törichte Ariadne war übervoll des Glücks, das Theseus ihr prophezeite. Schließlich sank der attische Held vor dem lammgleichen Wesen auf die Knie.
„Ich will unseren Bund augenblicklich mit Blut besiegeln und als Treueschwur mein Leben setzen."
Ariadne, ganz der Lieblichkeit des Augenblicks verbunden, war entsetzt.
„Was hast du vor, Geliebter?"
Theseus tat, als überlege er, als suche er nach einer Prüfung, die seinem Schwur angemessen war. Plötzlich hellte sich sein Gesicht auf.
„Der Minotauros! Ich werde für dich den Minotauros töten. Niemand wird es erfahren, denn niemand bekommt ihn zu Gesicht. So ist es keine prahlerische Tat. Nur du wirst wissen, dass ich sie für dich und unsere Liebe vollbrachte. Führe mich zum Eingang des Labyrinths."
Ariadne überfiel ein heiliger Schauer. Obwohl ihr das Blutvergießen ein Graus war, betäubte sie der Gedanke, dass ein Mann für sie und nur für sie eine solche Tat begehen wolle. Sie führte ihn ohne Zögern an eines der Tore zum Labyrinth. Als sie das Labyrinth erblickte, überfiel sie eine trübe Ahnung.
„Wie willst du dem Labyrinth entkommen, wenn du den Minotauros getötet hast. Dieses Gefängnis hat nur Eingänge und keinen Ausgang. Nie ist ein Mensch daraus zurückgekehrt."
Theseus, schon ganz im Bann der kommenden Begegnung mit dem Ungeheuer, zuckte hilflos mit den Schultern. Da ergriff Ariadne den Saum ihres wollenen Gewandes, löste ihn und daraus einen Faden, den sie an Theseus Handgelenk befestigte.
„Wir wollen unser beider Schicksal endgültig verknüpfen mit diesem Faden hier. Kehrst du nicht zurück, Geliebter, wird meine Schande, nackt in Knossos Straßen zu wandeln, mir das Los der Ehefrau auf immer verwehren. Als Sieger weist dir dieser Faden den Weg zu mir zurück."
Theseus zog einen verborgenen Dolch aus dem Gewand und verschwand ohne einen Blick für Ariadne im Labyrinth.

Ariadne aber begann sich zu drehen, um den Faden auszulassen und mit jeder Drehung wurde ihr Geist benommener und ihr Glück allmächtiger.

15 Minotauros, Theseus und Ariadne

Der Minotauros hatte einen Traum, der ihn aufschrecken ließ. Ein junger Mann, den er auf seinem Weg durch das Labyrinth aufgespürt hatte und der sich voller Entsetzen in eine Nische gezwängt hatte, schleuderte ihm hasserfüllte Worte entgegen.
„Dein Verderber ist erwählt!"
Schlaftrunken lauschte der Minotauros dem Klang der Stimme des Jünglings nach. Den Sinn konnte er nicht erfassen und obgleich die Stimme voller Abscheu gegen ihn war, erfüllte sie ihn doch mit einer freudigen Erregung.
„Dein Verderber ist erwählt! Dein Verderber ist erwählt!"
Die Erregung nahm Überhand und er sprang auf die Beine. Er war plötzlich von einer Ahnung getrieben, die ihm wie eine Verheißung erschien.
„Dein Erlöser ist erwählt!"
Seine Schritte wurden schneller und schneller. Sein Kopf streifte die Mauern der Gänge.
„Tack, tack, tack ... „
Das Geräusch seiner Hörner am Stein beflügelte ihn zu rasantem Lauf. Auf einem kleinen Innenhof angelangt, in dessen Mitte eine Quelle sprudelte, hielt er inne und lauschte. Er vernahm das Geräusch von Schritten. Einer inneren Stimme folgend, trat er an die Mauer und begann rhythmisch mit den Hörnern an den Stein zu schlagen.
„Tack, tack, tack ..."
Die Schritte kamen näher und endlich konnte er die Umrisse eines Menschen ausmachen. Dann sahen sich die Beiden in die Augen. Theseus erstarrte, denn der Minotauros überragte ihn um eine halbe Körpergröße. Er dachte an Flucht, als der Minotauros unvermittelt auf die Knie sank. Theseus machte einige Schritte auf das Ungeheuer zu, das reglos verharrte.

Blitzschnell ergriff er ein Horn des Zwitterwesens, bog mit aller Kraft den Kopf zurück und stach mit dem Eisen durch die entblößte Kehle.
Den Minotauros durchfuhr das Eisen wie ein Blitz und plötzlich war da eine Erinnerung, die ein tiefes Glücksgefühl in ihm auslöste. Er hörte sich mit eigener jugendlicher Stimme sagen: „Wie schön die Welt doch ist.“
Ein Lächeln stieg in ihm auf, ein Lächeln, das Theseus beinahe um seinen geringen Verstand brachte, als er dem Minotauros in die brechenden Augen sah. Dann verlosch das Leben Asterions und er sank blutüberströmt in den stinkenden Staub des Labyrinths.

Als Theseus mit Hilfe des Fadens zum Ausgang des Labyrinths zurückkehrte, war er wie von Sinnen. Ängstlich versuchte er sich vom Blut des Minotauros zu befreien. Es brannte ihm auf der Haut, als wollte es sich einfressen und ihn zeichnen.
Am Tor angelangt, erblickte er die nackte Ariadne am Boden kauern. Das Glück, ihren Geliebten wieder zu sehen, wich der Ernüchterung, als sie seine Augen sah, die vor Irrsinn flackerten. Theseus starrte sie an und stammelte:
„Er hat keinen Widerstand geleistet! ... Er hat keinen Widerstand geleistet!“
In einer seltenen menschlichen Regung wickelte Theseus Ariadne in sein Gewand und trug sie nach Iraklion, wo die Seinen ein Schiff unter Segel hielten. Der Aufbruch erfolgte in Hast.

Auf der Insel Naxos, die sie angelaufen hatten, um ihre Vorräte aufzufüllen, ließ Theseus, inzwischen wieder ganz er selbst, Ariadne im Schlaf zurück.

Epilog Daidalos und Minos

Daidalos hatte in König Kokalos von Sizilien einen wohlgesinnten Förderer gefunden. Obgleich er des Lebens seit dem Tod seines Sohnes Ikaros überdrüssig war, stellte er alle seine Kräfte und Fähigkeiten in den Dienst seines

Brotherrn, um sich dankbar zu erweisen. Er baute dem König eine uneinnehmbare Feste, in der Kokalos seine Schätze sicher aufbewahren konnte. Am dankbarsten aber war Kokalos dem Baumeister für die Errichtung einer Therme, die Daidalos durch die Kraft des unterirdischen Feuers speiste.
Daidalos war auf Sizilien verehrt und anerkannt. Kokalos, der sich sehr zu dem König der Künstler hingezogen fühlte, lud den schweigsamen Mann wiederholt an seine Tafel. Er genoss die Sonne dieses Menschen, die über Sizilien schien. Doch Daidalos folgte dem Ruf seines Gönners immer widerstrebender. Kokalos blieb dieser Unmut nicht verborgen.
„Warum, Daidalos, erwärmt mich deine Nähe nicht? Wohnt keine Freude, kein Mut, keine Leidenschaft mehr in dir, an der ich mich laben könnte? Deine Augen sind so leblos wie die des Fisches auf der Tafel."
Daidalos schaute seinem Wohltäter ins Antlitz und ohne Klang in der Stimme entgegnete er:
„Ich danke dir, Kokalos, für alle Wohltaten, denen ich mich würdig erweisen möchte. Doch verlange nicht mehr als das. Zu Liebe bin ich nicht mehr fähig, bin wie der tote Fisch dort."
Kokalos schüttelte ungläubig sein prachtvolles Haupt.
„Noch immer bist du stark und voller Tatendrang. Wie soll ich dich verstehen, Daidalos?"
Daidalos starrte auf den gesottenen Fisch, dessen bleicher Anblick ihn erschaudern ließ.
„Was du siehst, ist ein Mann des Handwerks ohne göttlichen Funken. Ich danke für das Gnadenbrot. Doch gilt es einem Ausgelöschten."
„Ausgelöscht, du?"
„Was ist ein Mann anderes, wenn seine Kinder ausgelöscht sind. Er ist es ebenso."
Kokalos war ratlos und verwirrt.
„Du sprichst nicht von einem Kind, von Ikaros, deinen einzigen Sohn?"
Daidalos schlug die Augen nieder vor dem inneren Grauen, das mit der Erinnerung in ihm aufstieg.

„Ich hatte einen ersten Sohn, Asterion, den ich tötete und ich hatte davor einen, der mir Sohn war, Talos, den ich tötete. Du siehst vor dir einen Menschen, der auf kunstvollste Weise sein eigenes Blut mit dem Styx vermischte. Und mein Blut ... Ich fühle es nicht mehr."
Mit diesen Worten erhob sich Daidalos und schwieg fortan und führte ein kümmerliches Dasein.

Bald aber verbreitete sich der Ruf Daidalos über die Grenzen Siziliens hinaus und Minos erfuhr aus dem Mund eines Händlers den Aufenthaltsort des Flüchtigen. Sofort ging er daran, eine gewaltige Flotte auszurüsten, mit der er nach Sizilien reiste.
In Agrigent angelandet, forderte er mit eisenklirrendem Nachdruck die Herausgabe des Baumeisters. Kokalos willigte zum Schein ein und bat Minos an seinen Hof. Um sich von der Mühsal der Reise erholen zu können, empfahl Kokalos dem Kreterkönig ein Bad in der Therme. Als Minos im steinernen Becken lag, ließ Kokalos das Wasser derart erhitzen, dass Minos erstickte.
Man übergab dem Heer den Leichnam ihres Königs mit der Erklärung, er sei beim Bad ausgeglitten und hätte sich zu Tode gestürzt. Minos Leichnam wurde mit großen Ehren beigesetzt und über dem Grab ließ Kokalos einen Aphroditentempel errichten.

Daidalos wohnte der Bestattung aus der Ferne bei. Seine Lebenskraft war erloschen und in seinem tränenlosen Jammer dachte er: „Wir alle sind Ausgestoßene, von eigener Hand und eigenem Geist, denn wir sind keine Götter. Leiden stehen uns bevor."

Ich habe Kafka getötet

Dieses Bekenntnis, das muss man mir glauben, schreibe ich in höchster seelischer Not: Ich habe Franz Kafka getötet. Nun, getötet im eigentlichen Sinn habe ich ihn natürlich nicht, denn ich bin jetzt siebenundfünfzig Jahre alt und jeder einigermaßen kundige Leser weiß natürlich, dass Franz Kafka am 3. Juni 1924 gestorben ist. Aber was schreibe ich da nur? Niemand weiß das, denn niemand, außer vielleicht ein paar Nachkommen der Familie, hat heute noch Kenntnis von seiner Existenz. Zum besseren Verständnis: Franz Kafka war ein bedeutender Schriftsteller im 20. Jahrhundert. Aber das weiß niemand, weil ...

Vielleicht ist es besser, ich erzähle die Geschichte von Anfang an. Ich bin ein einigermaßen erfolgloser Schriftsteller und ich bin es nun schon eine so geraume Zeit, dass mich dieser Umstand längst nicht mehr plagt. Ich habe geschrieben, was ich schreiben musste und werde das auch noch eine Weile tun, denn meine physische und mentale Verfassung ist recht stabil und mein Leben wird, so mich kein unerwartetes Ereignis aus demselben reißt, noch ein paar Jahre andauern. Die Zahl meiner Veröffentlichungen ist überschaubar und nie wurde eines meiner Werke ein zweites Mal aufgelegt. Ich habe es in kein ernstzunehmendes Lexikon geschafft und inzwischen glaube ich selbst, dass es wohl rechtens ist. Ich will nicht sagen, dass ich meine Bemühungen um die Literatur bereue, auch wenn mir Verleger beizeiten geraten hatten, mich einer anderen, sinnvolleren Tätigkeit zuzuwenden. Immerhin liebe ich die Literatur, und meine Existenz als Schriftsteller, so gering mein Beitrag auch sein mag, hielt mich doch immerhin zum Lesen an. Diesen, inzwischen Jahrzehnte andauernden Genuss möchte ich unter keinen Umständen missen. Nie, und das bitte ich mir zu glauben, war ich auf eine gute Geschichte neidisch. Ich habe immer die Größe besessen, allen Schriftstellern und Dichtern ihren Platz in der Literatur zuzugestehen, so, wie ich mir den meinen auch zugestanden

hätte. Doch das lag, wie es scheint, leider nicht in meinem Vermögen. Nein, Neid gehörte lebenslang nicht zu meinen Charaktereigenschaften. Und doch gibt es eine Geschichte, die mir in meiner Existenz als Künstler stets bedrohlich erschien, die in ihrer Grandiosität für mich zur existenziellen Frage wurde. Ich meine Franz Kafkas "Die Verwandlung". Jeder Schriftsteller sollte sich selbst an dieser Geschichte messen. Jeder Schriftsteller sollte sich die Frage stellen, ob er selbst diese Geschichte geschrieben haben könnte. An einem Novemberabend saß ich mit zwei Bekannten, Freunde möchte ich sie nicht nennen, denn sie schreiben auch, im Tambosi am Münchner Residenzgarten und wir sprachen über eben dieses Thema. Ich bekannte, ein wenig kleinlaut, das gebe ich zu, dass ich mich für so qualifiziert halte, dass ich selbst der Autor dieser Geschichte sein könnte. Einer der Bekannten fragte mich spontan, wie viel Bier ich bereits getrunken hätte. Ich empfand diesen Einwurf als äußerst unsensibel, denn es ist hinlänglich bekannt, dass ich nicht unter Selbstüberschätzung leide. Ein solches Bekenntnis, aber das wusste dieser dilettierende Schmierant offensichtlich nicht, kann nur aus den tiefsten Tiefen einer reinen Künstlerseele stammen. Die Stimmung kippte und ich tat dasselbe mit dem Rest meines Bieres, und zwar dem dreisten Frager mitten ins Gesicht. Und da wir mit unseren Themen ohnehin am Ende waren, hoben wir die Runde auf. Das heißt, eigentlich verabschiedeten sich meine Bekannten hastig und zogen sich zurück. In mir tobte noch immer die Empörung und so hielt ich es für das Beste, mein Mütchen an einem weiteren Glas Bier zu kühlen. Es bedurfte einiger Überredung, bis der Kellner ein Einsehen in meine Not hatte. Schließlich zog er es vor, sich weiterer Kommentare zu enthalten und brachte mir, nachdem ich das hochheilige Versprechen abgegeben hatte, es sei für den Abend das letzte, das gewünschte Bier.
Während ich versonnen die Blume von der Flüssigkeit schlürfte, setzte sich ein junger Mann an meinen Tisch. Schon der erste Blick auf seine Gestalt verriet mir, dass der Abend auch weiterhin unter keinem glücklichen Stern stehen würde. Dieser Mann verkörperte einfach alles, was mir zutiefst

zuwider war. Noch ehe er sich gesetzt hatte, legte er sein glänzendes Designerhandy auf den Tisch. Er folgte seinem Handy, wenn man so will, nach. Sein kantiger Schädel war seitlich hochgeschoren und sein oberes Haupthaar, das wie die Borsten einer Drahtbürste senkrecht stand, war so perfekt geschnitten, das ein vollkommenes Plateau entstanden war. Ich dachte augenblicklich an einen außerordentlich gepflegten Golfplatz. Seine Gesichtszüge waren nicht weniger markant, was mich wunderte, denn seine Haut, seine feinen, sehr gepflegten Hände und die Mode, in der er sich kleidete, ließen darauf schließen, dass er nicht älter als Mitte zwanzig war. Ich war augenblicklich geneigt, ihn insgeheim auf den Namen Schnösel oder Lackl zu taufen. Doch in demselben Augenblick, in dem ich den Entschluss in die geistige Tat umsetzen wollte, spürte ich einen Stich in meinem Kopf, der mich schmerzhaft davon ablenkte.
„Entschuldigen Sie, aber ich musste Ihr Gespräch unfreiwillig mit anhören. Kafka ...“, er machte eine Pause und sein Gesicht nahm den Ausdruck von Versonnenheit an. Dann fuhr er mit seiner wunderbar dunklen, sonoren Stimme fort. „Kafka, ... Ja, ein wunderbarer Dichter. Ich würde sagen, er war der Bedeutendste des 20. Jahrhunderts. Übrigens, ich habe ihn recht gut gekannt. Ich hatte beruflich, Sie wissen, er war Angestellter einer Versicherung, mit ihm zu tun.“
Ich warf erstaunt meinen Kopf in den Nacken und sah ihn herausfordernd an: „Was Sie nicht sagen!“
„Ja, denken Sie nur. Aber leider nur beruflich. Das war schade. Nun, er war zu diesem Zeitpunkt noch nicht so bekannt, müssen Sie wissen. Immerhin habe ich ihm ein paar Türen geöffnet. Ach, denken Sie nur, ich besitze sogar ein amtliches Schriftstück mit seiner Unterschrift.“
„Nur beruflich?“ fragte ich nach und versuchte mich daran zu erinnern, wie viel Bier ich tatsächlich schon getrunken hatte. „Entschuldigung, aber darf ich fragen, was Sie beruflich machen?“
„Ich bin Banker und das ist Ihre fünfte Halbe.“
„Banker“, rief ich aus, „dann sind Sie einer dieser Satane, denen wir diesen ganzen Schlamassel jetzt verdanken. ...

Meine fünfte Halbe?“
Er lachte, wobei er seine Zähne entblößte, die unmöglich seine eigenen sein konnten, so ebenmäßig waren sie. „Nein, ... von meiner Sorte gibt es nur einen.“
„Ja, das behaupte ich von mir auch. Aber wer will das schon wissen.“ Ich trank den letzten Schluck meines Bieres und gedachte nun, meinen Heimweg anzutreten.
„Darf ich Sie noch auf ein Bier einladen?“ Ich schaute ihn prüfend an. Welchen Grund hatte dieser Mann, mich einzuladen. Ob er schwul ist? Ich war entschlossen, diese Einladung nicht anzunehmen und erwiderte: „Also gut, wenn Sie den Kellner überreden können, mir noch eins zu bringen. Ich empfehle mich für den Moment. Es pressiert.“ Als ich von der Toilette zurückkehrte, stand bereits ein frischgezapftes Bier auf dem kleinen Tisch aus dunklem Granit. Er hatte sich eine Flasche Dom Pérignon, ich vermutete, zum Preis von 300 bis 500 Euro, kommen lassen und schlürfte das eisgekühlte Getränk aus einer breiten Champagnerschale. Er hatte wirklich Stil, wie er so das Glas an die vollen und doch männlichen Lippen führte, wie er lässig und trotzdem mit betont disziplinierter Haltung in seinem glänzenden kupferfarbenen Anzug auf seinem Platz thronte, ja, thronte, anders konnte man es nicht bezeichnen.
„Sie wären also nicht traurig, wenn Sie der Autor von Kafkas ‚Verwandlung‘ wären?“ Seine Frage klang sehr süffisant und war wohl auch nicht ganz frei von Hinterlist. Aber das Bier hatte mich schon hinreichend in einen Zustand gebracht, in dem man ausschließlich und hemmungslos die Wahrheit bevorzugt. „Nicht traurig? Pa, ... wenn Sie wüssten, was ich darum geben würde, das Werk Kafkas geschrieben zu haben.“
Er beugte sich vor und in dem Maße wie er mir entgegen kam, rückte das wuselnde Treiben in der engen Gastronomie scheinbar von uns ab.
„Was würden Sie darum geben?“
Plötzlich herrschte eine totale Stille im Raum und es war, als hielt die Welt den Atem an. Die Zeit stand still: „Alles.“
Ich musste in einen Sekundenschlaf gefallen sein. Der Mann

schnipste mit dem Finger, um dem, was er dann sagte, Gewicht zu verleihen und meine Aufmerksamkeit zu schärfen. Augenblicklich nahm ich den Lärm im Raum wieder wahr.
„Sie glauben mir nicht, oder?“
Ich schüttelte fragend den Kopf: „Was soll ich Ihnen nicht glauben?“
„Nun, dass ich Kafka gekannt habe?“
„Ich kenne ihn auch. Vielleicht sogar besser als Sie! Ich habe meine Dissertation über ihn geschrieben“, gab ich bissig zurück, vom metaphorischen Charakter seiner an sich idiotischen Frage überzeugt. Und zum Beweis rezitierte ich die ersten Zeilen aus Franz Kafkas „Die Verwandlung“: „Als Gregor Samsa eines Morgens aus unruhigen Träumen erwachte, fand er sich in seinem Bett zu einem ungeheueren Ungeziefer verwandelt. Er lag auf seinem panzerartig harten Rücken und sah, wenn er den Kopf ein wenig hob, seinen gewölbten, braunen, von bogenförmigen Versteifungen geteilten Bauch, auf dessen Höhe sich die Bettdecke, zum gänzlichen Niedergleiten bereit, kaum noch erhalten konnte.“
Doch das beeindruckte den Mann wenig und als wäre es das Selbstverständlichste auf der Welt, zitierte er ohne eine Pause aufkommen zu lassen weiter: „Seine vielen, im Vergleich zu seinem sonstigen Umfang kläglich dünnen Beine flimmerten ihm hilflos vor den Augen. ‚Was ist mit mir geschehen?’ dachte er.“
„Respekt, mein Herr, Respekt. Und das bei ihrer Jugend ...“
Ich versuchte eine Verbeugung anzudeuten und stemmte mich hoch. Doch es wollte mir nicht gelingen und ich plumpste zurück auf den harten Stuhl.
„Nicht der Rede wert, mein Herr.“ entgegnete er. „Was das Alter anbelangt, müsste es treffender heißen: Gerade in meinem Alter.“ Doch das verstand ich nicht. Überhaupt verstand ich nur sehr wenig von dem, was wir an diesem Abend noch miteinander sprachen. Mein Bierglas schien nicht leerer zu werden, sooft ich auch daraus trank. Nun ja, aber das Phänomen ist hinlänglich bekannt. Das bedeutet zumeist auch, dass das letzte Bier nicht mehr gut war, was

man sich dann am nächsten Tag leidvoll eingestehen muss. Das Einzige, woran ich mich noch erinnern kann ist, dass der fremde Mann mir tatsächlich ein in tschechischer Sprache verfasstes Dokument vorlegte, das die Unterschrift von Franz Kafka in dunkelroter Tinte trug. Selbstredend leugnete ich die Echtheit des Dokuments. Worauf er mit sehr überzeugender Stimme donnerte: „Beim Blute Kafkas, die Unterschrift ist echt!“

Ich habe keine Ahnung, wie ich nach Hause und in mein Bett gelangt bin. Ich vermute einmal, er hat mich heimgefahren und abgeliefert. Nicht heil und gesund, wie man so schön sagt, aber wohl abgeliefert, denn in der Früh entdeckte ich an meiner linken Hand eine ziemlich üble Schnittwunde, die sehr schlecht und auch nur langsam verheilte. Ich beschloss, den Tag im Bett zu verbringen, denn als ich das Bad betrat und mich im Spiegel betrachtete, schoss es mir siedendheiß durch mein Gehirn, dass ich unbedingt meinen Alkoholkonsum überdenken müsste.

Eine Woche lang hatte ich mit einer zähen Mattigkeit zu kämpfen. Ich fühlte mich, als hätte ich kein Blut mehr in den Adern. Als ich mich endlich wieder an meinen Schreibtisch setzte und die große Schublade aufzog, worin ich meine Notizbücher aufbewahrte, war diese komplett angefüllt mit alten, mir völlig fremden Oktavheften. Ich musste mir tatsächlich Gedanken zu meinem Alkoholkonsum machen, beschloss ich. Ich nahm das oberste Heft in die Hand und schlug es auf. Dort stand in krakeliger Schrift, die ernsthafte Mühe hatte, in der Reihe zu bleiben: ‚Die Verwandlung’. Ich blätterte das vergilbte Heft von Anfang bis Ende durch. Das Manuskript umfasste genau 42 Seiten und ich hatte keinen Grund daran zu zweifeln, dass es sich um das Originalmanuskript aus der Feder von Franz Kafka handelte. Mehr noch, nachdem ich den Inhalt der Schublade gesichtet hatte, stellte ich fest, dass sich alle mir bekannten und darüber hinaus etliche mir unbekannte Werke Kafkas im Original darin befanden.

Wie Sie sich denken können, ergriff mich nach einer anfänglichen Verwirrung eine große Euphorie. Was immer auch geschehen sein mag, vielleicht hatte ich ja einen großen Raub begangen und wusste es nicht mehr, ich war für den Augenblick im Besitz aller Manuskripte von Franz Kafka. Und wenn man mich auch morgen schon in Handschellen abführen sollte, den Moment des Triumphes wollte ich mir nicht nehmen lassen. Ich breitete die Manuskripte sorgfältig in meinem Arbeitszimmer aus und nahm eins nach dem anderen in die Hand, schlug eine x-beliebige Seite auf und las. Wie groß das Entzücken war, wenn ich den Text wiedererkannte, kann sich wohl niemand vorstellen. Ich geriet in einen Rausch, der mich gänzlich vergessen ließ, dass ich, um mich am Leben zu erhalten, gelegentlich auch essen und trinken müsste. Immer wieder ließ ich die Hand über das Geschriebene gleiten, roch an dem Papier, raschelte damit und einmal benetzte ich meinen Zeigefinger mit Speichel und betupfte einen Buchstaben, es war ein h, der sofort zu zerfließen begann. Es war gute alte Tinte, noch immer löslich.

Die Zeit verging und es geschah nichts. Also begann ich, rationaler mit meinem Fund umzugehen. Ich kam auf die Idee, die Originale mit den Büchern zu vergleichen. Es interessierte mich brennend, wie getreu die Manuskripte in die Bücher übernommen worden waren. Selbstverständlich wollte ich diesen Test zuerst an „Die Verwandlung“ durchführen, ging zum Bücherregal und wollte meine Ausgabe herausnehmen. Zu meinem Erstaunen stand das Buch nicht an seinem Platz. Obgleich ich kein Ordnungssystem in meiner Bibliothek habe, weiß ich doch genau, wo ich jedes einzelne Buch finden kann. Aber ich konnte „Die Verwandlung“ nicht finden. Ich eilte ins Schlafzimmer und schaute auf dem Nachttisch nach. Nichts. Ich durchsuchte die Küche. Ebenfalls nichts. Nun gut, dachte ich mir, dann eben ein anderes. „Der Prozess“, Das Schloss“, die gesammelten Erzählungen, „Amerika“, Briefwechsel, ... vergeblich und unerklärlich. Ich konnte kein einziges Exemplar eines Buches von Franz Kafka finden.
Also eilte ich zu meinem Buchhändler, um mir ein Exemplar zu kaufen. Mein Buchhändler ist ein gediegener alter Herr, der bereits Rente bekommt und dem die Immobilie gehört, in dem sich sein Laden befindet. Das sind die Gründe, warum

es sein Geschäft eigentlich noch gibt. Er freute sich jedes Mal, wenn ich kam, lud mich nicht selten zu einer Tasse Tee ein und wir schwatzten über die Literatur oder schimpften gemeinsam über das Verlagswesen.
„Herr Sporkmann“, empfing er mich freudestrahlend, „Sie habe ich ja schon lange nicht mehr gesehen. Schön, dass Sie mir mal wieder die Ehre geben. Darf es eine Tasse Tee sein?“
Ja, dieser Mann war noch oldschool und ich wäre sicherlich gern bereit gewesen, einen Schwatz mit ihm zu halten. Doch an diesem Tag stand mir der Sinn nicht danach.
„Nein, vielen Dank Herr Mittelrath, ein anderes Mal vielleicht. Ich benötige ein Exemplar von ‚Die Verwandlung‘“.
Er schaute mich mit seinen sehr lebendigen Mausaugen an. Schließlich vollführte er ein Geste der Hilflosigkeit: „Von welchem Autor, bitte schön?“
Die Frage überraschte mich. Nun, er ist wohl schon über siebzig Jahre alt, dachte ich bei mir und antwortete artig: „Kafka. Franz Kafka.“
Herr Mittelrath zwickte sich mit Daumen und Zeigefinger in die Unterlippe. „Kafka? Frank Kafka? Nein, ich glaube, damit kann ich nicht dienen. Darf es etwas anderes sein?“
“Der Prozess?“
„Herr Sporkmann, auch hier wäre es hilfreich, wenn Sie mir den Verfasser nennen würden.“
Das erschien mir nun doch ziemlich seltsam. „Kafka? Franz Kafka?“
Er schüttelte den Kopf. „Verzeihen Sie meine Unbildung, Herr Sporkmann. Aber von diesem Autor habe ich noch nie gehört.“
Ich hätte in Tränen ausbrechen können, diesen wunderbaren, alten Mann so hilflos und verwirrt zu sehen. Nicht einmal an meinen Titel konnte er sich erinnern. Dabei bereitete es ihm immer sichtliches Vergnügen, mich mit ausgebreiteten Armen und einer wohltönenden Anrede zu begrüßen: „Herr Doktor Sporkmann, es ist mir ein Vergnügen ...“
Ich verließ mit knappem Gruß den Buchladen und eilte wieder nach Hause. Dort angekommen, entschied ich mich widerwillig dazu, das gewünschte Buch über das Internet

zu bestellen. Das war sehr untypisch für mich, weil ich Buchhändler wie Herrn Mittelrath sehr schätze, denn er hat sich für meine Bücher stets stark gemacht, auch wenn er nur eine sehr begrenzte Anzahl verkaufen konnte. Der Buchhändler ist der einzige wirkliche Verbündete des Schriftstellers. Ein Internetbuchhändler hat für mich noch keinen Finger krumm gemacht.

Ich gebe den Autor und Titel in die Suchmaschine ein. Ein gebrauchtes Exemplar würde es ja auch tun. Es dauerte und ich wartete ungeduldig. War ich nicht online? Nichts bewegte sich auf dem Schirm. Schließlich erblickte ich die Zeile: Es wurden keine mit Ihrer Suchanfrage - Franz Kafka Verwandlung - übereinstimmenden Dokumente gefunden. Ich versuchte es erneut. Es kam dieselbe Meldung.

Vielleicht beginnen Sie bereits etwas zu ahnen. Ein Dichter namens Franz Kafka existierte nicht, hatte nie existiert. Die Folgen wurden mir schmerzhaft bewusst, als ich vor meine Wohnungstür trat und auf mein Klingelschild schaute. Dort stand einfach nur Sporkmann. Ich hatte nie promoviert, denn das Thema, über welches ich promovieren wollte, existierte gar nicht. Meine Visitenkarte wies die beiden Buchstaben ebenfalls nicht auf. Nirgendwo in meinen Papieren fand ich einen Hinweis auf den akademischen Grad. Nun, ich bin uneitel genug, um damit leben zu können und schon bald war mir klar, wenn es den Schriftsteller nicht gegeben hatte, dann gehörten die Manuskripte mir und ich konnte nach Gutdünken damit verfahren. Ich konnte der sein, der Kafka einmal war, den es aber nie gegeben hatte. Diese Aussicht versöhnte mich hinreichend mit allen Unannehmlichkeiten, die sich damit verbanden. Eine Frage jedoch plagt mich bis auf den heutigen Tag. Wer war dieser Mann im Tambosi gewesen? Was ich damals erlebte, war wahrhaft diabolisch. Ich hielt mich nicht weiter mit der Frage auf, welchen Preis ich einmal dafür zahlen müsste. Ich war bereit.

Ich setzte mich an die Arbeit und begann, Kafkas Manuskripte in den Computer zu übertragen. Ich passte die Texte der neuen Rechtschreibung an und änderte hier und da die Syntax, die gelegentlich ein wenig holperte. Je schneller ich die

Manuskripte einschicken würde, um so eher konnte ich mich im literarischen Ruhm sonnen, der einstmals einem gewissen Franz Kafka zuteil geworden war und an dessen Stelle ich jetzt trat. Das wirklich Erregende dabei war, dass ich jedem meiner Leser alles erklären könnte, denn ich kannte einen Großteil der Kafkaforschung. Ich konnte nun ganz gezielt Pfade vorgeben, um die Erkenntnisse über den Dichter, also mich, und dem Werk, zugegeben, das von Kafka, in die mir genehme Richtung zu lenken. Ich fühlte mich wie ein Gott. Daran änderte sich auch nichts, als ich mein eigenes spärliches Werk im Buchregal betrachtete. Ich werde als Spätgereifter in die Annalen eingehen, das war sicher. Vielleicht ... nein, den Gedanken schob ich gelassen beiseite, ungeachtet dessen, dass Kafka den Nobelpreis unbedingt verdient hätte.
Ich schickte drei Exemplare von „Die Verwandlung“ an die drei wichtigsten und zahlungskräftigsten Verlage. Mehr brauchte es nicht, denn ich war mir sicher, dass sich die Verlage gegenseitig überbieten würden, um die Rechte zu bekommen. Endlich konnte ich einmal die Bedingungen diktieren. Das war bisher nicht vielen Autoren vergönnt.
Umso erstaunter war ich, dass von einem der Verlage gar keine Reaktion kam. Der zweite Verlag ließ mich wissen, dass der Text nicht in das Verlagsprofil passe und daher für eine Veröffentlichung nicht in Frage komme. Dabei betonte ein gewisser Ingo Krause, Lektor seines Zeichens, dass diese Ablehnung bitte nicht als Urteil über die Qualität des Textes verstanden werden sollte. Man wünschte mir viel Glück bei der weiteren Suche. P.S. Leider könne man das Manuskript, wegen der Vielzahl der unaufgefordert eingesendeten Texte und aus Kostengründen, nicht zurückschicken und bitte dafür um Verständnis. Der dritte Verlag wurde von einer Jaqueline Düsen vertreten. Sie hatte sich immerhin zu einem sechzehnzeiligen Brief durchgerungen, der wie folgt lautete:

Sehr geehrter Herr Sprokmann,
vielen Dank für die Einsendung Ihrer Erzählung „Die Verwandlung“. Schon nach wenigen Zeilen der Lektüre drängte sich mir die Frage auf, ob sie einen Migrationhintergrund haben. Es ist sehr schwierig, sich

eine Existenz als Schriftsteller aufzubauen, wenn sie die Sprache nicht ausreichend beherrschen. Ihr Sujet finde ich nicht uninteressant. Allerdings gefällt mir der Plot nicht besonders, da es sich um ein schwer nachvollziehbares Siechtum handelt. Wenn sie schon in den Bereich Fantasy gehen, dann sollten sie ihrer Fantasie auch kräftig die Sporen geben. Völlig daneben finde ich die Verwandlung in einen Käfer. Das hat kein Potenzial. Warum gehen sie nicht ein wenig auf den Leser zu und lassen eine Verwandlung von Gregor S. in einen Vampir geschehen. Ziehen Sie auch einen positiven Ausgang der Geschichte in Erwägung. Betrachten Sie meine Kritik als Anregung. Ich wünsche Ihnen noch viel Erfolg beim Schreiben.
Gezeichnet und so weiter.

Dass die Dame meinen Namen nicht richtig schrieb, empfand ich dabei als die harmloseste Geringschätzung. Es handelte sich immerhin um eine der großartigsten Geschichten der Weltliteratur.
Ich will ganz aufrichtig sein. Ich habe lange Zeit nicht begriffen, was ich da angerichtet hatte. In zwei Jahren habe ich Hunderte von Manuskripte verschickt, allesamt Meisterwerke von Franz Kafka. Nicht eins davon ist angenommen und gedruckt worden. Heute kann ich mit Fug und Recht behaupten, dass dies auch nie geschehen wird. Ich habe jegliche Hoffnung verloren.

Angesichts dieser Tatsachen muss ich mir jetzt eingestehen, dass ich Franz Kafka und seine großartige Literatur ausgelöscht habe. Ich habe Franz Kafka getötet, denn er war, bis ich die Bühne betrat, unsterblich. Seine Dichtung ist unwiederbringlich verloren. Dabei tröstet mich nicht, dass Sie, verehrte Leser, ja gar nicht wissen, was Ihnen dabei abgeht. Ich könnte versuchen, es Ihnen zu erklären. Doch das wird, das kann mir nicht gelingen. Sie könnten es nur verstehen, wenn Sie die Werke lesen würden.
Ich bin ein gebrochener Mann, habe das Schreiben aufgegeben und verbringe meine Tage damit, Kafkas Texte immer wieder aufs Neue zu lesen. Diese Qualen habe ich verdient.

„Die Geschichte ist ohne Gnade
die Herrschaft des Mittelmäßigen.“
José Ortega y Gasset

Das Verhör

Die Füße brannten Herrn S., als er in die schlecht beleuchtete Gasse des heruntergekommenen Villenviertels einbog. Er hielt unter einer flackernden Laterne inne, wo er abwechselnd das eine und das andere Bein hob, um die feuchten Fußsohlen vom klebrigen Kunstleder seiner Schuhe zu lösen. Während er sich scheu nach unbemerkten Beobachtern umblickte, beschlichen ihn erneut Zweifel, ob seine Fußreise einen wirklichen Sinn machte.

Als er am Morgen aufgestanden war, um sich zu einem kargen Frühstück, bestehend aus einem Griebenschmalzbrot und einer Tasse bitteren Kaffees, zu setzen, war er sich noch sicher, dass er einer Vorladung auf das Amt für die Sicherheit des Staates Folge leisten musste. Vergeblich hatte er die Papiere auf seinem wackeligen Schreibtisch durchstöbert. Nirgendwo fand sich ein Schreiben des Amtes, das ihm Gewissheit geben konnte über eine ultimative Aufforderung. Gegen Mittag studierte Herr S. eine abgegriffene Karte, um seinen Reiseweg zu erkunden. Er war sich sicher, dass er Wege nutzen musste, die fernab der befahrenen Straßen lagen. Es war ohne Zweifel im Interesse des Amtes, dass er weitestgehend unerkannt zum Ort des Verhörs gelangen sollte und so notierte er sich akribisch alle Wege und Kreuzungen, um nicht zu irren. Nach seinen Berechnungen, in denen er einen Aufenthalt von einer halben Stunde zum Zwecke des Kräftesammelns einkalkuliert hatte, würde der Marsch sieben Stunden dauern. Gegen zwei Uhr betrat er die Straße vor seinem Wohnhaus, den Zettel mit seiner Reisebeschreibung in der geballten Faust tief in der Manteltasche vergraben, blickte nach links und nach rechts und schritt dann aus. Er hatte bald seinen Marschrhythmus gefunden und war zuversichtlich, sein Ziel in der von ihm berechneten Zeit zu erreichen.

Herr S. schaute auf die Uhr. Die Straßenlampe war gerade wieder verloschen und so musste er warten, bis er endlich das

Zifferblatt betrachten konnte. Die Uhr war stehen geblieben. Es war ein billige Uhr, die sich dem Träger einzig dadurch unentbehrlich machte und sein Interesse fesselte, da dieser sie mehrfach am Tag neu stellen und mit einem sanften Beklopfen zum Weitergehen bewegen musste. Herr S. war froh darüber, dass sie stehen geblieben war und nicht falsch ging, denn so konnte er sich auf sein Zeitgefühl verlassen und wurde nicht irritiert. Die letzten Meter zum rostigen Tor der Villa mit abgedunkelten Fenstern legte er mit zögerlichen Schritten zurück. Das Tor quietschte beim Öffnen lauthals. Herr S. warf noch einen verstohlenen Blick zurück und betrat den von Unkraut überwucherten Steig. Die Februarnächte in diesem Landstrich sind besonders dunkel, denn der wolkenverhangene Himmel legte sich ohne Warnung gnadenlos auf die Erde nieder. Während Herr S. mit unsicherem Schritt die brüchigen und bemoosten Gehsteigplatten ertastete, vernahm er plötzlich ein unterdrücktes asthmatisches Schnaufen neben sich. Es war Herr B., der unvermittelt aus einem Gebüsch an seine Seite getreten war.
„Sie sind spät dran“, flüsterte Herr B.
„Ich bitte um Entschuldigung, aber meine Uhr ist stehen geblieben“, gab Herr S. ebenfalls flüsternd zurück.
„Ja, ja ...“, vernahm Herr S. unter leisem Hüsteln und die Tatsache, dass er dieses „Ja, ja ...“ nicht deuten konnte, verunsicherte ihn.
Beide, Herr S. und Herr B., gingen Seite an Seite durch das überheizte und muffig riechende Haus, denn Herr S. kannte den Weg oder glaubte zumindest ihn zu kennen. Die Dielen seufzten den beiden sehnsuchtsvoll nach, als sie den Weg zur Kellertreppe nahmen.
„Nach Ihnen“, bedeutete Herr B. Herrn S. mit einer Handbewegung, die jedem englischen Butler zur Ehre gereichen würde.

Der Verhörraum war durch eine Panzertür gesichert, die sehr vertrauenerweckend war. Der Vorbesitzer des Hauses, ein hoher Beamter des vorigen Staates, hatte sich in weiser Voraussicht einen eigenen Luftschutzbunker bauen lassen.

Er starb allerdings auf der Toilette sitzend, denn er hatte sich an einem Stück Speck verschluckt, das er gegen seine Trunkenheit hinunterschlingen wollte.

Herr S. entledigte sich seines Mantels, den er in Ermangelung einer Garderobe zu einem dicken Knäuel zusammendrehte und auf seinem Schoß verstaute, als er sich, der Weisung Herrn B.s folgend, auf einem Stuhl vor dem Schreibtisch des Verhörers niederließ.
„Was sollen wir nur mit Ihnen machen, Herr S.?“ Herr B. schüttelte seinen Kopf und Herr S. bemerkte, dass B.s Frisur trotz der energischen Bewegung weder die Fasson noch den Scheitel, der sehr streng gezogen war, einbüßte. Gleichsam verunsicherte ihn die Frage und er begann ernsthaft darüber nachzudenken, was man mit ihm machen könnte. Doch dieser Versuch blieb fruchtlos.
„Sie sind doch ein kluger Mann. Sie haben die Universität besucht. Das blieb mir versagt, denn der Staat rief beizeiten ... Was haben Sie dort eigentlich gelernt?“, fügte Herr B. mit herausfordernden Blick an.
Herr S. überlegte, denn er wusste, dass seine Antwort schwer wiegen würde. Zögerlich, den Blicken Herrn Bs. ausweichend, gab Herr S. zur Antwort.
„Ich erlernte das Schlafen mit offenen Augen.“
„Das kann ich auch!“ Herr B. triumphierte. „Dazu muss man nicht auf die Universität gehen. Ein Amt genügt dazu vollauf.“

Herr B. begann nachdenklich in einer dicken Akte zu blättern. Seine Unentschlossenheit verhieß Herrn S. Gutes, denn er deutete die Geste der Unbeholfenheit als sicheres Indiz dafür, dass Herr B. keinen triftigen Grund für die Vorladung hatte. Entspannt und weil Müdigkeit von ihm Besitz ergriff, sackte er kaum merklich in sich zusammen.
„Sie sind Schriftsteller und Sie wissen, dass alle Schriftsteller verdächtig sind?“
Herr S. bestätigte die Anschuldigung mit einem verhaltenen Nicken, wobei er sich wieder aufrichtete.

„Sie wissen auch, warum Sie verdächtig sind?"
„Weil ich schreibe."
Herr B. stieß Herrn S. unvermittelt seinen Vogelkopf entgegen, denn er hatte in den Schulungen für Beamte des Amtes für die Sicherheit des Staates gelernt, dass diese Bewegung großen Eindruck machte.
„Ja!"
Doch Herr S. blieb sichtlich unbeeindruckt und wenn er überhaupt berührt war, dann nur von der Geradheit des Scheitels von Herrn B. Dieser fiel angesichts der Wirkungslosigkeit seiner Geste wieder in seinen Sessel zurück und erklärte mit einem Anflug von Weinerlichkeit:
„Sie erfüllen keinerlei Kriterien ... Wie kommt das nur?" Herr S. antwortete mit einem verschämten Achselzucken.
„Wir veranstalten konspirative Hausdurchsuchungen bei Ihnen, stellen jede Ihrer Zeilen sicher und am Ende kommen wir zu keinen Ergebnissen, denn unsere Spezialisten wissen mit Ihrem Geschreibsel nichts anzufangen. Haben Sie eine Vorstellung, was diese aufwändigen Maßnahmen den Bürger kosten?"
Herr S. senkte vertrauenheischend seinen Kopf. „Wir könnten das Verfahren abkürzen, indem ich Ihnen nach Fertigstellung einer Arbeit eine Kopie schicke."
Herr B. überlegte. Selbstverständlich durfte er Herrn S. kein Vertrauen schenken, selbst wenn er geneigt war, und so tat er dessen Vorschlag mit einer ausweichenden Antwort ab.
„Auf diese Weise würden doch einige der besten Kollegen ihre Arbeit verlieren. Das können Sie doch nicht wollen, oder?"
„Nein, gewiss nicht." Herr S. wischte sich über sein feuchtes Gesicht.
„Warum verfassen Sie keine Texte, womit wir etwas anfangen können. Sie schreiben eine Geschichte, an der wir sehen, dass Sie gegen uns sind und wir werden uns einig. Dann können wir Sie foltern, einsperren und dieses ganze Brimborium. Aber so ... Sie lähmen uns, Herr S. Das ist ein Verbrechen."
Herr S. fingerte nervös an einem Mantelknopf. „Aber ich bin doch gar nicht gegen Sie oder gegen den ... Staat."

B. lehnte sich triumphierend zurück.
„Das bestimmen Sie doch nicht! Sie sind hier, da Sie nicht für uns sind und wer nicht für uns ist, ist gegen uns. So einfach ist das. Was sagen Sie jetzt?“
Herr S. wurde sich schlagartig seiner bedeutendsten Schwäche bewusst. Es mangelte ihm von jeher an der Fähigkeit, der Logik des Herrn B. zu folgen. Und so bat er flehentlich: „Helfen Sie mir.“
Herr B., der über ein profundes Wissen aus den psychologischen Wissenschaften verfügte, welches er sich in den Schulungen für Beamte des Amtes für die Sicherheit des Staates angeeignet hatte, wusste, dass jetzt der Augenblick gekommen war, Herrn S. entgegenzukommen. Er fingerte, ohne den Blick zu senken, aus einer Schublade seines Schreibtischs eine zerknüllte Schachtel Zigaretten hervor und reichte sie Herrn S., der dankbar annahm.
„Sehen Sie Herr S., Sie leben in einem Land, dessen Staat Ihnen alle Fürsorge angedeihen lässt. Warum wissen Sie das nicht zu würdigen. Warum schreiben Sie Sachen, die niemand versteht und die niemand braucht?“ Während Herr B. sprach, unterstrich er seine Worte mit ausladenden Gesten, denn schließlich sprach er ja vom Land und vom Staat und da waren große Gesten vonnöten. Dabei bemerkte er nicht, dass der Tabak seiner schlecht gestopften Zigarette herausfiel, und als er sich die leere Papierhülse ansteckte, schlug ihm die Flamme an die Nase. Der Schmerz überwältigte ihn und ließ ihn einen Veitstanz vollführen, an dessen Ende er auf dem Schoß von Herrn S. zu sitzen kam. Der blickte sich verzweifelt nach einem Mittel zur Kühlung des verbrannten Gesichtsteils um. Als er jedoch nichts erspähen konnte, spuckte er kurz entschlossen in die Handfläche und rieb behutsam die Nase von Herrn B.

„Helfen sollen wir Ihnen?“ Herr B. verströmte einen fauligen Atem in das Gesicht von Herrn S. „Nein“, sagte er mit Nachdruck in der Stimme, erhob sich und kehrte an seinen Platz zurück, wo er sich vorsichtig eine Zigarette entzündete. „Nein, nein. Was sollte das für eine Hilfe sein, wenn wir Ihnen

sagen würden, was Sie schreiben sollen. Es würde Sie nur in den Stand versetzen, uns besser zu täuschen." Herr B. blies perfekte Rauchringe in die bedeutungsschwangere Stille. Er musste lange geübt haben, ehe er eine solche Meisterschaft errungen hatte, dachte Herr S..
„Ich gebe Ihnen einen Rat", ließ Herr B. Herrn S. gönnerhaft durch einen dieser Ringe wissen. „Schreiben Sie doch einmal über die heroischen Leistungen unserer Arbeiter, die dieses Land zum Erblühen gebracht haben."
Herr S. war sich für einen kurzen Augenblick nicht sicher, ob Herr B. ihn provozieren wollte. Zumindest das Wort Erblühen weckte diese Zweifel in ihm.
„Ich habe ein Theaterstück über einen heroischen Arbeiter geschrieben."
Herr B. legte die Stirn in Falten. Er blätterte in den Akten und hielt, als er das gesuchte Blatt gefunden hatte, inne.
„Ja, das haben Sie. Aber was für eine Geschichte erzählen Sie? Der Arbeiter verliebt sich in seine Maschine und am Ende versucht er im Liebesrausch einen Kodus ... "
„Koitus", verbesserte Herr S. schamhaft.
Herr B. versenkte seinen Kopf in die Akte und Herr S. konnte nun den beeindruckenden Scheitel des Mannes genau betrachten.
„ ... Koitus mit der Maschine zu vollführen, die, es ist einen Stanze, ihn kastriert ... Was soll das? Das ist absurd!"
„Finden Sie? Unsere Arbeiter lieben ihre Maschinen, oder?", fragte Herr S. in aufrichtigem Erstaunen.
„Das ist Quatsch, Blödsinn, ... absurd, ja absurd, wie ich schon sagte. Alles, einfach alles an Ihnen zeugt von Indifferenz." Herr B. klopfte bedeutungsvoll auf den dicken Aktenordner.
„Keines Ihrer Denk- und Verhaltensmuster ist trantiert." Herr S. glaubte sich verhört zu haben. „Wie bitte?"
„Ihre Verhaltensmuster weichen in jeder Hinsicht von der Norm ab", erklärte Herr B. in energischem Ton und ließ seine zierliche Faust auf die Akten fallen.

Herr S. begann angesichts der Gefühlswallung von Herrn B. die Fassung zu verlieren. Schweiß entsprang jeder Pore seines Körpers und seine inneren Organe unterhalb des Hosenbundes meldeten ein Unwetter. Seine Stimme klang brüchig. „Aber, ... aber ich verstehe nicht ...“

Herr B., der sich in seiner kurzzeitigen aber heftigen Gefühlswallung erschöpft hatte, fuhr in vertraulichem Ton fort. „Ich habe es schwarz auf weiß aus zuverlässiger Quelle. Sie stehen morgens spät auf. Gehen bis zu vierzehn Mal am Tag auf die Toilette und rauchen Zigarillos brasilianischer Herkunft. Also bitte, rechtfertigen Sie sich.“
Herr S. war durch die Wucht der Anschuldigungen sprachlos. Seine Hände begannen zu zittern und die Bitte um ein Glas Wasser wurde von Herrn B. rigoros ausgeschlagen. So blieb ihm nur der Schweiß auf seiner Oberlippe, die Zunge zu netzen.
„Unser großer Volksvorsteher raucht die gleichen Zigarillos“, stammelte S. Doch das hätte er nicht sagen sollen, dachte Herr S. sofort, denn er sah deutlich, wie sich die Augen seines Gegenübers zu schmalen Schlitzen verengten. Mit kristallener Stimme entgegnete dieser:
„Unser großer Volksvorsteher raucht diese Zigarillos aus taktischen Gründen, denn er will damit die Wachsamkeit unserer Feinde einschläfern. Ist das klar!“ Bei dem Wort klar machte Herr B. einen runden Buckel, als wolle er Herrn S. über den Tisch hinweg anspringen.
„Klar!“, gab Herr S. eilends zurück, um Schlimmeres abzuwenden. Aber eigentlich war ihm nichts klar. Seine Unfähigkeit, den Ausführungen Herrn B.s zu folgen, beflügelte sein Schuldbewusstsein geradezu und anstatt zu schweigen, versuchte er Herrn B. mit weiteren Entschuldigungen zu beschwichtigen.
„Ich stehe morgens gelegentlich später auf, da ich nachts häufig arbeite.“
„Nachts“, schrie Herr B. jetzt rücksichtslos und seine ohnehin sehr hohe und weibliche Stimme überschlug sich. „Nachts produzieren Sie Ihr Geschreibsel, das keiner versteht und auch keiner will. Das ist dekadent. Sie scheuen das Tageslicht, weil Ihre Gedanken das Tageslicht scheuen müssen! Anständige

Menschen arbeiten tags.“ Hier unterbrach er sich und dachte kurz nach. „Ausgenommen die Nachtschichtler, die müssen nachts arbeiten.“ Und wieder dachte er einen Augenblick nach. „Sonst wären sie ja keine Nachtschichtler.“
Herr S. war sich seiner Schwäche, Herrn B. folgen zu können, erneut schmerzhaft bewusst. Seine Innereien meldeten sich jetzt lautstark und um die Geräusche zu übertönen, stammelte er: „Meine Essgewohnheiten lassen zu wünschen übrig. Ich leide häufig unter ..., Sie wissen schon.“
Herr B. grinste breit, wobei sich seine Stirnhaare von der Haut lösten, was Herrn S. zusätzlich beunruhigte. „Das ist nicht der Punkt, Herr S.. Vielmehr beunruhigt uns, dass Sie während Ihrer vielen Aufenthalte auf der Toilette nicht masturbieren, wie es sich für einen anständigen Menschen gehört, sondern lesen. Warum lesen Sie auf der Toilette? Wollen Sie unbeobachtet sein? Haben Sie etwas zu verbergen? Und warum masturbieren Sie nicht?“
Für Herrn S. war diese Frage ein ernst zu nehmendes Problem. Er versuchte unter Aufbietung aller geistigen Kräfte eine Antwort zu finden. Allein, es wollte ihm nicht gelingen, denn er hatte dieses Thema, wie er sich eingestehen musste, bislang sträflich vernachlässigt. Schließlich zog er sich auf einen unverbindlichen Standpunkt zurück.
„Ich halte von Masturbation nicht viel. Mir erscheint dieser Vorgang doch eher wie ein Selbstbetrug.“
Herr B. betrachtete Herrn S. eindringlich und Herr S. glaubte, so etwas wie Mitleid im Minenspiel seines Gegenübers zu entdecken.
„Sehen Sie“, meinte Herr B. mit einem Kopfschütteln, „Sie unterliegen keiner, nicht einmal der natürlichen Norm. Erzählen Sie mir von Ihrem Geschlechtsleben.“
„Denken Sie, das ist für die Wahrheitsfindung notwendig?“, fragte Herr S. ungläubig. Herr B., der einer abgegriffenen Ledermappe ein Tonbandgerät entnahm, entgegnete kurz: „Es ist nicht an Ihnen, Fragen zu stellen!“

Er spulte das im Gerät befindliche Tonband zurück und startete es. Eine verzweifelte und in kaum hörbaren Nuancen auch trotzige Stimme war unter starkem Rauschen zu vernehmen. „Nein, nein, ich esse meine Schuhe nicht. Nein, meine Schuhe esse ich nicht! Ich bin satt!“

Herr S. musste an eine Ziege denken und wunderte sich darüber. Während Herr B. das Tonband erneut zurückspulte, sann Herr S. darüber nach, was er erzählen könnte. Er hatte seit längerem schon keinen Geschlechtsverkehr. Doch dann kam ihm ein rettender Einfall. Er hatte kürzlich im Kino einen französischen Film gesehen, in dem eine erotische Szene vorkam. Diese begann er zu erzählen. Er behauptete, es handle sich um eine Affäre, die er mit der Postfrau, einer unverheirateten, älteren Dame gehabt habe, die ihm gelegentlich frische Eier aus ihrem Hühnerstall verkaufte. Getreu erzählte er jede Einzelheit, die er im Film gesehen hatte. Er erlaubte sich sogar einige literarische Ausschmückungen, die Herrn B. zu entzücken schienen, denn der hatte inzwischen angefangen, unter dem Tisch sein Geschlechtsteil zu reiben. Das Ende seiner Erzählung kommentierte Herr B. mit der schlichten Frage: „War’s das?“ Erschöpfung war ihm ins Antlitz geschrieben. Herr S. merkte noch an, dass er mehr im Augenblick nicht zu vermelden habe, doch Herr B. reagierte auf diese Aussage nicht mehr. Nach etwa zehn Minuten des Schweigens war sich Herr S. sicher, dass Herr B. eingeschlafen war. Er beugte seinen Oberkörper behutsam nach links und anschließend nach rechts. Der Blick von Herrn B. verharrte starr in der Mitte. Nach weiteren zehn Minuten beschloss Herr S., sich ebenfalls dem Schlaf hinzugeben. Er war sich natürlich bewusst, dass er weniger intensiv schlafen durfte, denn, wenn Herr B. erwachte, musste er augenblicklich ansprechbar sein. Etwa drei Stunden saßen die Männer, Auge in Auge, und erholten sich von den Strapazen des Verhörs.

Ein quälendes Quietschen drang an das Ohr von Herrn S.. Es war das Tonbandgerät, welches sich nicht, wie vorgesehen, automatisch abgeschaltet hatte. Herr B., immer noch unverwandt in das Gesicht von Herrn S. starrend, ließ den Zeigefinger mit somnambuler Sicherheit auf die

Ausschalttaste fallen.
„Heißen Sie nicht Josef mit Vornamen?“
Herr S., ein Gähnen unterdrückend, erklärte. „Mein Vater hieß Josef und mein Großvater auch. Man gab mir diesen Namen als zweiten Vornamen.“
„Omen ist nomen?“
„Nomen est omen“, antwortete Herr S. und biss sich augenblicklich auf die Unterlippe. Diese Unachtsamkeit kam ihm teuer zu stehen. Herr B. war nun hellwach und sein Körper straffte sich.
„Sie sind arrogant. Glauben Sie, es hilft Ihnen weiter, wenn Sie mir Ihre Universitätsbildung unter die Nase reiben?“
Herr S. sackte in sich zusammen. Er zwang sich, einen unterwürfigen Ton in seine Stimme zu legen.
„Das war nur ein reiner Reflex, keineswegs Vorsatz. Ich bitte um Entschuldigung.“ Erst jetzt bemerkte er, dass sich die Haarspitzen auf der Stirn von Herrn B. widerborstig aufgestellt hatten. Zu gern hätte er ihn darauf aufmerksam gemacht, denn wie ihm schien, war der ganze Scheitel von diesem Vorgang bedroht. Er schwieg.
„Ein großer Name. So ein Name verpflichtet doch?“
Wieder konnte Herr S. nicht folgen. Ihm fielen zwei Personen dieses Namens ein. Eine hatte einen Klumpfuß und die andere einen Schnauzbart. Ihm war klar, dass, wenn er sich für die falschen Personen aussprechen würde, alles verdorben war. Doch Herr B. kam ihm zuvor.
„Vergessen Sie das. Es war nur eine Fangfrage.“

Herr S., der mit den Verhörmethoden dieser Behörde hinlänglich vertraut war, wusste, dass dies einer der psychologischen Tricks von Herrn B. war, die dieser in den Schulungen der Beamten des Amtes für Sicherheit des Staates erlernt hatte. Es erboste ihn, dass Herr B. sein Wissen und seine Fähigkeiten so leichtfertig zur eigenen Unterhaltung einsetzte. Das entsprach nicht den ethischen Grundsätzen des Amtes.

„Kommen wir zum Zweck der heutigen Zusammenkunft. Möchten Sie vorher ein paar Kniebeugen machen? Das lockert Sie auf."
Herr S. lehnte dankend ab, denn körperliche Anstrengung war ihm grundsätzlich zuwider.
„Kommen wir zu der Kiste."
Herr B. hielt inne und beobachtet sein Opfer.

Herr S. glaubte, er müsse auf der Stelle tot umfallen. Doch nichts geschah. Es wäre ihm recht gewesen, wenn sein Herz ohne jede Vorwarnung den Betrieb eingestellt hätte. Die Kiste, von der Herr B. sprach, hatte er vor mehr als zwei Jahren in der Nähe des Boddenufers vergraben. Sie enthielt Bücher, welche er liebte und andere, die er hasste. Er wusste, dass man ihm die geliebten Bücher zum Vorwurf machen würde, da sie als dekadent und feindlich eingestuft waren. Die verhassten Bücher musste er ebenso geheim halten, weil man ihm eine Liebe zu diesen Büchern absprach und es als Provokation verstanden hätte, wenn er sie besaß. Er glaubte sich von allen Lasten befreit.

„Damit haben Sie nicht gerechnet, oder?" Mit Erstaunen suchte Herr S. vergeblich einen triumphierender Zug in Herrn B.s Gesicht. So fragte er schlicht: „Wie haben Sie die Kiste gefunden?"
„Ich habe Würmer zum Angeln gesucht. Beim Graben bin ich auf die Kiste gestoßen."
Nur mit äußerster Kraftanstrengung verhinderte Herr S. das Entweichen der Gase aus seinem Hinterteil, die sich unter Qualen angesammelt hatten.
„Woher haben Sie die Kiste?"
Herr S. starrte Herrn B. ungläubig an. „Die Kiste?"
„Ja, die Kiste, woher haben Sie die Kiste."
Herr S. hatte keine Vorstellung, worauf die Frage zielte. Er rechnete mit dem Schlimmsten, denn die Situation war ihm augenscheinlich entglitten. In seiner Verzweiflung sagte er die Wahrheit.

„Die Kiste ist ein Erbstück meines Vaters. Es ist eine alte Militärkiste.“
Das Gesicht von Herrn B. nahm plötzlich einen kindlich flehenden Ausdruck an und mit winselnder Stimme sprach er: „Sie haben ja keine Ahnung, wie sehr ich mir so eine Kiste wünsche. Sagen Sie mir, wo ich so eine Kiste bekommen kann.“
Herr S. überlegte. Doch schließlich zuckte er mit den Achseln.
„Sie müssen wissen, dass ich einen feuchten Keller habe und mein Werkzeug rostet mir unter den Händen weg. Ich befasse mich in meiner Freizeit mit Laubsägearbeiten. Verstehen Sie mich nicht falsch, ich verwende nur politische Motive.“ Dabei zog er eine seiner Arbeiten aus dem Schreibtisch und überreichte sie Herrn S., der das Werk eingehend betrachtete.
„Das ist ein Schiff“, bemerkte Herr S. anerkennend, „ein Kriegsschiff.“
„Das ist nicht irgendein Schiff, das ist die Aurora!“ Herr B. hauchte den Namen ehrfurchtsvoll.
„Das Schiff heißt aber Rumbalotte“, stellte Herr S. bei näherer Betrachtung fest. Aber Herr B. machte eine wegwerfende Geste.
„Das ist die Aurora. Ich habe sie aber Rumbalotte genannt.“
„Das ist ein ungewöhnlicher Name. Ich habe ihn noch nie gehört.“ Mit diesen Worten überreichte Herr S. Herrn B. das kunstvolle Holzbrett.

Herr B. überlegte kurz und kam zu dem Entschluss, Herrn S. einzuweihen. Er rückte eine wenig näher an Herrn S. heran.
„Ich erzähle Ihnen eine Geschichte. Ein Matrose kam in ein Bordell. Nachdem er sich entkleidet hatte, entdeckte die Hure auf seinem Glied das Wort Rumbalotte. Sie fragte, was das für ein seltsamer Name sei und der Matrose antwortete, sie solle nur warten, bis sein Glied die entsprechende Länge erreicht hätte, denn dann würde die Tätowierung nämlich ‚Ruhm und Ehre der baltischen Rotbannerflotte‘ lauten. Sie werden verstehen, Herr S., dass der Schiffsrumpf für so viele

Buchstaben einfach zu klein ist. Also habe ich die Abkürzung gewählt.“ Er betrachtete zärtlich enthemmt sein Werk. „Sie als Künstler können das doch verstehen.“
Herr S. nickte zustimmend.

Eine lange Pause trat ein und Herr S. spürte deutlich, dass Herrn B. etwas auf der Seele lag. Der schaute Herrn S. eindringlich an. Plötzlich richtete er sich auf und zog einen Zettel aus der Tasche.
„Das ist eine Bestätigung, dass Sie Ihre Kiste aus der Asservatenkammer zurückerstattet bekommen haben ... Unterschreiben Sie?“

Herr S. konnte kaum glauben, was vor sich ging. Doch er schöpfte Hoffnung, dass ihm diese Unterschrift zum Vorteil gereichen könnte. Er unterschrieb.
„Nun, dann will ich Sie nicht länger in Anspruch nehmen. Wir bringen die Formalitäten hinter uns und Sie können gehen.“
Herr B. blätterte in einem rot eingeschlagenen Buch mit der Aufschrift „Handbuch“. Herr S. richtete sich gerade auf und Herr B. begann mit sonorer Stimme zu lesen.
„Wie die heutige Zusammenkunft mit Herrn S. ergab, können keine Veränderungen in seinen politisch-ideologischen Standpunkten festgestellt werden. Seine Auffassungen sind indifferent und verworren, er folgt kleinbürgerlich-revisionistischen Tendenzen und verhält sich zu den Angeboten der Staatsmacht, ihm den richtigen Weg zu weisen, widerspenstig. Aus diesem Grund ist es notwendig, Herrn S. weiterhin zu observieren und mit allen verfügbaren Mitteln Einfluss auf ihn zu nehmen. Usw. usw.“

Herr B. erhob sich und zog ein mittelgroßes Kästchen aus dem Schreibtisch. Er stellte es geöffnet vor Herrn S. auf denselben. In dem Kästchen lagen drei Pistolen. Herr S., der diese Prozedur bereits mehrfach über sich ergehen lassen musste, tippte auf eine der drei Waffen.
„Walther P1, Sie haben Geschmack.“

Dann erhob sich Herr S. und trat vor einen Vorhang in der Ecke des Raums. Herr B. zog den Vorhang beiseite. Ein kleiner weiß gekachelter Raum wurde sichtbar, an dessen Rückseite eine hölzerne Schwelle angebracht war. Herr S. trat so dicht an diese Schwelle heran, dass seine Nase das Holz berührte. Es roch ölig.
„Besser, Sie legen die Stirn gegen das Holz. Dann gibt es keine Schweinerei.“ Herr S. gehorchte. Einige Sekunden später hörte er das Geräusch des Durchladens und unmittelbar darauf spürte er das Metall der Waffe im Genick. Er begann zu zählen. Noch ehe er bei der Zahl Drei angekommen war, klickte der Schlagbolzen.

Herr S. der seine Blähungen nur mit äußerster Not zurückgehalten hatte, ließ diesen jetzt lautstark freien Lauf.
„Das macht gar nichts“, hörte er hinter sich die Stimme von Herrn B., „wir sind alle nur Menschen.“ Herr B. öffnete das vergitterte Fenster, während Herr S. seinen Mantel anzog. Kaum hatte er das zerknitterte Stück übergestreift, reichte Herr B. ihm ein Flasche Schnaps. Es war ein billiger Schnaps.
„Ich weiß, Nichttrinker sind Sie zu allem Übel auch noch. Aber der wird Ihnen gut tun.“
Herr S. nahm eine Schluck und gab die Flasche zurück.

Am Tor der Villa schauten sich die beiden Männer an, wie sich zwei alte Freunde anschauen. Herr S. konnte sich nun nicht mehr zurückhalten. Mit der flachen Hand strich er Herrn B. zärtlich über die Stirn. Die Frisur war wiederhergestellt.
Herr B. klopfte Herrn S. auf die Schulter und während er sich vom ihm abwendete, stammelte er ein kaum vernehmliches „Danke“.

Als Herr B. sich noch einmal umschaute, sah er Herrn S. beschienen vom flackernden Licht der Straßenlaterne im Nebel des aufkommenden Morgens versinken. Er taumelte ein wenig.

Die Personen und die Handlung der Erzählung sind frei erfunden. Etwaige Ähnlichkeiten mit tatsächlichen Begebenheiten oder lebenden oder verstorbenen Personen wären rein zufällig.

Der unzerbrechliche Krug

Bilder aus einem ostdeutschen Kulturkampf

Mit freundlicher Unterstützung der Stiftung Kulturfonds e.V.

1

Die ostelbische Wiesenlandschaft ist in einen sanften Schleier aus Nebelschwaden gehüllt. Es herrscht eine tiefe Stille, in die hinein die Rufe vereinzelter Vögel dringen. Die Häupter der großen Trauerweiden ragen aus der dunstigen Feuchtigkeit auf, als suchten sie Erlösung aus einem Jahrhunderte währenden Schlaf.
Ein Frosch springt ins Wasser, stößt sich mit einen paar flinken Bewegungen seiner Hinterbeine vorwärts und bleibt am Schilfrand reglos auf dem Wasser liegen. Ein paar Luftbläschen quellen aus seinem Maul. Alles ist von einem tiefen Frieden durchdrungen.
Ein Lufthauch streicht durch das Schilf. Durch die prallgrünen, sich sanft aneinander reibenden Halme fällt der starre Blick eines unbeweglichen Auges. Ein Kuckuck ruft, doch der Ruf bricht abrupt ab. Der Kopf eines Storches schnellt durch die Schilfhalme. Der Schnabel umklammert den Frosch, hebt ihn in die Höhe und verharrt. Durch die abgespreizten Gliedmaßen des unglücklichen Lurches fährt ein resignierendes Zucken. Die besserwisserische Natur fordert gnadenlos ihr Recht.

2

Durch das Schloss, den Sitz der Landesregierung, hallen einsame und schwere Schritte. Ein junger Mann biegt in einen langen Wandelgang mit imposanten Kreuzgewölben ein. Sein Schritt ist bemerkenswert lässig und dynamisch. Die schlanke Figur wird von einem weich fallenden Seidenanzug umspielt. Vor einer schweren eichenen Tür bleibt er stehen. Doch der harte Klang der Schritte hallt weiter durch das Gemäuer. Der junge Mann schaut ungeduldig den Gang entlang, wobei er

sich mehrmals behutsam über das pomadisierte glatte Haar fährt. An seinem Finger prangt ein schwerer alter Siegelring. Der Verursacher der laut hallenden Schritte biegt in den Gang ein. Es ist ein etwa sechzigjähriger Mann von untersetzter, aber aufrechter Gestalt. Er trägt einen altmodischen schwarzen Anzug, der über dem Bauch ein wenig zu eng ist. Seine schweren, grobledernen Schuhe glänzen makellos im Sonnenlicht, das sich in den Umrissen der neogotischen Fenster auf den abgetreten Fliesen ausbreitet.
Der junge Mann lässt den Kopf in preußisch-zackiger Manier vornüber fallen.
„Guten Morgen, Herr Minister."
Der Minister sucht mit zerknirschtem Ausdruck die Augen des jungen Mannes.
„So Gott will, Herr Graf. So Gott will ..."
Doch er erntet nur einen kühlen, unverbindlichen Augenaufschlag von seinem blaublütigen Mitarbeiter. Der Minister weiß nicht, was ihm mehr Verzweiflung bereitet, seine schier unüberwindliche Aufgabe als Minister oder die Unzugänglichkeiten seiner karrieresüchtigen Kollegen. Seit einem Jahr ist das ungleiche Paar durch seine Mission als Bildungs- und Kulturverwalter bereits aneinander gekettet und nicht einmal spürte er Wärme im Händedruck des Staatssekretärs. Er hat sich dieses Amt nicht ausgesucht. Ebenso wenig sein Mitarbeiter. Der junge Graf war von der Partei aus Nürnberg in das flache Land geschickt worden, um Aufsicht zu üben über das prophezeite und dennoch ausbleibende Aufblühen dieses seit Jahrhunderten in jeglicher Entwicklung hinterdrein hinkenden Landstrichs.
Der Minister verdankte sein Amt einem Augenblick der Schwäche, einem Augenblick der Unachtsamkeit, die so gar nicht seinem zurückhaltenden und stillen Wesen entsprach. Auf einer der letzten Kirchensynoden des Landes vor dem großen politischen Umbruch, der er als unscheinbarer Dorfpfarrer beiwohnte, trieben ihm die bigotten Ausführungen des Bischofs der Landeskirche, der vor kurzem noch den kommunistischen Staatsführer anlässlich einer Domeinweihung warmherzig in die Arme schloss,

die Magensäure in die Speiseröhre. Verzweifelt rang er mit einer Übelkeit, die ihn zum Erbrechen reizte. Panik hatte ihn ergriffen und plötzlich fand er sich mit dem Ausdruck tiefster Verzweiflung vor dem Tisch des Bischofs stehend wieder. Dieses unprotokollarische Verhalten sorgte für Verwirrung und schließlich deuteten andere Dorfpfarrer das Verhalten ihres namenlosen Kollegen als stummen Protest. Im Gemurmel der seit einiger Zeit zur Aufmüpfigkeit neigenden Kirchenmänner waren Worte wie „Ghandi“ und „Aurora - die Morgenröte“ und etwas bescheidener auch „Volkskirche“ zu vernehmen. Der Flügelschlag der historischen Aura trieb sie schließlich von ihren wackligen Aluminiumrohrstühlen hoch. Schulter an Schulter mit dem gegen die Magensäure ankämpfenden Mann schmiedeten die Pfarrhausgärtner im stummen Protest eine neue Ordnung. Der Bischof trat ab und der spätere Minister galt fortan als der Martin Luther Ostelbiens. Wie konnte er, angesichts dieses Vergleiches, der ihn allenfalls ängstigte und nicht ermutigte, von seiner Magensäure und der plötzlichen Übelkeit reden. So beugte sich der geistliche Landmann schließlich dem Fortgang der Geschichte, die er zwar als gottgegeben ansah, aber dennoch nicht verstand.

„Erlauben Sie, Herr Minister?“ Die Worte des Staatssekretärs, begleitet von einer Handbewegung gegen die eichene Tür, rissen den große Bürde tragenden Amateurpolitiker aus einer unbarmherzigen Vergangenheit in eine noch unbarmherzigere Gegenwart zurück.

„Wie bitte?“

„Wir werden erwartet.“ Die gelegentliche geistige Abwesenheit seines Chefs war dem Grafen nicht unbekannt und so ergriff er die Initiative und klopfte an.

‘Klopfet an und Euch wird aufgetan’, dachte der Minister. Wie oft hatte er den sieben Mitgliedern seiner Gemeinde mit diesen Worten Mut machen wollen in den Zeiten der Unterdrückung, von der einige erst nach ihrer Abschaffung erfuhren. Jetzt hatte ihn selbst der Mut verlassen und viel stärker wünschte er sich, es würde ihm nicht aufgetan.

3

Das Zimmer des Ministerpräsidenten liegt im Halbdunkel. Die Fenster zeigen nach Westen und das wenige Morgenlicht, das durch die bleiverglasten Fenster einfällt, sind nur die Reflexionen aus dem Innenhof des Schlosses. Er hatte das Frontzimmer über dem Portal abgelehnt, um sich der Illusion von ein wenig Abgeschiedenheit von den viel belaufenen Gängen zu versichern. Zudem erlaubte er sich gelegentlich, sein Jackett abzulegen und die Ärmel aufzukrempeln. Er fühlte sich dann wieder wie ein Tierarzt, der hemdsärmelig die gerade durchgeführten Besamungen auf von Euterfett glänzenden Karteikarten dokumentierte. Inzwischen bereute er die Wahl, denn die Düsternis bedrückte ihn zusehends bei seinen wenig erfreulichen Amtsgeschäften. An diesem Morgen beschlich ihn schon vor Beginn seiner Tätigkeit ein starkes Unbehagen. Der Umgang mit seinem Kultusminister war mehr als verdrießlich. Dessen Inkompetenz, resultierend aus einer politikuntauglichen, religiösen Grundeinstellung und dem mangelnden Einfühlungsvermögen in das Gebaren einer von Parteien beherrschten Gesellschaft, bescherten ihm unangenehme Anrufe aus Bonn. Selbst der Kanzler, den er immer wieder betont seinen Freund nannte, bedrängte ihn, die Sache endlich zu bereinigen. Die Sache bereinigen. An diese Floskel brauchte er sich nicht gewöhnen. Sie war ihm aus vergangenen Tagen geläufig.

4

Bei ihrem Eintritt in das große Arbeitszimmer mit Möbeln aus allerlei Stilepochen erblicken der Minister und sein Sekretär den Ministerpräsidenten beim Abstauben seiner Anglertrophäen. Sie sind der ganze Stolz des ehemaligen Genossenschaftstierarztes. In Ausübung dieser Leidenschaft erlangte er Erfolge, die ihm im beruflichen und gesellschaftlichen Leben versagt geblieben waren. Dabei störte es ihn keineswegs, dass die blanken Metallplaketten und Pokale die Insignien der Arbeiter- und Bauernmacht trugen.

Für ihn, einen echten Sportsmann, hatte Angeln nichts mit Politik gemein. Ehe er sich zu den Eingetretenen umwendet, streicht er noch einmal behutsam über den Rand einer Trophäe, die ihm ganz besonders lieb und teuer ist. Als er endlich den Wartenden seine Aufmerksamkeit schenkt, schrecken diese sichtlich zusammen und starren ihn ungläubig an.
„Guten Morgen." Der Ministerpräsident versteht die Entgeisterung nicht. Erst als der Kultusminister mit einer fahrigen Geste auf das Auge des Landesherren verweist, erklärt dieser.
„Oh, das ist nicht weiter schlimm. Ein Wespenstich." Dabei lüftet er eine große schwarze Augenklappe, die sein linkes Auge bedeckt. Als er sie behutsam wieder auf die Schwellung senckt, erinnert er sehr stark an einen ehemaligen israelischen Kriegsminister oder einen Paten aus der New Yorker Bronx.
Er weist dem Minister und seinem Sekretär zwei voluminöse Ledersessel vor seinem Schreibtisch an und setzt sich selbst dahinter. Die Schatten der dicken Samtvorhänge zerteilen sein Gesicht diagonal und so sehen der Minister und sein Famulus nur die schwarze Augenklappe.
„Es wird eng, meine Herren, das wissen Sie."
Sein Tonfall ist besorgt.
„Ich bin ein kulturliebender Mensch. Ich angele, lese hin und wieder ein gutes Buch und gehe auch mal in ein Konzert. Sie werden verstehen, dass mir diese Entscheidung keineswegs leicht fällt. Doch ich brauche Ihnen nicht zu erklären, dass unser aller Anliegen das Gemeinwohl sein muss."
„Ganz recht, das Gemeinwohl ...", beeilt sich der Minister zu erwidern, um seinem Landesherren zu verdeutlichen, dass er Verständnis für dessen Entscheidungen hat, an den Theatern des Landes zu sparen.
„Gut. Gehen Sie behutsam, aber bestimmt vor. Ich erwarte Ergebnisse von Ihnen, die mir weiterhelfen."
„Behutsam, aber bestimmt, ja, ja." Der alte Mann hat begriffen, was von ihm erwartet wird. Da der Ministerpräsident keine weiteren Anstalten macht, betrachtet der Minister das Gespräch als beendet und erhebt sich. Sein Famulus beeilt sich, ihm zu folgen. Doch ehe sie die Tür erreicht haben, ertönt

noch einmal die Stimme des hemdsärmeligen Oberhauptes.
„Ach, Herr Graf, auf ein Wort noch. ...“
Der Minister stockt.
„Nein, nein, gehen Sie nur schon voran, mein Freund. Das ist etwas Persönliches, was ich mit Ihrem Sekretär besprechen will. Belanglos für Sie.“
In diesen Räumen gibt es keine Belanglosigkeiten, soviel weiß der alte Mann und beunruhigt verläßt er den Raum. Der Minister tritt ganz dicht an den pomadisierten Grafen heran. Seine Stimme hat einen konspirativen Tonfall.
„Der Kanzler, mein Freund, hat mich gestern wissen lassen, dass er Ergebnisse sehen will. Mir ist das Ganze äußerst unangenehm. Aber wir beide wissen, dass Pfaffen nicht in die Politik gehören. Ich verlasse mich auf Sie.“
Der Graf nickt wortlos, wobei ihm eine Strähne seines steifen Haares nach vorne fällt. Er beeilt sich, die Strähne wieder an den Kopf zu kleben und schickt sich an, zu gehen, als der Ministerpräsident ihm nachruft: „Ich habe für Sie einen Hubschrauber geordert, damit Sie mobiler sind“.
Der Graf zuckt sichtlich zusammen und bedankt sich mit süßsäuerlicher Miene und einem Kopfnicken. Vor der eichenen Tür, die laut ins Schloss fällt, überkommt ihn ein heftiges Zittern. Aus der Innentasche seines seidenen Jacketts fingert er ein silbernes Pillendöschen hervor. Mit einem kleinen Spatel führt er ein weißes Pulver an seine Nase, das er sich gierig in die Nasenhöhlen saugt. Nichts ist ihm verhasster, als das Fliegen mit Hubschraubern. Eine große Angst hat sich seiner bemächtigt.

5

Der Minister und sein Staatssekretär überfliegen in einem Hubschrauber dunstige Landschaft. Der junge Graf vermeidet jeden Blick aus dem Fenster. Seine Hände umklammern krampfhaft den Sicherheitsgurt. Der Minister hingegen strahlt kindliche Freude aus. Mit seiner Hand, die ein Kruzifix umklammert hält, zeigt er immer wieder nach unten.

„Herrgott, ich danke Dir, dass es mir vergönnt ist, mein Land aus Deiner Sicht zu betrachten. Schauen Sie nur, ... schauen Sie.“
Doch der Graf schaut nicht. Er ist bemüht, seine panische Angst zu verbergen. Der Minister deutet die versteinerte Mine seines Begleiters als Desinteresse.
„Für Sie ist das bestimmt nichts Besonderes. Ich fliege das erste Mal in meinem Leben. Ich bin von der Schönheit dieses wunderbaren Landes so beeindruckt, dass ich keine Worte finde.“

6

Der Storch prüft mit einem kräftigen Schütteln des Schnabels, wie viel Leben noch in dem grünen Lurch ist. Doch die Lebenszeichen bleiben aus und der Storch schluckt den Frosch mit ein paar Kopfstößen zum Himmel herunter. Das Brummen von Hubschrauberrotoren schwillt an und der Storch fliegt davon. Die Abwinde des Fluggerätes treiben die Nebelschwaden ganz plötzlich auseinander. Das Schilf biegt sich und wo gerade noch der Storch im Wasser stand, zieht gemächlich die Leiche eines alten Sofas vorüber, gefolgt von einem Kühlschrank, dessen Eingeweide zum Himmel starren, und anderem alten Hausrat und Müll.

7

Vor einem kleinen Theater des Landes, das gerade umgebaut und modernisiert wird und den Anblick einer chaotischen Baustelle bietet, steht eine Gruppe schweigender Bauarbeiter. Einer von ihnen ist im Stehen, mit dem Kopf auf seinen Schaufelstiel gelehnt, eingeschlafen und wiegt sich kaum merklich wie ein Grashalm im sanften Sommerwind. Nach einem kurzen Wortwechsel und einigen hilflosen Gesten schlendern die anderen Bauarbeiter zu einem Formel-1-ähnlich aufgemotzten Kleinwagen. Einer der Arbeiter reicht seinen Kollegen Bierbüchsen aus dem Innern des Wagens. Das Zischen der Bierbüchsen mischt sich in das lautstarke Morgengezwitscher der vielen Singvögel. Schließlich ertönt aus dem Auto die Stimme des Schlagersängers Heino, der gerade die schwarzbraune Haselnuss und die Augen seiner Liebsten besingt. Der zurück gebliebene Schläfer erwacht. Er lässt den Schaufelstiel los und begibt sich hastigen Schrittes zu seinen Kollegen, die mit lautem Rülpsen das erste Bier des noch jungen Tages begrüßen.

8

Im Intendantenzimmer sitzt Dr. Adam an seinem Schreibtisch. Er ist seit mehr als 15 Jahren Oberhaupt dieser, wie er sich selbst und andere stets glauben machen will, Kultureinrichtung. In diesen 15 Jahren ist ihm nichts unterlaufen, was in irgendeiner Weise nach außen hin Furore gemacht hätte. Tatsächlich zeichnet ihn, seine Arbeit und die Arbeit des ganzen Theaters eine absolut unerschütterliche Kontinuität in Bezug auf die Nichterreichung eines erträglichen Mittelmaßes aus.
Vor ihm steht ein großer Teller mit fettriefenden, sehr dunkelbraun gebratenen Buletten. Er trägt Kostüm und Maske des Dorfrichters Adam aus Kleists „Der zerbrochene Krug". Grobe löchrige Wollsocken stecken in dilettantisch patinierten barocken Schnallenschuhen, von denen einer besonders voluminös ist, denn der Dorfrichter hat einen Klumpfuß. Die weiten Pumphosen aus groben Sackleinen sind vom Hinterteil des Bulettenessers gut gefüllt. Das ebenso großgeschneiderte schmutziggraue Leinenhemd spannt über dem prallen Bauch und gibt den Blick auf eine starke Brustbehaarung preis. Der Intendant, der gerade in einem rosafarbenen Aktenordner liest, fühlt sich vom morgendlichen Gesang gestört und rückt eine bronzene Leninbüste beiseite, die das Zuschlagen des Fensterflügels verhindert und gleichzeitig als Ablage der Perücke des Dorfrichters dient, und schließt das Fenster.
Dr. Adam greift, ohne hinzuschauen in das untere Fach seines Schreibtisches. Mit schmerzverzerrtem Gesicht zieht

er die Hand mit abgespreizten Fingern wieder hervor. In den Zeigefinger hat sich die Nadel eines Abzeichens gebohrt. Auf dem Abzeichen sind zwei ineinander verschlungene Hände erkennbar. Vorsichtig und mit einem schmerzlichen Grunzen zieht er die Nadel aus dem Finger und schließt den Verschluss. Nach einem kurzen Rundblick im Zimmer verstaut er das kleine verräterische Ding im Kasten einer Kuckucksuhr, die direkt neben dem Fenster an der Wand hängt. Wieder greift er in das untere Fach seines Arbeitsmöbels, auf dem sich Papier turmhoch häuft und fördert ein sehr großes Glas Senf, wie man es nur im Großmarkt bekommt, hervor, in das er genussvoll seine Buletten tunkt.
Ein modernes Telefon bringt sich mit einem widerwärtig schrillen Ton ins Bewusstsein. Dr. Adam stopft den Rest seiner Bulette in den Mund und sucht den Apparat mit spitzen, fettigen Fingern unter dem Papierhaufen. Als er fündig wird, fingert er wahllos auf den Tasten des Apparates herum. Die Bedienung ist ihm nicht geläufig. Schließlich vernimmt er die Stimme der Sekretärin, Frau Schulz, die keine fünf Meter entfernt im nebenan befindlichen Vorzimmer steht. Sie ist aufgeregt und drückt sich krampfhaft den Höher ans Ohr.
„Herr Doktor Adam?“
Der Doktor gibt seinen Kampf mit dem Wunderwerk der Technik resigniert auf und legt den Hörer ab.
„Ja?“
Frau Schulz, die nicht begriffen hat, dass sie das Telefon zur Kommunikation mit dem Intendanten gar nicht braucht, spricht weiter in die Muschel.
„Hören Sie mich, Herr Doktor?“
Dieser zieht die Augenbrauen hoch und antwortet mit vollem Mund gelassen.
„Ja, Frau Schulz, ich höre Sie. Sagen Sie, waren Sie beim Friseur?“
Frau Schulz ist verblüfft und starrt ungläubig den Hörer an. Sie vermag das Phänomen nicht zu ergründen und stammelt in den Hörer.
„Äh, ja ...“
„Und warum hat man Sie nicht drangenommen?“

Dr. Adam bläht seine ohnehin schon stark gewölbten Wangen vor innerlichem Lachen über seinen gelungenen Scherz auf. Senf quillt zwischen seinen Lippen hervor.
Frau Schulz ist für einen Augenblick verwirrt. Schließlich strafft sie ihre Haltung und erklärt ihren Anruf, wobei sie weiterhin konzentriert in die Muschel spricht.
„Ihr IM aus dem Kultusministerium hat gerade angerufen. Er hat sich sehr kurz gefasst, wollte nicht mit Ihnen sprechen. Es klang sehr dringend. Er meinte, das Kultusministerium ist auf Revisionstour — ich weiß nicht, was das bedeutet — und trifft jeden Moment hier ein."
Dr. Adam überlegt.
„Revision vom Ministerium? Da hätte er mir beizeiten doch was gesteckt. Es besteht wohl kein Anlass zur Sorge."
Frau Schulz ist aufgeregt.
„Noch heute sollen Sie kommen. Zuvor waren Sie in der Hauptstadt und haben, nachdem der dortige Intendant im Morgengrauen betrunken aus dem Stadtbrunnen gefischt wurde, ihn sofort vom Dienst suspen ... suspen ... entlassen. Er sagt, es wäre gut, wenn sie eine — einen Moment, ich buchstabiere: c l e a n e - Buchführung vorlegen könnten."
Der Intendant winkt ab.
„Mich fischt man aus keinem Stadtbrunnen."
Frau Schulz überlegt.
„Wir haben auch keinen Brunnen in der Stadt."
Dr. Adam schiebt eine Bulette nach und nuschelt beschwichtigend.
„Nur keine Panik, Frau Schulz. Kollege Tausendfreund und ich haben uns immer einigen können."
Frau Schulz greift sich entnervt an den Kopf.
„Nicht der Tausendfreund kommt. Der Minister selbst ist unterwegs hierher. Zum Mittag trifft er ein. ‘Er hat seinen Kettenhund dabei.’ Ist der Minister Hundefreund?"
Dr. Adam verschluckt sich. Brocken von in Senf getunkten Buletten ergießen sich auf die Papierstapel des Schreibtisches. Er brüllt.
„Frau Schulz!"
Die begreift endlich, dass der Intendant die ganze Zeit durch

die geöffnete Tür mit ihr spricht. Verwirrt schaut sie in das benachbarte Zimmer, noch immer den Hörer am Ohr haltend. Während er verzweifelt versucht, aus dem durchgesessenen und altersschwachen, thronartigen Stuhl mit geschnitzten Löwentatzen aufzustehen, gibt er mit versagender Stimme Anweisungen.

„Sofort eine Leitungssitzung anberaumen. Ich will in zehn Minuten die gesamte Theaterleitung hier versammelt haben. Und ....“

Er ist endlich auf den Beinen.

„ ... und räumen Sie hier auf. Hier sieht's ja aus wie im Theater ... äh, Affentheater meine ich natürlich.“

Er stürzt an Frau Schulz vorbei, die mit erschrockenem Gesicht ausweicht. Dr. Adam verheddert sich in der Telefonschnur und schlägt mit einem lauten Aufprall lang hin. Frau Schulz versteht nichts.

9

In dem kleinen, ebenso chaotisch-schmuddeligen Raum, an dessen Tür ein Schild mit der Aufschrift „Altmann — Chefdramaturg“ prangt, herrscht ebenfalls keine Aufbruchsstimmung. Der langhaarige, ein wenig angegraute Postachtundsechziger hält in der einen Hand eine geblümte Kaffeetasse und in der anderen eine kleine Handgranate. Zwischen Schulter und Ohr klemmt der Telefonhörer in den er süffisant hinein lächelt. Seine Füße liegen auf dem Tisch. Neben seinen Füßen steht ein kleiner Plastikweihnachtsbaum, der mit etlichen Sternen einer bekannten Automarke geschmückt ist. Über seinen Füßen prangt ein Plakat von einer Demonstration in Wackersdorf. Ein wenig im Hintergrund dieses Plakates sind einige Gestalten auszumachen, die sich am Eingangstor festgekettet haben. Eine der Figuren ist mit einem dicken Kreis umrahmt. An den vagen Umrissen könnte man mit einiger Fantasie den Chefdramaturgen erkennen.

„Was soll ich machen, ich arbeite. Aber natürlich. Was sonst. Ich sage Dir was, wir lassen uns das nicht gefallen. Notfalls ...“

Die Tür springt auf. Altmann erschreckt, zerdrückt die aus Schokolade bestehende Handgranate und gießt sich den Kaffee über das verwaschene Shirt. Die Schokolade und der Kaffe vermischen sich zu einer klebrigen Masse. Der Telefonhörer schnellt, von der langgezogenen Schnur beschleunigt, in den unter dem Tisch stehenden Müllbehälter. Altmann verfolgt ihn blitzschnell und als er mit dem Hörer wieder auftaucht, ist sein Gesicht völlig verschmiert. Mit aufgerissenen Augen, auf seinen Dienstherren starrend, stammelt er noch einige Worte in das Telefon.
„Ich ... ich ruf dich wieder an. Nein, ... besser du rufst mich wieder an. Aber nicht so bald ...“ Als er den Hörer auflegt, zieht die klebrige braune Masse, die er sich unentwegt von der Kleidung zu streichen versucht, lange Fäden.
„Eine Revision!“
Dr. Adam ist atemlos. Sein massiger Körper bebt unter den angestrengten Atemzügen.
„Aus dem Ministerium?“
Altmanns Augen verengen sich zu schmalen Schlitzen.
„Der Minister selbst und sein Vollstrecker.“
Altmann überlegt kurz.
„Der Minister ist nicht von Bedeutung, aber der Graf ....“
Der Intendant zwingt sich zur Ruhe und Konzentration.
„Es geht kein Material, das ich nicht persönlich abgesegnet habe, nach draußen. Du bist mir dafür verantwortlich. Wenn er nach irgendwelchen Zahlen fragt, gibt niemand Auskunft. Auf mich verweisen. Lass Dir was einfallen, Presse und so ... Vor allem Bilder auf denen Publikum zu sehen ist, viel Publikum. Verstehst Du, sehr viel Publikum. Und keine Zahlen, verstanden?“ Altmann nickt mechanisch wie ein Befehlsempfänger. Dr. Adam hält plötzlich die Luft an und erstarrt.
„Oh Gott, der Haushaltsplan.“
Er hastet davon, während Altmann angewidert an seiner hochgeschossenen Figur herabschaut.

10

Frau Schulz ist es gerade gelungen, das viele lose Papier auf einem exakt ausgerichteten Stapel zu schichten und schiebt diesen behutsam an die äußere Tischkante, als Dr. Adam schwungvoll den Raum betritt. Die Tür trifft auf das Hinterteil der frisch frisierten Person, die ihrerseits den hohen Stapel vom Tisch schiebt und bäuchlings auf dem großen Möbel zu liegen kommt. Dr. Adam betrachtet für einen kurzen Augenblick das pralle Hinterteil seiner Sekretärin. Seine fleischigen Hände ballen sich zu Fäusten. Schließlich schaut er ungeduldig auf die Uhr.

„Ich brauche sofort den rosa Ordner."

Frau Schulz hat sich aufgerappelt. Mit gespitzten Lippen fragt sie:

„Den rosa Ordner? Haben wir jetzt sogar schon rosa Ordner?"

Da an dem Theater viele Schwulen und Lesben beschäftigt sind, ist die konservativ fühlende Frau bezüglich der Farbe Rosa übersensibel. Dr. Adam ist ungeduldig.

Die beiden umkreisen einander auf den Knien und während Frau Schulz versucht, die Papiere zu ordnen, durchsucht der Intendant den Stapel immer wieder nach dem rosafarbenen Ordner. Dabei fällt ihm das Textbuch von Kleists „Der zerbrochene Krug" in die Hände. Er blättert darin und rezitiert schließlich mit dem Ausdruck der Erschöpfung und des Entsetzens eine Textpassage daraus.

„Mir träumt', es hätt ein Kläger mich ergriffen,
Und schleppte vor den Richtstuhl mich; und ich,
Ich säße gleichwohl auf dem Richterstuhl dort,
Und schält und hunzt und schlingelt mich herunter,
Und judiziert den Hals in Eisen mir.
....
Darauf wurden beide wir zu eins, und flohn,
Und mußten in den Fichten übernachten."

Frau Schulz, die in ihrem Eifer nicht bemerkt hatte, daß Dr. Adam aus dem Textbuch gelesen hat, hält bei seinem letzten Satz plötzlich inne. Sie schaut ihn schmachtend an.

„Ach, nur ein Traum ...“
Sein Blick schweift in die Ferne.
„Der Teufel hol’s.
Wenn’s auch der Traum nicht ist, ein Schabernack,
Sei’s wie es woll, ist wider mich im Werk!“
Frau Schulz tupft ihm behutsam die Schweißperlen von der Stirn. Mit zärtlicher Stimme flüstert sie:
„Ich würde Ihnen auch in die Fichten folgen.“
Dr. Adam entdeckt den gesuchten Aktenordner und presst ihn gegen die Brust. Auf dem Deckel prangt gut sichtbar der Stempelaufdruck „Nur für Dienstgebrauch!“. Schnell wirft er einen Blick hinein, um sich des Inhaltes zu versichern. Es ist die kompromittierende Fassung des Theaterhaushaltes. Dieses Papier beinhaltet den Sprengstoff, mit dem das Theater zur Explosion gebracht werden könnte. Bei genauerer Prüfung durch einen Sachverständigen ließen sich so geläufige Praktiken wie Bereicherung, Korruption und Misswirtschaft kaum mehr verbergen. Die Pleite dieses Theaters wäre unabwendbar.
„Stellen Sie mir eine Haushaltsabrechnung zusammen! In spätestens einer halben Stunde brauche ich sie.“
Frau Schulz zuckt ratlos mit den Achseln. Dabei schaut sie ihn immer noch wie eine kunstvolle Ikone an.
„Frau Schulz, gucken Sie nicht wie eine Kuh. Haben Sie gehört, was ich sagte. Worauf warten Sie? Nehmen Sie den vom letzten Jahr und ändern die Jahreszahlen. Der Rest wird niemand auffallen.“
Frau Schulz bricht in Tränen aus. Während sie sich die Tränen tupft, wendet sie schluchzend ein: „Aber die Haushaltsabrechnung vom vergangenen Jahr ist schon die vom vorherigen Jahr.“ Dr. Adam ist von seinem Tun überzeugt.
„Umso besser. Dann funktioniert es wenigstens.“

11

Gänzlich unberührt von den schicksalhaften, tumultartige Ausmaße annehmenden Vorgängen in der Verwaltungsebene,

warten die Techniker und das übrige Bühnenpersonal hinter der Bühne auf den angekündigten Probenbeginn. Dass bereits eine halbe Stunde seit dem festgesetzten Zeitpunkt verstrichen ist, irritiert keinen der Anwesenden. Es ist die Normalität und man sitzt die Zeit ab, ungeachtet der Dinge, die da kommen sollen oder auch nicht. Beinahe alle Angestellten, von einigen Schauspielern abgesehen, sind Theaterlaien, die das Theater weder lieben, es noch in irgendeiner Art, von der künstlerischen ganz abgesehen, verinnerlicht haben. Die laxen Umgangsformen, die weitverbreitete Unverbindlichkeit und das Chaos haben vornehmlich Charaktere herangezogen, deren Labilität einer geregelten, von festen Maßstäben bestimmten Tätigkeit überaus abträglich ist. Hier kann jeder seine Schwächen ausleben, ohne in größere Konflikte zu geraten. Hinzu kommt, dass einige Mitarbeiter entweder direkt bei der DDR-Staatssicherheit tätig waren oder eine Nähe zu ihr nicht leugnen können. Es herrscht ein einhelliges Stillschweigen, eine Duldung und auch eine große Abhängigkeit der Leute untereinander. Hier ist die Zeit vor der politischen Wende stehengeblieben. Die DDR-Mentalität wird weitergelebt und gegen Eindringlinge von außen verteidigt. Das „Wir" hat hier noch ein unverblümtes und stolzes Antlitz.
Der Aufenthaltsraum ist schmuddelig. Überall stehen Bierbüchsen und Schachteln oder Tüten von McDonalds herum. An den Wänden hängen abgegriffene Bilder von Pin-up-Girls. Ein älterer Techniker ist über die Warterei eingeschlafen. Der vorabendliche Alkoholrausch macht ihm sichtlich zu schaffen. Immer wieder fährt ein Zucken durch seinen Körper. Der Kopf ist hintenüber gekippt und ein gequältes Röcheln entrinnt seinem offenen Mund. Schließlich entfährt ihm ein langes und befreiendes Rülpsen. Der Bühnenmeister arbeitet konzentriert an einer Vorrichtung zur Erzeugung von übelriechendem Bühnennebel. Er fühlt sich durch die Ausdünstungen des Kollegen belästigt und wedelt sich mit einer Pornozeitung frische Luft zu. Glatze, ein Hilfstechniker mit langem vollem Haar greift der Inspizientin, die gerade damit beschäftigt ist, einen barocken Kerzenleuchter mit Goldbronze zu bestreichen und keine

Hand frei hat, um sich zu wehren, immer wieder an die prallen Brüste. Sie weicht seinen Attacken nur halbherzig aus. Ein junger Techniker, seine Kollegen nennen ihn Elvis, lässt ein Schmetterlingsmesser tanzen. Er klemmt sich dabei die Finger und verzieht schmerzhaft sein martialisch tätowiertes Gesicht. Er verstaut das Messer in seiner ledernen Punkerkluft, zupft die grellbunten Haare seines Irokesenschnittes in die Höhe und fragt gelangweilt in die Runde.
„Kann nicht mal jemand ein paar Büchsen Öl holen?“
Gemeint ist natürlich Bier und bei dem Wort Öl erwacht der ältere Techniker mit einem lautstarken Grunzen. Er leckt sich, hilflos und verschlafen in die Runde schauend, die Lippen und schmatzt. Der Bühnenmeister antwortet, ohne von seiner Arbeit aufzuschauen.
„Ich hab keine Kohle mehr.“
Die Inspizientin grinst breit.
„Deine Alte hat wohl wieder Taschenkontrolle gemacht?“
Der Bühnenmeister reagiert nicht auf die Anspielung. Zufrieden lehnt er sich zurück.
„Fertig.“
Elvis betrachtet das Wunderwerk der Technik, bestehend aus einer Batterie, einer Metallhülse, ein paar Drähten und einem roten Tastschalter.
„Was soll denn das sein?“
„Eine Nebelmaschine.“
Die Antwort ist lakonisch und befriedigt Elvis nicht.
„Der Doktor will auf seiner Flucht aus dem Gerichtssaal qualmen und stinken wie der Leibhaftige.“
Elvis nickt. Der ältere Techniker hat sich inzwischen aufgerappelt und ist zu seinem Spind getorkelt, um nachzuschauen, ob sich vielleicht noch irgendwo eine Büchse Bier verbirgt. Als er die Spindtür öffnet, purzeln mit lautem Scheppern eine Unmenge leerer Büchsen auf den Fußboden. Der durstige Mann schaut deprimiert auf den Müllhaufen. Die Inspizientin hat ihren letzten Pinselstrich getan und Glatze, der fasziniert auf den Büchsenstapel starrt, lässt selbstvergessen beide Hände auf den Brüsten der korpulenten Frau ruhen. Diese möchte sich der Belästigung entledigen und tritt dem

Arglosen mit dem Knie zwischen die Beine. Glatze heult auf wie ein getroffenes Tier, ringt um Atem und sucht Halt, um nicht zu stürzen. Dabei greift er um sich und legt schließlich die Hand auf den roten Taster der Nebelmaschine. Das Gerät funktioniert ausnahmsweise und für alle völlig unerwartet. In Sekundenschnelle füllt sich der Raum mit stinkendem gelbem Nebel. Der Bühnenmeister ist erschrocken und freudig erregt zugleich.
„Es funktioniert! Habt Ihr das gesehen? Es funkt..."
In wilder Hast verlässt das Personal den Raum, wobei sie sich nur noch nach Gehör orientieren können. Plötzlich erschallt der verzweifelte Ruf des Bühnenmeisters.
„Die Brandmelder! Wir müssen die Brandmelder abstellen, sonst wird die Löschanlage ausgelöst. Elvis, ... Elvis, ... verdammte Sch... Wo steckst Du?"
Elvis erscheint aus Dunst und Nebel. Seine Haare haben unter der Nebelattacke stark gelitten. Sie sind leuchtendgelb und haben sich gekräuselt.
„Wo werden die Brandmelder abgeschaltet?"
Elvis befühlt mit weinerlichem Gesicht seine Haare.
„Woher soll ich das wissen?"
Der Bühnenmeister starrt ihn voller Überraschung an.
„Was? Du bist doch der Betriebselektriker!"
Elvis starrt mit derselben Überraschung auf den Bühnenmeister.
„Seit wann?"
Der Bühnenmeister winkt resignierend ab. Nach einer Sekunde der Ratlosigkeit packt er seinen Mitarbeiter an der ledernen Jacke und schüttelt ihn, um seinen Worten Nachdruck zu verleihen.
„Los, in den Keller. Du musst den Haupthahn abstellen."
Elvis versteht nicht.
„Welchen Haupthahn?"
Der Bühnenmeister ist schon davon gestürzt, um die Warnung vor der bevorstehenden Berieselung im Haus unter die Leute zu bringen. Seine Stimme ist nur noch aus der Ferne zu vernehmen.
„Egal, alle, die du findest."

12

Der Chefdramaturg Altmann ist gerade damit beschäftigt, eine Fotomontage herzustellen. Auf einem Foto sieht man, wie sich das Ensemble vor einem fast leeren Saal verbeugt. Altmann hat aus einer Fußballzeitung die Abbildung einer frenetisch tobenden Masse von Fußballfans ausgeschnitten und legt diese auf den Bildteil mit den leeren Stühlen. Das aus dem ratternden Kopierer kommende Produkt überzeugt. Er lächelt selbstzufrieden, als die Tür aufspringt und der atemlose Bühnenmeister erscheint.
„Es ..., es wird gleich regnen!"
Altmann überlegt. Sein Gesicht hellt sich auf und mit dem Zeigefinger auf den Bühnenmeister deutend, antwortet er im Tonfall tiefster Überzeugung.
„Beckett! Warten auf Godot, stimmt's?"
Der Bühnenmeister stürzt davon. Altmann überlegt.
„Hab ich wieder mal was nicht mitgekriegt?"

13

Der Intendant sitzt vor dem Telefon und versucht zu wählen. Doch das Gerät signalisiert ihm keinerlei Verbindung nach draußen. Zutiefst von der eigenen Unfähigkeit zur Bedienung des Gerätes überzeugt, drückt er behutsam eine Taste nach der anderen und lauscht. Gelegentlich schüttelt er den Hörer oder beklopft ihn zaghaft. Der Bühnenmeister stürzt ins Zimmer. Die Atemlosigkeit und die Angst vor seinem Vorgesetzten lassen ihn nur noch stammeln.
„Es wird gleich regnen."
Der Intendant versteht nicht. Allein das Wissen um die Absurdität der Vorgänge in diesem Haus zwingt ihn zu einer naheliegenden Reaktion. Er greift hinter den Schrank und holt einen zerfledderten Regenschirm hervor, spannt ihn auf und setzt sich erwartungsvoll in seinen Stuhl. Die Löschanlage beginnt im ganzen Theater einen vermeintlichen Brand zu löschen. Dr. Adam schaut seinen Abteilungsleiter bittend an.

„Bring das in Ordnung."
Kaum hat er die Worte ausgesprochen, hört der Regen auch schon wieder auf. Den Bühnenmeister durchzuckt es erneut. Mit panisch aufgerissenen Augen erklärt er dem Intendanten:
„Die Anlage löst automatisch Alarm bei der Feuerwehr aus. Die werden gleich hier sein. Das Telefon ..."
Er wählt verzweifelt. Der Intendant sitzt mit stoischer Gelassenheit daneben und betrachtet seinen technischen Leiter aus den Augenwinkeln. Er hofft, durch seine Beobachtung die Funktionsweise des Gerätes erkunden zu können.
„Kein Anschluss. Der Apparat ist tot."
Frau Schulz erscheint. Ihr frischfrisiertes Haupt hat stark gelitten. Sie sieht das vergebliche Bemühen des nervösen Abteilungsleiters und bemerkt fast beiläufig: „Ach ja, das Telefon ist abgestellt. Die unbezahlten Rechnungen ... Ich habe es Ihnen mehrfach gesagt, Herr Doktor. Immerhin, anrufen kann man uns noch."
Prompt klingelt im Sekretariat das Telefon. Der Doktor vergräbt sein Gesicht in den fleischigen Händen. Er stammelt verzweifelt.
„Sieh zu, dass du das Ausrücken der Feuerwehr verhindern kannst. ... Fahr hin!"
Der Mann stürzt nach einigen hilflosen und Verzeihung heischenden Gesten mit wehenden Kittelschößen davon.
„Herr Doktor, Herr Doktor ... Der Chef der Gärtnerei „Fortschritt" ist am Apparat." Frau Schulz hält die Muschel des Apparates zu, während sie mit dem Intendanten flüstert.
„Ich bin nicht da. Ich bin tödlich verunglückt. Nein, ... ach sagen Sie, was Sie wollen."
„Der Herr Doktor ist beim Arzt. Er hat es schwer im Rücken ... Ja, ... ja, das werde ich bestellen."
Wieder hält sie die Muschel zu und flüstert.
„Er sagt, wir hätten einige Rechnungen nicht bezahlt."
Der Intendant verdreht angewidert die Augen.
„Seit wann?"
Frau Schulz fragt scheinheilig.
„So? Seit wann sollen wir diese Rechnungen haben? Ach,

seit drei Monaten."
Der Intendant schüttelt den Kopf. Er entreißt Frau Schulz den Hörer.
„Adam hier, ... ja, ich bin gerade hereingekommen. Ja, ja. ... Jetzt hör mir mal gut zu. Wenn du deinen Anwalt einschalten willst, ist das dein Problem. Wenn du mich noch lange nervst, fliegst du bei der nächsten Ziehung raus. Das verringert deine Chancen erheblich. Ja, ja, ... Du mich auch."
Er legt den Hörer auf. Frau Schulz hat einen Schuhkarton aus dem Schrank geholt und präsentiert ihn Dr. Adam. Der schnauft. Schließlich hält er sich mit einer Hand die Augen zu und greift mit der anderen in den Karton. Er fördert nacheinander drei unbezahlte Rechnungen hervor, die er Frau Schulz überreicht.
„Die werden heute noch bezahlt."

14

Bernhard, eine sehr maskulin wirkende Frau, steht in der Kantinenküche vor dem Herd und wirft Fleischklopse in eine stark überhitzte Bratenpfanne. Das Fett spritzt und dicke Schwaden von Bratendunst steigen zur Decke auf.
An einem winzigen Fenster, das auf den Theaterparkplatz hinaus zeigt, hockt in leidensvoller Haltung der Kantinenchef, raucht und starrt mit Blick eines getretenen Hundes hinaus.
„Beeile dich ein bisschen. Der Doktor will sein zweites Frühstück."
Bernhard wirft die letzten Klopse und wischt sich die Hände an den speckigen Jeans ab.
„Wie ein Mensch so viele Buletten essen kann. ... Und das tagein, tagaus."
Sie schüttelt den Kopf, wobei ihr das strähnige Haar ins Gesicht fällt. Mit einem hämischen Seitenblick betrachtet sie ihren liebeskranken Chef, der sehnsüchtig nach Wicht, dem schwulen Oberspielleiter, Ausschau hält. Eine Stimme aus dem Gaststättenraum fordert nachdrücklich:
„Wann kommt denn endlich mein Kaffee?"

Bernhard rafft sich auf und will die Kaffeemaschine mit Wasser füllen. Doch aus dem aufgedrehten Hahn ertönt lediglich ein kehliges Gluckern.
„Kein Wasser. Wir haben kein Wasser."
Der Kantinenchef reagiert nicht.
Bernhard nimmt kurz entschlossen einen schmuddeligen Eimer zur Hand, spannt ein ebenso schmuddeliges Geschirrtuch darüber und füllt aus einem anderen, mit geschälten Kartoffeln gefüllten Eimer, das schaumige Wasser ab.

15

In der schmuddeligen, dunklen Kantine hocken die Schauspieler an einer großen, aus mehreren kleinen Tischen bestehenden Tafel. Einer spielt mit einem piepsenden Gameboy. Ein anderer liest mit gewichtiger Mine den Spiegel. Andere schauen in Textbücher.

Die Eingangstür springt auf und der Schauspieler Meterbier tritt ein. Er bleibt von den anderen völlig unbeachtet. Zielsicher steuert er auf den Tresen zu, greift sich aus dem Schrank eine Flasche mit klarem Schnaps, entkorkt sie mit zittrigen Fingern und nimmt ein paar kräftige Schlucke daraus. Über seinem Kopf hängt ein Schild mit der Aufschrift:
„Der Krug geht solange zum Munde bis man bricht."
Er verzieht das Gesicht, schaut sich im Gastraum um, rülpst und donnert:
„Morgen, Ihr Schüttelchargen, Ihr Unbegabten, die Ihr immer wieder versucht, auf den Tespiskarren aufzuspringen. Doch es wird Euch nicht gelingen, denn der Esel, der diesen Karren zieht, ist störrisch, bockig und er mag Euch nicht."
Ein dröhnendes Lachen beendet seinen theatralischen Auftritt. Er lässt sich in einen Stuhl fallen. Bernhard erscheint mit einer Tasse Kaffee, auf der sich Schaum türmt. Der Schaum besteht aus dem Stärkemehl des Kartoffelsuds. Der Schauspieler mit dem „Spiegel" empört sich.

„Ich habe Kaffee und keinen Cappuccino bestellt.“
Bernhard nimmt die Tasse noch einmal in die Hand, bläst den Schaum herunter auf den Fußboden und stellt die Tasse ungestüm auf den Tisch. Der Kaffee schwappt über.
„Auch noch pampig werden, was? Vorsicht, ich kann auch anders!“, und zu Meterbier, der gerade wieder einen tiefen Schluck nimmt, „Bezahlen nicht vergessen.“
Meterbier greift in die Tasche, kramt einen Schein hervor und stülpt ihn Bernhard in den Ausschnitt der fleckigen Bluse.
„So rein und schön und doch dem Mammon verfallen.“
Er betrachtet die griesgrämigen Gesichter seiner Kollegen. Mehr provokant als um eine wirkliche Auskunft bemüht, fragt er schließlich in die Runde.
„Gibt es denn für „Den zerbrochenen Krug“ schon einen endgültigen Besetzungsplan?“
Die Antwort der Kollegen fällt wortlos aus. Man kennt die Praktiken dieses Theaters, in dem es nichts Endgültiges außer vielleicht die Vergangenheit, wenn sie denn vom Intendanten abgesegnet worden ist, gibt.
Meterbier zuckt mit den Achseln.
„Ich frage ja nur, weil heute doch die Premiere ist. Da wüsste man doch gern, welche Rolle man spielt. Ich meine ja nur, wegen der Kostümwahl.“
Die Kollegen schauen wiederum verständnislos und genervt. Der Spiegelleser probiert seinen Kaffee und verzieht das Gesicht.

16

Im Intendantenzimmer hat die verfügbare Theaterleitung Platz genommen. Der Intendant muss sich der Einsicht beugen, dass jeder macht, was er will und sich um die Belange des Theaters kaum kümmert. Er hockt immer noch unter dem aufgespannten Regenschirm und starrt vor sich hin. Ihm gegenüber sitzt ebenso katatonisch die Gewandmeisterin, eine Frau von etwa dreißig Jahren, die kaum bemerkenswerte Eigenschaften aufweist, außer, man findet eine fundamentale

Fadheit interessant. Ihre Stimme ist nasal-quäkend.
„Ich hätte wirklich andere Dinge zu tun."
Sie ist ständig darum bemüht zu demonstrieren, dass sie unzweifelhaft die einzige Person am Haus ist, die wirklich arbeitet. Dr. Adam bleibt von ihrem Einwurf ungerührt. Altmann betritt den Raum. Er trägt eine Mappe unter dem Arm. Es ist, wie sich herausstellt, eine Pressemappe, die dem Minister übergeben werden soll. Dr. Adam faltet den Regenschirm zusammen, setzt sich in einen Sessel am runden Tisch und beginnt darin zu blättern. Er reicht der Gewandmeisterin das kopierte Foto, das Altmann zuvor montiert hat. Sie schaut auf das Foto, dann auf Altmann und schließlich achselzuckend auf den Intendanten.
„Ich kann mich an diese Vorstellung nicht erinnern. Wann soll denn das gewesen sein?"
Altmann, der sich gerade eine Zigarette dreht, kichert in sich hinein.
„Das wird die Premiere von „Der zerbrochene Krug" gewesen sein."
Sie überlegt wiederum sehr angestrengt, vermag das Phänomen jedoch nicht zu ergründen. Jetzt erscheint Moussé, der Bühnenbildner. Er trägt um den Hals einen Schal und in den Händen ein aus Pappe gebasteltes Bühnenbild. Eine große Folie bedeckt ihn und das Modell. Am Tisch angekommen, schiebt er zaghaft die Hand unter der Folie vor, um zu erkunden, ob der Regen aufgehört hat. Schließlich stellt er das Bühnenbildmodell auf dem Tisch ab und lässt sich, nachdem er die Folie sorgsam zusammengefaltet und in der Hosentasche verstaut hat, in einen Sessel fallen. Altmann, der das Modell eingehend studiert hat, fragt scheinheilig:
„Bist du jetzt unter die Kunstgewerbler gegangen? Das ist aber eine hübsche Puppenstube."
Moussé starrt ihn entsetzt und beleidigt an.
„Was verstehst du schon davon?"
Den Intendanten nerven die spitzen Anspielungen und so wünscht er, man möge den Stein des Anstoßes aus dem Gesichtskreis verbannen.
„Nimm das vom Tisch."

Moussé nimmt das Modell, irrt ein wenig im Raum herum, um eine geeignete Ablage für sein Werk zu finden und deponiert es schließlich auf der Sitzfläche des Intendantenstuhls. Dabei wirft er einen kurzen Blick aus dem Fenster.

17

Vor dem Fenster radelt gerade der Bühnenmeister in wilder Hast vorbei. In Ermangelung eines funktionstüchtigen Fahrzeuges hat er sich in seiner Verzweiflung das Theaterfahrrad gegriffen, das sonst nur zu Werbefahrten eingesetzt wird. Zwischen zwei, jeweils am Vorder - und Hinterrad befestigten Stangen ist ein Transparent gespannt, auf dem folgender Spruch steht:
„... Jahre Bundesrepublik Deutschland - ... Jahre Theater zum Ruhme unserer Republik".

Aus der Ferne betrachtet sieht man, dass anstelle der Bundesrepublik Deutschland vormals Deutsche Demokratische Republik auf dem vergilbten Tuch geschrieben stand. Die Jahreszahlen fehlen. Das Transparent ist so gefertigt, dass die Zahlen jederzeit ausgewechselt und auf den neusten Stand gebracht werden können. Aus der entgegengesetzten Richtung kommt langsam ein alter, ziemlich desolater Sportwagen gefahren. Es ist noch lange kein Oldtimer, sondern lediglich ein heruntergewirtschaftetes Automobil. Der Bühnenmeister gerät ins Schleudern, da er sich nicht entschließen kann, auf welcher Seite er das rostige Gefährt passieren soll. Es gelingt ihm mit einigem Aufwand, eine Karambolage zu vermeiden und schließlich tritt er wieder in die Pedale. Seine Kittelschöße flattern im Wind. Das Auto hält und mühsam windet sich der Oberspielleiter Wicht daraus hervor. Breitbeinig vor seinem Gefährt stehend, angelt er seine Aktentasche und einen knallbunten Kinderschwimmring aus dem Innern des Autos heraus. Behutsam und weiterhin ein wenig breitbeinig geht er auf das Theater zu.

18

Auch der Kantinenchef hat den kahlgeschorenen, etwas bucklig wirkenden Mann erspäht. Eilig läuft er seinem Angebeteten entgegen. Wicht streckt dem dicklichen, blonden Verehrer abwehrend die Aktentasche und den Schwimmring entgegen, um einen groben Aufprall zu vermeiden. Der Kantinenchef bremst ab. Beide wechseln ein paar Worte, wobei sich Wicht mit schmerzlicher Mine erklärt. Der Kantinenchef macht verzweifelte Gesten und küsst den Glatzköpfigen, sehr darauf bedacht, ihn nicht aus dem Gleichgewicht zu bringen, schließlich auf die Wange. Zwei ältere Frauen mit großen, prallgefüllten Plastiktüten einer Supermarktkette mit Namen „Black Market“ sind stehengeblieben und betrachten das traute Pärchen unverhohlen und kopfschüttelnd.

19

In der Maske sitzt die Maskenbildnerin, eine sehr blonde, sehr großäugige, junge Frau, mit der Inspizientin zusammen. Beide schauen, Coca Cola aus der Büchse schlürfend, in einen Katalog für pornographische und erotische Dessous. Die Maskenbildnerin spricht einen sächsischen Dialekt.
„Warum soll isch denn das nisch drachen günnen?“
Die Inspizientin schaut an ihr herab und entgegnet nicht ohne Schadenfreude:
„Weil du keine Titten hast.“
Die Blonde wirft ihr stark ausgedünntes Haar in den Nacken.
„Gann ma duch was nunnertun“, entgegnet sie und fördert eine fleischfarbene Brustmaske unter dem Tisch hervor.
Die Tür öffnet sich und Wicht steht wie Rambo im Rahmen. Mit donnernder Stimme fordert er grußlos: „Abschminke!“
Die Maskenbildnerin starrt ihn ungläubig an.
„Abor Herr Wischt, Se sin duch gar nisch geschmingt?“
„Abschminke, hab ich gesagt, blöde Kuh!“ Sein Ton erlaubt keinen Widerspruch und die Maskenbildnerin beeilt sich, ihm einen großen Topf der fettigen Masse auszuhändigen.

20

Im Intendantenzimmer serviert Bernhard den wartenden Mitgliedern der Theaterleitung Kaffee, auf dem sich weißer Schaum türmt. Alle betrachten verstört die Tassen, doch keiner traut sich, angesichts der verkniffenen Mine des Küchendrachens, eine Bemerkung zu machen.
Der Intendant fordert Frau Schulz auf, den Oberspielleiter, von dessen Ankunft sie inzwischen erfahren haben, zu rufen.

21

Im Zimmer des Oberspielleiters hängt ein großes Plakat, auf dem ein Clown abgebildet ist. Wicht war im DDR-Staatszirkus als Clown beschäftigt, ehe er zu der Ansicht kam, dass er eigentlich für den Hamlet oder den Othello geschaffen sei. Er steht jetzt in gebeugter Haltung vor diesem Plakat und cremt sich mit der Abschminke seinen vom Fisting demolierten Anus. Ihm gegenüber sitzt der Kantinenchef vornübergebeugt und redet verzweifelt gegen den Fußboden.
„Aber August, du hast mir versprochen, dass ich auf dem Programmzettel als Zweitbesetzung erscheine. Ich kann die Rolle. Du kannst mich jederzeit abfragen. Du hast es mir versprochen und was man verspricht, muss man halten ..."
Wicht stöhnt schmerzerfüllt.
„Ich bin so verzweifelt, ... so verzweifelt ..."
Frau Schulz erscheint. Sie betrachtet die Szenerie und rümpft angewidert die Nase. Wicht versucht, mit Tränen des Schmerzes in den Augen, zu erklären:
„Können Sie nicht anklopfen? ... Ein Furunkel, Frau Schulz, nur ein Furunkel ..."
Frau Schulz akzeptiert derartige Entschuldigungen nicht. Mit einem schnippischen Achselzucken befiehlt sie, während sie sich schon wieder abwendet:
„Es ist Leitungssitzung. Man wartet auf Sie, Herr Wicht", wobei sie auf den Namen Wicht eine besondere Betonung legt.

Wicht schaut den Kantinenchef zärtlich und mit einem hintergründigen Augenzwinkern an.
„Hab ein wenig Geduld. Du kommst schon noch auf die Bühne. Vielleicht früher, als du es dir vorstellen kannst. Es wird sich hier bald Einiges ändern."
„Versprochen?"
Der Kantinenchef ist misstrauisch. Wicht beteuert mit ganzer Überzeugungskraft.
„Versprochen."

22

Eine Feuerwehr fährt mit kreischendem Martinshorn auf den Theaterhof. Die Feuerwehrleute springen aus dem Fahrerhaus, noch immer damit beschäftigt, Jacken zu schließen und Uniformteile anzulegen. Sie erwecken keinen besonders vertrauensvollen Eindruck. Nichts funktioniert, und wenn wirklich eine Gefahr bestehen würde, dann müsste man vermutlich diesen kopflosen Haufen davor schützen. Jetzt erscheint auch der Bühnenmeister, der versucht hatte, die bereits ausgerückte Feuerwehr zu stoppen, in rasanter Fahrt. Er kann nicht rechtzeitig abbremsen und rast mit seinem Fahrrad an der Feuerwehr vorbei, mitten durch die Brandwehrmannschaft hindurch, die in ihrem Tun innehält und ihm nachschaut. Die Geräusche lassen darauf schließen, dass er irgendwo im hinteren Teil des Hofes auf ein Hindernis gestoßen ist. Humpelnd stürzt er auf die angerückte Mannschaft zu, um ihr zu erklären, dass es sich um einen falschen Alarm handelt. Die Männer sind fassungslos und machen aggressive Gesten. Schließlich besteigen sie ihr Gefährt wieder und fahren davon.

23

Frau Schulz kommt mit einem Stenogrammblock in der Hand in das Intendantenzimmer, wo sich die fast vollständige

Theaterleitung über den bevorstehenden Ministerbesuch unterhält. Frau Schulz setzt sich und beginnt eine Anwesenheitsliste abzufragen, womit sie sämtliche Gespräche unterbindet. Das noch aus DDR-Zeiten stammende Ritual ist allen heilig und es wird vollzogen, obgleich die Zahl der Anwesenden leicht zu überschauen ist.
„Intendant?“
„Hier!“
„Oberspielleiter? ... Ist unterwegs. Chefdramaturg?“
„Anwesend!“
„Chefbühnenbildner?“
„Hier!“
„Gewandmeisterin?“
„Hier!“
„Öffentlichkeitsdramaturg?“
Der Intendant antwortet ausdruckslos.
„Entschuldigt.“
Frau Schulz hebt vorwurfsvoll den Blick. Sie fühlt sich in ihrer Kompetenz übergangen.
„Bei wem?“
Der Intendant zischt gereizt.
„Bei mir!“
Frau Schulz ist beleidigt.
„Dann können wir beginnen, Genossen. ... Äh, Kollegen.“
Der Intendant wirft seinen schweren Oberkörper vor, was zumeist bedeutet, dass es etwas Grundsätzliches zu sagen gibt. Tatsächlich holt er weiter aus, als die Anwesenden vermutet haben. Man lauscht ihm andächtig.
„Jeder von Euch weiß, wo sich das Arbeitsamt befindet. Diese Siechenstation des internationalen Kapitals ist jedem gegenwärtig und wenn wir uns morgen nicht alle dort anstellen wollen, müssen wir retten, was zu retten ist. Die Situation ist ernst, sehr ernst - aber nicht aussichtslos. Wir alle haben gelernt, zu kämpfen. Ihr wisst, dass ich das alles nur getan habe, damit Ihr pünktlich Euren Lohn bekommt und natürlich für die Kunst, ohne die dieses Land in Barbarei zurück fallen würde. Die Massen befinden sich in den Klauen des Konsums. Unsere Aufgabe ist es, das deutsche

Volk zu erretten. Wir müssen den Massen ein Bewusstsein zurückzugeben, mit dem es sich aus dem Elend befreien kann ...“

Altmann unterbricht ihn.

„Komm endlich zur Sache.“

Der Intendant sinkt in den Sessel zurück. Er überlegt angestrengt.

„Wir haben der Landesregierung gemeldet, dass der Umbau bereits abgeschlossen ist. Wenn der Minister diese Baustelle sieht, fliegen wir auf. Wir müssen ihm ein gutfunktionierendes Theater und einen florierenden Kulturbetrieb vorführen.“

Die Gewandmeisterin lässt ihre quakende Stimme vernehmen.

„Warum haben wir das gemeldet?“

Altmann schaut sie eindringlich an. Sein Blick verrät ihr unmissverständlich, dass es nicht opportun ist, derartige Fragen zu stellen.

„Moussé, du musst dir was einfallen lassen, damit wenigstens die Fassade nach etwas aussieht.“

Moussé schaut dem Intendanten tief in die Augen. Plötzlich durchzuckt es ihn. Von seinem Einfall begeistert, sprudelt es aus ihm hervor.

„Wir haben doch das Bühnenbild von „Die schöne Helena“. Der antike Markt. Wir verkleiden das Theater damit. Es wird grandios aussehen. Die dorischen Säulen. Das wird bombastisch.“

Den Intendanten überzeugt das kaum. Doch er hat keine Wahl.

„Du nimmst das in die Hand. Wir brauchen unbedingt eine laufende Vorstellung. Eine Kindervorstellung. Ausverkauft, versteht sich. ... Kindervorstellungen machen immer Eindruck auf Politiker. Wo bleibt Wicht? Er soll die Maßnahme in die Wege leiten. Haltet die Kinder mit Brause und Luftballons hin, bis der Minister im Haus ist“

Frau Schulz notiert die Worte des Intendanten pedantisch in ihren Stenografieblock:

„Maßnahme ausverkaufte Kindervorstellung. Durchführung: Wicht ...“

Der Intendant schreckt auf.
„Um Himmels Willen, Frau Schulz, kein Protokoll! Stellen Sie das mündlich an Wicht durch und vergessen Sie es wieder.“
Wicht erscheint wie aufs Stichwort. Frau Schulz, die sich ohnehin überflüssig fühlt, räumt ihren Platz und geht in das Sekretariat. Wicht legt seinen kleinen, bunten Schwimmring auf die Sitzfläche des Stuhles und lässt sich behutsam darauf nieder. Alle schauen gespannt zu. Um eventuellen Fragen vorzubeugen, erklärt Wicht, der die letzten Worte des Intendanten vernommen hat:
„Wir können „Pinocchio“ spielen. Das Bühnenbild ist auf der Studiobühne abgestellt. Es sind zwar nicht alle Darsteller da, aber wir können improvisieren.“
Der Intendant nickt.
„Krummbolz soll den Saal vollmachen.“
Krummbolz ist der Öffentlichkeitsdramaturg, eine Funktion, die er eher nebenbei ausübt, denn gleichzeitig ist er auch der Vorsitzende des Karnevalsclubs der Stadt, eine Einrichtung, in der sich Macht und Geld auf skurrile Weise paaren. Dieser große, massige Mann gehört nicht nur zu den Honoratioren der Stadt, die allesamt eine gemeinsame Vergangenheit verbindet, und die nach wie vor die politischen und wirtschaftlichen Geschicke dieser Kleinstadt nach ihrem Gutdünken und im altbekannten Parteistil lenken, er ist so etwas wie eine graue Eminenz.
Im Sekretariat klingelt das Telefon.
„Telefon für Sie, Herr Wicht.“
Die betont weiche Stimme von Frau Schulz lässt vermuten, dass der Anrufer ein Mann ist. Wicht erhebt sich unter Schmerzen. Doch ehe er sich in Richtung Sekretariat in Bewegung setzen kann, schlägt Frau Schulz scheinheilig vor:
„Ich lege das Gespräch zu Ihnen rüber.“
Der Apparat des Intendanten klingelt prompt. Ihr vermeintliches Entgegenkommen, dem geplagten Oberspielleiter einen Weg zu ersparen, ist natürlich pure Heuchelei, denn ihr ist vielmehr daran gelegen, Wicht und dem Telefonat eine Öffentlichkeit

zu schaffen, die dem gebeugten Mann zutiefst zuwider sein muss. Das Telefon klingelt erneut. Wicht nimmt ab und meldet sich sehr förmlich.
„Hallo, hier Wicht!“
Augenscheinlich erleichtert, dass es kein Intimus ist, lässt er sich langsam und unaufhaltsam in den Sessel des Intendanten sinken, wo das Bühnenbildmodell Moussés lagert. Das Knirschen zerbrechenden Holzes ist eine unrhythmische Introduktion im hölzernen Stakkato zu der markerschütternden Arie der gequälten Kreatur. Ein gellender Schrei durchfährt die düsteren Räume. Altmann vergräbt das Gesicht in den Händen. Moussé reißt voller Entsetzen die Augen auf und ringt nach Luft. Die Gewandmeisterin springt auf, um Wicht behilflich zu sein, denn der Schmerz macht es dem kleinen Mann unmöglich, sich aus eigener Kraft aus dem durchgesessenen Sitzmöbel zu erheben. Kaum hat Wicht die Besinnung wiedererlangt, bricht es aus Moussé heraus, der hinter diesem Werk der Zerstörung einen eindeutigen Vorsatz wittert. An Händen und Füßen flatternd, völlig außer sich, beginnt er nun seinerseits ekstatisch zu schreien.
„Du Schwein! Du elendes Schwein! Das hast du mit Absicht getan. Du willst mich vernichten! Du willst mich unterdrücken. Du Knattercharge, du schwuler Circusclown, ...“
Er ringt nach Luft.
„Du erträgst keinen Künstler neben dir. Du erträgst überhaupt keine Kunst, weil du unbegabt bist. Keiner erträgt hier Kunst, weil ihr alle unbegabt seid. Das ist ein Komplott! Ihr wollt mich fertigmachen. Aber wahre Kunst wird sich immer durchsetzen. Auch gegen euch Würmer. Ihr werdet nicht verhindern, was ans Licht muss.“
Wicht ringt nach Luft. Er will etwas erwidern, doch der Schmerz ist noch immer übermächtig. Er presst sich ein verzweifeltes „Du Idiot!“ zwischen seinen schmalen, verbissenen Lippen hervor. Dieser Einspruch bringt Moussé vollends aus der Fassung und er will sich mit dem festen Vorsatz auf Wicht stürzen, diesem ein für allemal den Garaus zu machen. Im selben Augenblick betritt Krummbolz den zigarettenrauchgeschwängerten Raum. Ohne Kenntnis

von der verfahrenen Situation zu haben, greift er instinktiv und prophylaktisch ins Geschehen ein. Er ergreift Moussé, umklammert ihn mit seinen mächtigen Armen und presst ihn gegen seine Brust. Moussé, der jetzt jegliche Bodenhaftung verloren hat, strampelt ohnmächtig mit den Beinen, wobei er unaufhörlich Drohungen ausstößt.

„Ich mache dich fertig. Ich prügele dir ein Mindestmaß Kunstverstand in dein weiches Hirn. Du Schwein ...“

Der Druck von Krummbolz´ Armen verstärkt sich und Moussé läuft rot an. Schließlich lässt er mit einem verzweifelten Stöhnen seinen letzten Atem heraus und verstummt. Er hängt wie ein schlaffer Sack vor dem Bauch des Riesen, der ihn behutsam in einen Sessel setzt. Krummbolz´ Stimme dröhnt in sonorem Bass.

„Hab ich was versäumt?“

Der Intendant ist noch immer erstaunlich gelassen, was darauf schließen lässt, dass derartige Turbulenzen des Öfteren an der Tagesordnung sind.

„Solltest du dich der Theaterleitung zugehörig fühlen, hast du in der Tat etwas versäumt.“

Krummbolz winkt ab.

„Ich habe eine Überraschung für dich.“ Mit bedeutungsvollem Blick fördert er ein kleines Mitgliedsbüchlein hervor, dass dem SED-Parteibuch zum Verwechseln ähnlich ist.

„Mit Wirkung vom heutigen Tag bist du Ehrenmitglied im Tennisclub. ...“

Krummbolz erwartet eine freudige Reaktion, die allerdings ausbleibt. Der Intendant streicht über seinen gewölbten Bauch. Mit dem Zischen einer Kobra erwidert er.

„Vielleicht findet sich ab morgen auch ein Job in eurem Tennisclub für mich, als Platzwart oder vielleicht als Schiedsrichter, wenn ihr mir das zutraut. ... Ich mach euch auch den Pausenclown.“

Wicht stöhnt bei dem Wort Pausenclown hörbar.

Krummbolz versteht nicht und mit seiner herunterhängenden Unterlippe wirkt er alles andere als intelligent. Dr. Adam rafft sich und seine Kostümierung zusammen und erklärt Krummbolz die Situation. ...

24

Frau Schulz sitzt auf dem Schreibtisch, lässt die Beine baumeln, wobei sie sich genüsslich über die glänzenden Strümpfe streicht, und telefoniert mit einer intimen Freundin. Es ist, wie sich später herausstellt, die Sekretärin des Bürgermeisters.

„Nein, diesen Minister kenne ich noch nicht. Ach, wo denkst du hin. Ich habe schon so viele Minister kennengelernt. Ja, ja, ich habe mein fleischfarbenes Kostüm an. Ja, ja. Weißt du, Minister kommen und gehen, unser einer bleibt schließlich. Ja. Nein. Die sind alle gleich. Nach der ersten Flasche Schnaps greifen sie dir an den Arsch und du weißt, Minister sind Männer wie du und ich. Ich meine natürlich Menschen. Andere Zeiten - so´n Quatsch. Warum sollte sich das ändern. Übrigens, das bleibt selbstverständlich unter uns. Was? Dass der Minister heute kommt. Ja. ... Ja. Hilde? Also gut, Hilde kannst du es erzählen. Aber um Himmels Willen nicht Christel. Wenn Christel es weiß, weiß es die ganze Stadt. Ja, und sag Hilde, dass sie es Christel nicht sagen sollen.“

Die Theaterleitung ist jetzt hinreichend instruiert und verlässt das Intendantenzimmer. Während sie an Frau Schulz in angestrengter Geschwätzigkeit vorbeiparlieren, setzt diese ihr Gespräch ungeniert fort.

„ ... was soll sein, hier ist Polen offen. Ach, wo denkst du hin. Denen geht doch der Arsch auf Grundeis. Was? ... Wie soll ich das wissen, ob Anlass dazu besteht? Natürlich nicht. Hier ist alles in Ordnung. Natürlich, ja. ... Du weißt doch, wie das ist. Geh nie zu deinem Fürst, wenn du nicht gerufen wirst. Das steckt eben noch so drin. Demokratie hin, Demokratie her. Selbstverständlich kennen wir unsere Rechte. Ja, ... ja. Wir sind frei Bürger ...“

25

Der Intendant starrt auf den rosafarbenen Aktenordner und überlegt, wobei er seine Unterlippe zwischen Daumen und Zeigefinger hin und her rollt. Er sucht einen Ort, wo er dieses

gefährliche Dokument, quasi sein eigenes Todesurteil, sicher verstecken kann. Endlich fällt ihm die Kuckucksuhr ins Auge. Wieder denkt er an das Märchen vom Wolf und den sieben Geißlein. Und wieder einmal zeigt sich, dass Theater bildet. Er vertraut auf die Weisheit des Volksglaubens und versucht, die Akte hinter die Uhr zu schieben, deren Zeiger auf 12.00 Uhr zeigen, wo er sie aus durchaus erfindlichen Gründen im Jahr 1989 angehalten hat. Schließlich ist es ihm gelungen und er wirft einen letzten Blick auf das hölzerne Ungetüm, auf dessen Unterseite ein Messingschild angebracht ist, auf dem zu lesen steht:
„1. Preis - Treffen der Volkskunstschaffenden der Deutschen Demokratischen Republik 1986“, als sich plötzlich, ausgelöst durch die Berührung, das Spielwerk in Gang setzt. Das kleine Türchen öffnet sich und ein kleiner Trommler in der Uniform eines Thälmannschen proletarischen Spielmannszuges erscheint. Die Uhr spielt die Melodie zum Text „Wacht auf, Verdammte dieser Erde ...“. Der Intendant schreckt zurück. Kurz entschlossen drückt er mit seinem wurstigen Daumen das kleine Männchen in den Kasten zurück, schlägt das Türchen zu und hält es in ängstlicher Erwartung fest. Vereinzelte Töne erklingen, bis die Uhr gänzlich verstummt.

26

Wicht, der sich gerade im Sekretariat aufhält, hört das verräterische Uhrwerk und schaut vorsichtig in den Raum. Seine Augen verengen sich zu schmalen, lauernden Schlitzen. In seinem Kopf arbeitet es angestrengt.

27

Vor dem Theater hat sich Moussé breitbeinig aufgebaut. Er schützt seine Augen mit den Händen vor dem grellen Vormittagslicht und gibt den Technikern Anweisungen, die Kulissenteile vor der Vorderfront hin und her tragen. Es sind

große Bühnenwände, die einen antiken Marktplatz vorstellen. Die ganze Szenerie wird von zwei Technikern flankiert, die riesige Säulen über den Köpfen halten und auf Anweisungen warten, wo sie die monströsen Styroporbauten abstellen sollen. Sie geben ein beeindruckendes Bild ab, denn die Säulen sind von gigantischem Ausmaß. Beide erinnern an circensische Kraftakrobaten einer wandernden Jokulatorenbühne.
Einige Maurer, die gerade mit dem Verputzen dieser Wand begonnen haben, stehen rat- und wortlos daneben und schauen dem Treiben gespannt zu. Moussé ist ganz in seinem Element. Er dirigiert, was das Zeug hält. Endlich hat er einen Raum zur Gestaltung, wie er ihn sich immer gewünscht hat.
„Das Teil dort rüber. Ja, sehr gut. Das bringt Spannung in den Raum. Da entstehen Energien. ... Ich fühle mich wie Nebukadnezar."
Glatze, einer der beiden Säulenträger, ist von dem Namen angetan.
„Wie wer?"
Moussé, mit ausladenden Gesten, schwelgt im Hochgefühl des Glücksmomentes.
„Nebukadnezar! Auch ein großer Mann, dem von einem Möchtegernkünstler ins Handwerk gepfuscht wurde. ... Blut müsste an den Wänden kleben, das Blut von Macbeth ... und hier müssten zwei Augen kleben, die von Ödipus ..."
Zwei Maurer schauen sich an. Der eine tippt sich mit dem Zeigefinger an die Stirn und der andere zuckt mit den Achseln.
Eine große Nobelkarosse fährt rasant auf den Theaterhof. Es ist der Inhaber der Baufirma, Siegfried Klotzmann, der von seinem Vorarbeiter über die Vorgänge informiert worden ist. Auch er ist sehr beleibt und hat einige Probleme, seinem Automobil zu entsteigen. Seine Stimme ist schneidend und lässt darauf schließen, dass er einmal für längere Zeit in den bewaffneten Organen gedient hat. Obgleich er kaum mehr als 45 Jahre zählt, sind sein Haar und sein Vollbart völlig ergraut. Er trägt einen leicht glänzenden Maßanzug, einen feinen, ledernen Koffer und unter der linken Achsel einen Pistolenhalfter, um seiner Umwelt zu demonstrieren, dass er

kein zahnloser Wolf auf der Prärie des gnadenlosen Marktes ist. Im Übrigen frönt er damit einer alten Gewohnheit. Klotzmann brüllt richtungslos. Es ist wie der Zornesschrei eines einsamen Kriegers.

„Bückling!“

Bückling ist der Vorarbeiter auf dieser Baustelle, ein Mann mit einem Sprachfehler, der seinem Namen alle Ehre macht. Als er die Stimme seines Herrn vernimmt, eilt er auf den Mann zu, der inmitten des undurchschaubaren Treibens wie ein Feldwebel auf dem Kasernenplatz posiert. Tatsächlich schlägt Bückling, bei Klotzmann angekommen, die Hacken zusammen. Auch die Maurer entwickeln bei der Ankunft ihres Brötchengebers einen nicht zu übersehenden Aktionismus.

„Bückling, was geht hier vor?“

Bückling schaut um sich, als müsse er sich erst ein Bild von den Vorgängen machen. Tatsächlich jedoch sucht er in seiner Verzweiflung nach Worten.

„Ich ... ich ... ich denke, ... ich , ... ich ... weiß auch nicht, Hhhherr Klotzmann. Die...die...dieser Herr dort ...“

Er deutet auf Moussé, der inzwischen in einen rauschhaften Zustand geraten ist und mit fiebrigen Augen und angestrengter Mine die Techniker dirigiert, die mit den großen Kulissenteilen hin und her laufen, wobei sie die Teile gegen den leichten, aber beständigen Wind ausbalancieren müssen. Klotzmann starrt verständnislos auf die ameisenartigen Bewegungen der Theaterleute, die er in der Tat noch nie so angestrengt arbeiten sah. Ihm wird klar, dass es hier um mehr geht, als um den üblichen Aktionismus, der, wie er sicher weiß, nie zu einem ernstzunehmenden Ergebnis geführt hat.

Schließlich wendet er sich dem Eingang zu, um sich an höherer Stelle kundig zu machen. Bückling stolpert hinterdrein.

„Was ... was ... soll ich nun tun, Hhherr Klotzmann?“

Klotzmanns Antwort ist lapidar.

„Es wird doch irgendetwas zu tun geben! Lassen Sie aufräumen oder die Werkzeuge putzen.“ Bückling nickt so heftig, dass man meinen könnte, sein dürrer Hals breche gleich durch.

„Ssss...Selbstverständlich. Natürlich, ... Werkzeuge putzen

und abwarten ...“
Klotzmann bleibt bei dem Wort abwarten abrupt stehen und fixiert seinen sklavisch ergebenen Vorarbeiter.
„Abwarten? Wer hat was von abwarten gesagt?“
Bückling treffen die Worte wie Schläge, denen er mit einigen Kopfbewegungen auszuweichen sucht.
„Nie...Nie...Niemand. ... Hhhherr Klotzmann, ... Hhhherr Klotzmann ...“
Klotzmann wird ungeduldig.
„Ist noch was?“
Bückling windet sich wie ein Aal am Haken.
„Ja, ... d...d...die T...Toi-i-ilettenfliesen sind ge...ge...klaut worden.“
Klotzmann hebt den Kopf und starrt in den Himmel, als wollte er den Schöpfer bitten, ihn zukünftig mit solchen Schicksalsschlägen zu verschonen.
„Es reicht, Bückling! Wenn noch einmal etwas wegkommt, wird es Ihnen vom Lohn abgezogen! Ist das klar?“
Bückling zieht den Kopf ein, nickt hastig und ringt um Worte.
„K...Kl...Kla-a-ar, Herr Kl...“
Klotzmann wendet sich ab und geht ins Theater. Bückling schaut ihm deprimiert hinterher und stammelt, ohne dass sich sein Sprachfehler bemerkbar macht:
„Klar, wie Kloßbrühe, du Arschloch.“
Und während er sich seinen Aufgaben zuwendet, brabbelt er vor sich hin.
„Von wegen Lohn, ich weiß schon gar nicht mehr, was das ist. Seit drei Monaten ...“

28

Im Sekretariat steht der Intendant am Fenster und telefoniert, während Frau Schulz vor einem Computer sitzt, auf dessen Bildschirm nach jeder Tastenberührung das Wort ERROR erscheint. Zusätzlich ertönt ein synthetisches, hämisches Lachen aus dem Lautsprecher. Frau Schulz probiert trotz

der Ausweglosigkeit aus ihrer eigenen Sachunkenntnis mit großem Gleichmut weiter.
Dr. Adam ist hochgradig erregt.
„Was soll das heißen, Tausendfreund, Sie haben es vergessen? Sind Sie von Sinnen? Leute wie Sie haben die Weltrevolution vermasselt. Ach, hören Sie doch auf. Durch wen hat der Minister eigentlich erfahren, dass heute die Theatereröffnung sein soll? Ach, Sie selber haben es ihm ... Tausendfreund, Sie können nicht Diener zweier Herren sein. Das Zeug dazu haben Sie nicht. Dazu sind Sie viel zu unelastisch. Ach, hören Sie doch auf! Was glauben Sie denn, wo Sie heute wären, wenn ich nicht die Stasizentrale besetzt und Ihre Akten hätte verschwinden lassen. Bestimmt nicht im Ministerium. Vermutlich würden Sie heute am Hafen in einer ranzigen Imbissbude stehen und den Westtouristen Fritten verkaufen. Was soll das heißen, in dieses Kaff kommen keine Westtouristen? So ... Ja. Das war auch nur bildlich gesprochen. Und erzählen Sie nicht so einen Scheiß, ich hätte die Stasizentrale besetzt, um meine Akten verschwinden zu lassen. Sie haben sich doch heulend vor dem Mob verkrochen. Ich bin meinem Klassenauftrag gefolgt, Sie Verräter!"
Er schlägt den Hörer unsanft auf den Apparat und überlegt. Frau Schulz schaut ihn ein wenig mitleidig an.
„Jetzt ist die Kacke aber kräftig am Dampfen!"
Der Intendant schaut sie erstaunt an, schüttelt den Kopf und erwidert:
„Sein Sie doch nicht so vulgär, Frau Schulz."
Klotzmann erscheint ungestüm, lässt seinen Koffer krachend auf den Schreibtisch der Sekretärin fallen, atmet tief durch und bedeutet Frau Schulz:
„Lassen Sie uns allein."
Frau Schulz schaut den Intendanten an. Der macht ihr durch ein Kopfnicken verständlich, dass sie der Aufforderung folgen soll.
„Operativ-taktische Besprechung?"
Klotzmann gibt ihr für diese Bemerkung einen beherzten Klaps auf ihr pralles Hinter-teil. Ihr „Huch!" klingt sehr rhetorisch und überzeugungslos. Wenn Klotzmann in der

Nähe ist, muss man sich an derartige Unfeinheiten schon gewöhnen. Sie geht.

„Kannst du mir erklären, was das da draußen soll?“

Klotzmann schaut den Intendanten erwartungsvoll an.

„Der Ernstfall ist eingetreten.“

Die Gewichtigkeit des Tonfalls Dr. Adams bringt ihn sichtlich aus der Ruhe.

„Was für ein Ernstfall? Es gibt doch gar keinen Ernstfall mehr ... und Direktiven auch nicht.“

Klotzmann überlegt angestrengt. Wörter wie Ernstfall oder Direktiven sind längst aus dem Sprachgebrauch verschwunden und das plötzliche Auftauchen versetzt ihn in die altbekannte Unruhe, die ihn immer beschlich, wenn er zur Stasibezirkszentrale fuhr, um sich die Direktiven für den revolutionären Kampf zu holen, der zwischen Sekretärinnenhintern und Alpenveilchen im Topf tobte. Wie sehnte er sich manchmal in diese Beschaulichkeit der Weltrevolution zurück. Es war beiden, Dr. Adam und Klotzmann, nicht leichtgefallen, sich auf die neuen Formen des Klassenkampfes einzustellen. Doch letztlich hielten sie an ihren weltanschaulichen Positionen fest und entschieden sich, diesen Kampf weiterzuführen. Gemäß der marxistischen Theorie vom Kapitalismus als einer sich in seiner Marktanarchie und seinen Krisen gesetzmäßig selbst eliminierende Gesellschaft, hatten sie beschlossen, diesen Kapitalismus voranzutreiben und dessen Protagonisten und zugleich Totengräber zu werden. Dabei hatten sie natürlich nur das Wohl und die glückliche Zukunft der Massen im Auge und waren bereit, auch die üblen Nachreden der bewusstlosesten und begriffsstutzigsten Individuen in der Bevölkerung in Kauf zu nehmen, die meinten, es wäre ihr freier Wille oder sie hätten gar Vergnügen daran, das Volk mit der kapitalistischen Knute zu peinigen. Aber es war schon immer ein schwieriges Unterfangen, den breiten Massen verständlich zu machen, was für sie gut sei. Auch, dass man ihren Aufopferungen danken würde, später, in einer glücklichen Gesellschaft, hoffen diese Männer nicht. Dennoch, ihre Standhaftigkeit ist bewundernswert.

„Revision durch das Ministerium. Haushalt, Baumaßnahmen etc.. Ich muss retten, was zu retten ist.“
Klotzmann war zur Kooperation bereit, wenn auch nicht ganz freiwillig.
„Du meinst, wenn sie herausfinden, dass das Geld nicht für den Bau verwendet wurde, sondern in Appartementwohnungen floss, ...“
Dr. Adam nickt bedächtig.
„... deren Verkauf dir bis heute nicht gelungen ist ...“
Klotzmann erschreckt sichtlich vor seinen eigenen Gedankengängen.
„... bin ich mit dran?“
Dr. Adam nickt wieder.
„Du und die ganze Gesellschaft mit beschränkter Haftung, die so beschränkt nicht mehr sein wird.“
Klotzmann schüttelt verstört den Kopf.
„Das bisschen Zahlenschieberei hast du doch bisher immer hingekriegt.“
Der Intendant weiß um seine diabolischen Fähigkeiten und lässt sich gelegentlich ganz gern schmeicheln. Doch jetzt ist keinesfalls der geeignete Augenblick, seine Eitelkeiten zu stillen und so erwidert er nüchtern: „Sicher. Daran liegt es auch nicht. Der Minister kommt heute, um der Eröffnung des Theaters beizuwohnen. Und was wird er zu sehen kriegen, eine Investmentruine.“
Klotzmann setzt sich, denn die Beine versagen ihm augenscheinlich den Dienst.
„Mein Gott, Adam, sag mir um Himmels Willen, was los ist? Kommen wir da heil raus?“

Dr. Adam genießt die Angst seines Geschäftskumpanen. Er gönnt sich die Genugtuung, den fülligen Mann, dem jetzt der Schweiß ausbricht und der verzweifelt an seiner knallbunten seidenen Krawatte nestelt, dessen Abhängigkeit spüren zu lassen. Er hat solche Situationen immer ausgekostet, denn für ihn ist diese Methode die eleganteste Form seiner Herrschaft. Es stört ihn in seiner Eitelkeit dabei keineswegs, dass er der Einzige ist, der um seine psychologische Stärke weiß.

Er weiß auch um sein mangelhaftes Talent als Regisseur und Schauspieler, das er weder in einer Ausbildung geschult, noch durch Aufwendung eigener Energien zu bilden versucht hatte. Darum war er auch in dieses Provinznest gegangen, wo es niemanden auffiel, und wo er aufgrund seiner Schlauheit zum einäugigen König unter den Blinden avancieren konnte. Seine mittelmäßige rhetorische Begabung, die in dieser Region schon etwas Außerordentliches darstellte, half ihm immerhin, die Zweifler, denen an der Kunst noch gelegen war oder die dies zumindest von sich glaubten, hinters Licht zu führen. Er genießt das Leid Klotzmanns und, um dieses noch zu steigern, schlägt er die Hände vor das Gesicht und seufzt schwer.
„Ach, Klotzmann, irgendwann ist jeder am Ende seines Weges angelangt."
Klotzmann, dessen Körpermaße schon auf ein Minimum reduziert sind, sackt noch mehr in sich zusammen. Sein bedeutungsschwangerer Blick bleibt am ERROR des Computerbildschirms hängen. Das Ende scheint unabwendbar gekommen zu sein. Angesichts dieser Ausweglosigkeit greift er schließlich unter die Jacke und fördert eine Pistole hervor, die er behutsam auf den Tisch legt.
„Also folgen wir dem letzten Befehl, nach der Devise, nur dem Feind nicht in die Hände fallen. ... Dabei habe ich gestern noch einen Flug nach Mallorca gebucht. Fünfsternehotel mit Zimmerservice, Swimmingpool und so."
Dr. Adam, dem das Gerede nicht geheuer vorkommt, lässt neugierig die Hände vom Gesicht gleiten. Ein gewaltiges Entsetzen ergreift ihn angesichts des mattglänzenden Mordinstrumentes auf dem Tisch. Wenn eine seiner Schwächen überhaupt augenscheinlich wird, dann seine panische Angst vor physischer Verletzung und Schmerz. Sein Gesicht nimmt, während er Klotzmann in gehörigem Abstand umkreist, einen weinerlich-verzweifelten Ausdruck an.
„Siegfried ... Siegfried, um Himmels Willen, keine Situation ist so ausweglos, dass wir sie nicht bewältigen könnten. Steck bitte das Ding weg."
Klotzmann schüttelt resignierend den Kopf.

„Pass auf, du steckst jetzt das Ding weg und wir denken gemeinsam darüber nach, was wir machen können."
Klotzmann zögert noch einen Augenblick, denn auch für ihn ist das Ganze nur ein theatralisches Spiel, quasi seine Antwort auf Adams Versuch, ihn zu demütigen. Als Sohn des vitalen Bauunternehmers Walter Klotzmann, der bis 1945 das Theater und vor allen die Mädchen vom Ballett geliebt hatte, später, infolge seiner Enteignung durch die Behörden der sowjetischen Besatzungszone dem verheerenden Einfluss des Alkohols erlag und als letzte bemerkenswerte Leistung die Zeugung seines Sohnes Siegfried vollbrachte, war auch auf ihn ein gewisses dramatisches Talent überkommen, das er in jeder Lebenslage zu nutzen wusste. Dr. Adam hat nicht die geringste Vorstellung davon, wie oft Klotzmann sich auf dieses Spiel eingelassen und ihn auf das Peinlichste genarrt hatte. Während sich Dr. Adam den Schweiß von der Stirn wischt und um Fassung ringt, verstaut Klotzmann die Pistole wieder unter der Achsel. Erstaunlich gefasst und nüchtern richtet er das Wort an Dr. Adam.
„Dann schieß mal los, was gedenkst du zu unternehmen?"
Bei dem Wort schießen geht noch einmal ein kräftiges Zucken durch den Körper des massigen Intendanten.

29

Vor dem Theater ertönt ein explosionsartiger Knall. Ein Techniker hat versucht, die von Moussé arrangierten Kulissenteile mit einem Bolzenschussgerät am unverputzten Gemäuer zu befestigen. Der abgeschossene Bolzen durchschlägt das dünnwandige, einen antiken Marktplatz vorstellende Teil und verschwindet auf Nimmerwiedersehen im weißen Kalksandstein. Die Druckwelle des Geschosses zerreißt die Spanplatte und schleudert die abgetrennten Teile meterweit über den Platz. Die Umstehenden lassen sich zu Boden fallen. Eine große Staubwolke senkt sich auf ihre von Händen beschirmten Häupter. Moussé, der sich als einziger nicht zu Boden hat fallen lassen, klopft sich resignierend den Staub von der Kleidung.

„Ich habe es immer gewusst, ihr seid zu blöd einen Nagel in ein Pfund Butter zu schlagen.“

30

Auf der Bühne lauern die Schauspieler noch immer auf den Probenbeginn. Der Spiegelleser schlägt die Zeitung zu und bemerkt mit spitzen Lippen:
„Das hat alles keine Professionalität.“
Meterbier, der gerade einen verstohlenen Schluck aus der Flasche nimmt, droht sich zu verschlucken und ringt um Atem.
„... keine was?“
Der Spiegelleser wirft seinen Kopf angewidert in den Nacken.
„Ach, halte du dich doch da raus. Du hast doch deinen Verstand schon längst versoffen. Von deinen schauspielerischen Fähigkeiten ganz zu schweigen.“
Meterbier kichert.
„Hört, hört ... Er hat das Burgtheater von innen gesehen.“
Ehe der Streit eskaliert, erscheint mit wichtiger Miene und dem Textbuch unterm Arm der Chefdramaturg Altmann. Meterbier kann sich eines bissigen Kommentars natürlich nicht enthalten.
„Ah, die Vorhut erscheint, doch ich höre den König und das Gefolge nicht?!“
Altmann ignoriert die provokante Bemerkung und zieht einen handgeschriebenen Zettel hervor. Er hat sichtlich Probleme, die Schrift zu entziffern.
„Ich habe hier die Besetzungsliste.“
Meterbier strafft in gespieltem Erstaunen seinen vom Zerfall gezeichneten Körper.
„Darf ich fragen, für welches Stück?“
Altmann blickt genervt in den Schnürboden und fragt betont lautstark, um seiner Verärgerung Ausdruck zu verleihen:
„Kann mir mal einer sagen, ob er momentan zu viel oder zu wenig intus hat.“
Meterbier kann jetzt nicht mehr an sich halten.

Sein spielerischer Zynismus schlägt in rasende Wut um. Er schreit, ohne jedoch seiner Stimme des Bühnenpathos` zu berauben, mit feuchten, aufgeworfenen Lippen.
„Natürlich zu wenig. Was glaubst denn du. Hier muss man randvoll sein, um das alles zu ertragen. Ich bin Schauspieler. Doch davon merke ich nichts. Ich stehe mit Amateuren auf der Bühne und muss mich der Meinung von Dilettanten beugen, die von Theater nicht die geringste Ahnung haben. Was glaubst du eigentlich, wer du bist, du dumme Sau!“
Die anderen Schauspieler haben bei seinem Ausbruch den Kopf eingezogen. Das war offene Rebellion, etwas, was es an diesem Hause seit Schauspielers Gedenken nicht mehr gegeben hat. Und obgleich sie die Auffassungen Meterbiers durchaus teilen, halten sie seine Rede erst einmal für ungebührlich und unangebracht. Ein leichtes Kopfschütteln soll Altman ihrer Loyalität zum Haus versichern. Dennoch hat Meterbier in ihnen etwas ausgelöst und sie geraten allesamt in eine erwartungsvolle Unruhe. Sollte das etwa der Beginn eines längst überfälligen Aufstandes gewesen sein?
„Bist du jetzt fertig?“
Altmann bedient sich eines Oberlehrertons, um allen Umstehenden zu bedeuten, dass er nicht Willens ist, auf das Gerede Meterbiers einzugehen. Gleichzeitig führt er den Anwesenden deutlich vor, dass er als stellvertretender Intendant keine Aufmüpfigkeiten dulden wird.
Meterbier, selbst erstaunt über seinen Ausbruch, schaut hilfesuchend in die Runde. Da er, wie erwartet, keinen Beistand erhält, fährt Altmann fort, indem er das Rollenbuch in die Höhe hält.
„’Der zerbrochene Krug’. Warum machen wir dieses Stück und wo liegt der tiefere Sinn? Ich beschränke mich darauf, die Rolle des Dorfrichter Adams zu beschreiben, die von unserem Intendanten Dr. Adam gegeben wird. Ihr könnt Euch dann den Rest zusammenreimen. Also, der Adam ist ein Mann mit ungewöhnlichen Fähigkeiten, der aus unerfindlichen und, wie ich meine, auch unwichtigen Gründen in einem Provinznest hängen geblieben ist. Da die Bevölkerung weit entfernt vom intellektuellen Niveau ihres Dorfrichters vegetiert, nutzt

dieser die Gegebenheiten für sein diabolisches Spiel. Dabei geht er so weit, dass seine Dreistigkeiten für jeden augenfällig sind, die Bürger in ihrer unendlichen Feigheit aber den Widerspruch nicht wagen. Damit entsteht ein adäquates Bild von unserer heutigen Gesellschaft. Die Rollengestaltung ist somit überaus mutig und verlangt dem Darsteller enorm viel ab."

Das Krachen einer zersplitternden Schnapsflasche unterbricht die Ausführungen des Dramaturgen. Meterbier steht jetzt breitbeinig und mit hochrotem Kopf vor Altmann, der verschreckt zurückweicht.

„Das sehe ich aber ganz anders, weil nämlich unser guter, von allen hier Anwesenden, mich bitteschön ausgenommen, so verehrte Dr. Adam nur sich selbst zu spielen braucht. Ich bin in der Kantine zu finden, wenn es meiner bedarf."

Damit wendet er sich ab, geht durch den abgedunkelten Zuschauerraum und verschwindet Türen werfend.

Wieder herrscht Fassungslosigkeit. In die Stille hinein ertönt schließlich die Stimme des Spiegellesers.

„Also ich finde den konzeptionellen Ansatz sehr interessant. Ich würde dann in der Rolle des Gerichtsrates Walter mit einer völligen Ahnungslosigkeit und mit einer quasi philanthropischen Milde beginnen, um ..."

Altmann hebt die Hand, um ihn zum Schweigen zu bringen.

„Entschuldige, wenn ich dich unterbreche, aber du spielst nicht den Walter."

Der Spiegelleser ist erstaunt.

„Nicht?"

Altmann schüttelt den Kopf.

„Nein."

Er schaut auf den Zettel und fährt fort.

„Du spielst den Veit Tümpel. Eine Nebenrolle. Den Walter gibt Frau Böderfeld."

Der Spiegelleser versucht seine Enttäuschung zu verbergen. Er bemüht sich zu lächeln.

„Ach, Frau Böderfeld, ... eine Hosenrolle also."

Die Tür zum Zuschauerraum wird aufgestoßen. Im Gegenlicht zeichnet sich eine Figur ab, die etwas Terminatorhaftes

hat. Frau Böderfeld schreitet hochhackig und bestimmt auf die Bühne zu. Ihre weiblichen Formen wogen. Ihre wasserstoffperoxydblonden Haare wallen wie die Mähne eines Löwen.
„Komme ich etwa zu spät?“
Altmann schlägt einen versöhnlichen, fast devoten Ton an.
„Ein wenig, nicht der Rede wert.“
Frau Böderfeld mustert die bedrückt dreinschauenden Schauspieler.
„Gibt’s was? Ich habe mich darauf verlassen, dass die Premiere verschoben ist.“ Und mit einem abfälligen Lächeln fügt sie hinzu: „Wir proben doch erst sechs Wochen.“

31

Vor dem Theater betrachtet Moussé die Hausfront, die jetzt mit den Kulissenteilen verkleidet ist. Ein Teil ist schief angebracht. Moussé neigt den Kopf zur Seite. Er überlegt, ob man das aus der Geraden tanzende Teil als künstlerischen Einfall durchgehen lassen kann. Die Techniker stehen ratlos und wartend herum und schauen abwechselnd zum Bühnenbildner und zur Hausfront. Die Entscheidung, ob man das Teil begradigen soll oder nicht, erledigt sich sehr schnell, als Bernhard in der Eingangstür erscheint.
„Wer will, kann jetzt frühstücken.“
Als sie wieder im Theater verschwindet, fällt die Tür unsanft ins Schloss. Das schiefe Kulissenteil bewegt sich und gerät ins Lot. Moussé nickt.
„Das ist besser.“
Doch kaum hat er seiner Zustimmung Ausdruck verliehen, fällt das Teil krachend von der Wand.

32

Im Intendantenzimmer sind sich Dr. Adam und Klotzmann einig geworden. Der Intendant rekapituliert noch einmal die strategische Vorgehensweise.

„Also du schickst jetzt deine Leute nach Hause, damit sie sich fein machen. Sie erscheinen gegen 13.00 Uhr zur Eröffnung des Theaters. Vorher versperren sie alle Türen zu den Räumen, die noch nicht fertig sind. Der Bühnenbildner gibt ihnen Kulissenteile, damit es nicht so auffällt. Und dass sich ja keiner mit dem Minister unterhält."
Klotzmann nickt zuversichtlich.
„Keine Bange, von denen redet keiner, wenn er nicht ausdrücklich gefragt wird. Du musst allerdings verhindern, dass sie gefragt werden."
Frau Schulz erscheint. In der Hand hält sie eine Tasse Kaffee, auf dem sich unnatürlich hoch Schaum türmt.
„Möchte jemand Kaffee?"
Dabei schaut sie wenig ermunternd auf das Gebräu. Klotzmann geht grußlos, jedoch nicht ohne den Kaffee eingehend zu mustern, an Frau Schulz vorbei und verlässt den Raum. Der Intendant reibt sich die Augen. Soviel Aufregung am Vormittag ist er nicht gewöhnt.
„Sagen Sie, Frau Schulz, wann war eigentlich die Probe angesetzt?"
Frau Schulz schaut auf die Uhr.
„Vor einer knappen Stunde. Altmann hält die Schauspieler in Schach."
Dr. Adam runzelt die Stirn und schnauft.
„Na, dann will ich ihn mal erlösen."
Frau Schulz, die ihren Kaffee probiert hat, schüttelt vor Ekel den Kopf.
„Sie haben in einer halben Stunde einen Termin in der Diabetesklinik."
Eilig blättert sie im Terminkalender.
„Hier steht's, 11.00 Uhr, Diabetesklinik, Vortrag, Thema 'Warum brauchen wir Theater'."
Dr. Adam überlegt.
„Dann soll Altmann weitermachen. Ich fahre schnell mal rüber."
Frau Schulz schaut fragend.
„So? In Kostüm und Maske? Ihr Auto ist auch abgeholt worden. Ihr neuer Dienstwagen ist noch nicht da."

Der Intendant schnauft wieder. Er ist ungehalten.
„Dann besorgen Sie mir ein Fahrzeug!"
Ungestüm verschwindet er. Frau Schulz, die an den Gleichmut ihres Chefs gewöhnt ist, schaut ihm kopfschüttelnd nach. Schließlich macht auch sie sich auf die Suche nach einem Fahrzeug.

33

Die Schritte von Frau Schulz sind noch hörbar, als sich die Tür zum Intendantenvorzimmer öffnet. Wicht erscheint, seinen kleinen, bunten Schwimmring vor den Bauch gepresst. Er schaut der davoneilenden Frau Schulz hinterher und überzeugt sich anschließend, indem er auf leisen Sohlen zum Intendantenzimmer schleicht, von der Abwesenheit des Prinzipals. Die Luft ist rein und ein verschmitztes Lächeln huscht über das verschlagene, glatte Gesicht. Schnurstracks steuert Wicht auf die an der Wand hängende Kuckucksuhr zu und lüftet sie ein wenig von der Wand. Der rosafarbene Ordner mit dem Aufdruck „Nur für Dienstgebrauch" rutscht hervor. Einige Blätter flattern über den Boden. Wicht bückt sich unachtsam hastig, um das Papier einzusammeln. Doch dann durchzuckt ihn ein schneidender Schmerz, verursacht von seinem desolaten Rektum. Er hält, rechtwinkelig gebeugt inne. Ein gedämpfter Schmerzensschrei entspringt seinen Lippen. Ein paar Sekunden der Besinnung erwecken seinen Willen wieder und schließlich sammelt er die herausgefallenen Papiere ein, verstaut sie im Ordner und schiebt diesen unter das Hemd. Im Abgehen bemerkt er, dass die Uhr nicht gerade hängt und mit einem Fingerschnipsen beseitigt er die verräterische Spur. Doch mit der harten Berührung hat er den kleinen Trommler wieder erweckt, der wie von der Tarantel gestochen aus seinem kleinen Türchen hervorgeschossen kommt und das „Wacht auf Verdammte dieser Erde ..." mit lautstarkem und durchdringendem Plingpling zum Besten gibt. Wie vordem der Intendant, gerät auch Wicht aus der Fassung und weiß sich schließlich nicht anders zu helfen,

als das Männchen mit dem Daumen ins Gehäuse zurück zu drücken und das Türchen gewaltsam zu schließen. Ein paar Töne hallen nach und endlich ist die Gefahr gebannt, als Frau Schulz in der Tür erscheint.
„Ach, Herr Wicht, das trifft sich gut. Sie sind doch mit dem Auto hier. Da könnten Sie doch den Intendanten nach Knasselwitz fahren. Er soll dort in der Diabetesklinik einen Vortrag halten."
Wicht nickt hastig.
„Eben deswegen bin ich hier, um es dem Chef anzubieten."
Frau Schulz schaut ihn ungläubig an.
„Was anbieten?"
Wicht beeilt sich zu erwidern.
„Na, ihn zu fahren."
Frau Schulz ist erstaunt über die Hilfsbereitschaft des Oberspielleiters, dem sonst nichts über seine eigene Bequemlichkeit geht.
„Ja, gut, na dann fahren Sie mal."
Und während Wicht sich an der Vollbusigen vorbeidrückt, fällt ihr die augenscheinliche Beleibtheit des Mannes auf.
„Sie sind aber fett geworden."

34

Die Schauspieler haben sich an der Bühnenrampe versammelt und schauen auf den Intendanten herab, der sich von der Maskenbildnerin inzwischen zwei auffällige und ekelerregende Wunden auf die künstliche Glatze hat schminken lassen.
„... Ich brauche euch nicht zu sagen, was so ein Ministerbesuch für das Theater und uns insbesondere zu bedeuten hat. Wir alle wissen von der Kulturfeindlichkeit der Herrschenden. Wir haben es also in der Hand, ob wir morgen weiterhin die kulturellen Gipfel erstürmen oder ob ihr zum Arbeitsamt geht."
Meterbier fragt erstaunt nach.
„... ob ihr zum Arbeitsamt geht?" Der Intendant fixiert

Meterbier. Doch was er sagt, gilt für alle Anwesenden.
„Um meine Zukunft mache ich mir keine Sorgen. Meine Sorge gilt einzig und allein euch."
Und nach einer kurzen und wohlgesetzten Kunstpause fügt er hinzu:
„Ich kann mir nicht vorstellen, dass ihr hier arbeiten würdet, wenn sich andere Theater um Euch reißen täten! ... Ihr braucht nur zu funktionieren. ... Das kennt ihr doch, oder?"
Die Schauspieler wenden sich zerknirscht ab. Meterbier starrt den Intendanten hasserfüllt an.

35

Der Intendant und Wicht fahren über das flache Land. Der altersschwache Sportwagen schiebt sich gemächlich durch die grünen Lindenalleen. Der Intendant hat einige Probleme, die Fülligkeit seines Körpers im engen Innern des Automobils zu organisieren. Wicht plagt sich ebenfalls. Obwohl er auf seinem kleinen bunten Schwimmring sitzt, durchleidet er jedes auch noch so kleine Schlagloch und jede Bodenwelle.

Sie schweigen und jeder hängt seinen Gedanken nach, die sich zweifellos um ein und dasselbe Thema drehen. Schließlich beginnt Dr. Adam das Gespräch. Er würde zu gern wissen, was sein Oberspielleiter denkt und so reitet er eine direkte Attacke, wobei er sich einer List bedient.
„Wollen wir Text repetieren?"
Wicht wagt einen schnellen Seitenblick. Er ist ein unsicherer Fahrer. Viel lieber würde er sich auf das Fahren konzentrieren. Dr. Adam weiß das und so hält er die Situation psychologisch bestens für geeignet, seinem Widerpart ein paar verräterische Sätze zu entlocken.
„Von mir aus", antwortet Wicht betont lakonisch und dabei nicht sehr überzeugend.
Dr. Adam nickt schnaufend und beginnt, den Text des Dorfrichters Adam zu sprechen.
„Mein Seel! - Doch was ich sagen wollte, was gibt's Neues?"

Wicht überlegt kurz und antwortet mit dem Text des Schreibers Licht.
„Ja, was es Neues gibt! Der Henker hol's, hätt ich's doch bald vergessen. Macht Euch bereit auf unerwarteten Besuch aus Utrecht. Der Minister kömmt."
Dr. Adam spitzt die Ohren. Das Wort Minister, das im Text nicht vorkommt, ermutigt ihn in seiner List.
„Wer kömmt?"
Wicht selbst hat seinen Versprecher nicht bemerkt.
„Der Minister Walter kömmt, aus Utrecht. Es ist Revisionsbereisung auf den Ämtern, und heut noch trifft er bei uns ein."
Dr. Adam deklamiert jetzt voller Inbrunst.
„Noch heut! Seid ihr bei Trost? Achtung, Kurve!"
Wicht legt den Kopf beim Durchfahren der Kurve wie ein Formel-1-Pilot zur Seite und spricht erst weiter, nachdem er sich wieder auf gerader Strecke befindet.
„So wahr ich lebe. Er war in Holla, auf dem Grenzdorf, gestern, hat das Justizamt dort schon revidiert. Ein Bauer sah zur Fahrt nach Huisum schon die Vorspannpferde schirren."
Dr. Adam macht eine ausladende Geste, die jedoch von der Frontscheibe gestoppt wird.
„Heut noch, er, der Minister, her aus der Landeshauptstadt! Zur Revision, der wackre Mann, der selbst sein Schäfchen schiert, dergleichen Fratzen haßt. Nach Huisum kommen, und uns kujonieren! Ach geht! Vorsicht, Kurve!"
Wicht lenkt ruckartig. Die Reifen quietschen. Ebenso ruckartig sprudelt der Text aus ihm hervor.
„Kam er bis Holla, kommt er auch bis Huisum. Nehmt Euch in acht."
Dr. Adam lacht betont beschwichtigend.
„Ach geht!"
Wicht, der nun Theatertext und Realität kaum mehr zu trennen vermag, erlaubt sich einen viel zu langen Seitenblick auf den Intendanten.
„Ich sag es Euch."
Der Intendant greift derweil ins Lenkrad, um zu verhindern, dass das Auto von der Straße abkommt. Und um seiner

Rede Nachdruck zu verleihen, überspringt Wicht ein paar Textzeilen und fügt hinzu:
„Wohlan, so zweifelt fort, in's Teufels Namen, bis er zur Tür hier eintritt."
Dr. Adam mustert den kleinen kahlköpfigen Mann auf seinem Schwimmring eingehend und lange. Beide haben bisher nur um den Brei herumgeredet und die Ungeduld des Intendanten hat den Siedepunkt erreicht. So benutzt er den Text des schlitzohrigen Dorfrichters, um seinen Widerpart direkt und unumwunden zu befragen.
„Gut, Gevatter! Jetzt gilt's Freundschaft. Ihr wißt, wie sich zwei Hände waschen können. Ihr wollt auch gern, ich weiß, ich weiß es sicher, Intendant werden. Und Ihr verdient's bei Gott, so gut wie einer. Doch heut´ ist noch nicht die Gelegenheit, heut´ laßt Ihr noch den Kelch vorübergehen."
Wicht errötet. Er fühlt sich durchschaut und klammert sich verzweifelt an den Text.
„Dorfrichter, ich! Was denkt Ihr von mir?"
Dr. Adams Stimme bekommt jetzt etwas Bedrohliches.
„Drückt Euren Ehrgeiz heut´ hinunter, hört Ihr? Es werden wohl sich Fälle noch ergeben, wo Ihr mit Eurer Kunst Euch zeigen könnt."
Und nach einer kurzen Pause fügt er lakonisch hinzu:
„Wir haben uns verfahren."
Wicht tritt mit aller Kraft auf die Bremsen. Die Reifen quietschen und der Wagen kommt auf offener Landstraße zu stehen. Wicht ist am Ende mit seinen Nerven. Das verhörähnliche Gespräch, seine Fahruntüchtigkeit und sein schmerzendes Gesäß haben ihn an den Rand der Verzweiflung gebracht. Er schreit und gestikuliert.
„Ich weiß überhaupt nicht, was ich hier mache. Eigentlich müsste ich auf der Probe sein und arbeiten. Stattdessen kutschiere ich dich hier durch die Gegend. Was gehen mich deine Mucken an. Du kannst mich mal."
Dr. Adam bleibt von dem Verzweiflungsausbruch völlig ungerührt. Zufrieden bläst er seine Wangen auf und lässt die Luft hörbar entweichen. Er fühlt sich als Sieger.
„Dort kommt ein Fahrradfahrer."

Tatsächlich radelt ein einzelner Mann auf einem klapprigen Damenfahrrad die Chaussee entlang, auf das Auto zu. Auf dem Gepäckträger bauscht sich ein dicker Sack. Vermutlich transportiert er Futter für seine Kaninchen. Wicht starrt den Intendanten erstaunt an.
„Ja, das sehe ich. Und?“
„Du könntest ihn nach dem Weg fragen.“
Wicht läuft jetzt rot an. Er droht an seiner Wut über die Unverschämtheit zu zerplatzen. Doch es hat ihm die Sprache verschlagen und so quält sich Dr. Adam höchstselbst aus dem engen Wageninnern. Er geht auf den Fahrradfahrer zu, der, als er den maskierten Mann sieht, ins Schleudern gerät. Dr. Adam hebt gebieterisch die Hand, um den Mann, der unrasiert ist und eine erloschene billige Zigarre zwischen den gelben Zähnen hält, zum Anhalten zu bewegen. Der vergisst angesichts der gespenstischen Erscheinung, dass sein Fahrrad Bremsen besitzt. Verzweifelt bremst er seine Fahrt mit den Füßen, was dem Ganzen ein halsbrecherisches Aussehen verleiht. Endlich zum Stehen gekommen, starrt er den dicken Mann im bäuerlichen Barockkostüm und den blutenden Wunden auf der Glatze an. Dr. Adam bemüht sich um einen vertrauenserweckenden Ton.
„Sag mir, Freund, kannst du uns den Weg zur Klinik weisen?“
Schrecken bemächtigt sich des Mannes. Dem ausgelösten Zähneklappern fällt schließlich die Zigarre zum Opfer, die in seinem Mund zerbröselt. Er wirft sein Fahrrad auf den Boden und rennt in panischer Furcht quer über das Feld davon. Dr. Adam schaut ihm erstaunt nach, zuckt mit den Achseln und geht zum Auto zurück, in dem sich Wicht den Hals verdreht, um die wilde Flucht des gehetzten Landmannes zu beobachten.

36

In einer städtischen Kindertagesstätte verhandelt Krummbolz mit einigen Erzieherinnen. Eine Schar Kleinkinder hat sich angesammelt und umringt staunend die streitenden

Erwachsenen. Die Kinder stehen regungslos und mit geöffnetem Mund herum, als eine Erzieherin die stummen Zeugen bemerkt und sie barsch in die umliegenden Ecken zum Spielen befielt.
Krummbolz ist ungeduldig und gereizt, da die Frauen seinen Argumenten nicht sonderlich aufgeschlossen gegenüber stehen. Die Leiterin, eine hausmütterlich wirkende, gedrungene Frau in einer verwaschenen Kittelschürze macht nachdrücklich ihre Einwände geltend.
„Wir müssen jeden Theaterbesuch bei den Eltern anmelden. Das geht nicht so einfach, wie du dir das denkst."
Krummbolz schüttelt den Kopf.
„Blödsinn, ihr nehmt die Plagen an die Hand und kommt mit ihnen zum Theater. Die Eltern werden sich freuen über eure Initiativen."
„Nein, nein, nein."
Die Leiterin ist empört.
„Jetzt hör mir mal gut zu. Wenn ihr uns heute hängen lasst, verspreche ich dir, dass deine Kindertagesstätte demnächst aus finanziellen Gründen geschlossen wird. Das geht ruck zuck."
Krummbolz' Drohung fruchtet. Die Frauen schauen sich betroffen an.
„Na? Wie gefällt euch das?"
Dieser Einwand zerstreut die letzten Bedenken der Frauen und die Leiterin wendet sich an die Kinder, die die Szene noch immer, wenn auch aus den entferntesten Ecken des Raumes, gespannt verfolgen. Ihre kindische Tonlage lässt die Kleinen zusammenzucken.
„Hört mal bitte alle her! Wollen wir heute in das wunderschöne Theater gehen, um uns die Geschichte vom Pinocchio anzuschauen?"
Sie hat den Satz noch nicht beendet, als die Kinder sich in panischer Angst zu verstecken beginnen. Sie kriechen in Kisten und unter Möbel, ziehen sich Textilien über die Köpfe und eines der Kinder kriecht in einen Schrank, auf dessen Tür eine große Uhr gemalt ist. Im wilden Geschrei ertönt immer wieder ein panisches „Nein, Nein, Nein".

37

Vor dem Arbeitsamt der Kleinstadt herrscht reger Betrieb. Das Gebäude ist gerade saniert und renoviert worden und sticht in seiner Pracht mit großen Glastüren und ausladenden Sprossenfenstern aus der Häuserzeile heraus. Die zu beiden Seiten befindlichen Häuser vollführen in ihrer Schiefheit und Baufälligkeit einen wahren Veitstanz. Einige Meter vom Eingang entfernt steht ein Getränkestand, ein ehemaliger Versorgungshänger der DDR-Armee, über dem ein großes Schild prangt, auf dem in großen Lettern die Bezeichnung „Willi´s Tränke“ geschrieben steht. Willi, ein Mann von vielleicht dreißig Jahren mit tätowierten Armen und einem gezwirbelten Schnauzbart, eingezwängt in großen Stapeln Bierkisten, erklärt einigen Dauerarbeitslosen die Mechanismen der Marktwirtschaft.

„Also, investieren müsst ihr schon, daran kommt ihr nicht vorbei.“

Ein dürrer Mann mit ledernem Gesicht, der gerade eine große Büchse Bier in einem Zug geleert hat, meldet sich mit einem dröhnenden Rülpser zu Wort.

„Was hast du schon investiert!“

Willi blickt erstaunt um sich.

„Na, das alles hier. Ist das nichts?“

Dabei vollführt er ein Tänzchen um sich selbst. Die Männer lachen. Ein anderer, sein Name ist Rudi, antwortet für alle Umstehenden lautstark:

„Mensch, jeder in dieser Stadt weiß doch, wie du zu deiner Bude gekommen bist. Als Kapo bei der Volksarmee hast du 10 Jahre in dieser Kiste gesessen und für die Ofiziersbullen die Würstchen heiß gemacht. Als die Wende kam, bist du mal eben, Deine Bude hintendran, nach Hause gefahren, um den Hund zu füttern oder so, und dann hast du das Ding auf deinem Hof verloren. Jetzt willst du uns was von Marktwirtschaft und Management erklären? Hör doch auf!“

Die Umstehenden grinsen, nicken und schauen auf Willi. Der grinst ebenfalls. Es ist ein breites und überlegenes Grinsen.

„Euch hat das Bier wirklich schon das Gehirn aufgeweicht.

Investieren heißt doch nicht nur Geld investieren. Hier, ...“
Er tippt sich mit dem Zeigefinger an die Stirn.
„... hier steckt auch Kapital!“
Die Umstehenden lachen wiederum, am lautesten Rudi.
„Wie sollte sich in deiner Strohscheune Kapital gebildet haben?“
Die Männer brüllen vor Lachen und prosten einander zu. In diesen Kreisen weiß man einen guten Witz noch zu schätzen. Doch Willi lässt sich nicht aus der Ruhe bringen.
„Wisst ihr, ich frage mich immer wieder, was ihr eigentlich in den letzten vierzig Jahren gemacht habt. Ihr seid dumm geboren und habt nichts dazu gelernt. Hättet ihr draufgehört, was euch der Honecker gesagt hat, wüsstet ihr heute, wo es lang geht.“

Ein gespanntes Schweigen herrscht in der Runde. An Honecker möchte man nicht unbedingt erinnert werden und von Willi weiß jeder, dass er zwar in der Partei war, diese allerdings nicht über die Maßen verehrt hat. Rudi ist neugierig.
„Was hat er denn gesagt, der Ede?“
Willis Augen werden jetzt zu schmalen Schlitzen, aus denen heraus er die Männer mit scharfem Blick mustert.
„Er hat gesagt, aus unseren Betrieben ist mit einigem guten Willen und Initiativen noch viel mehr rauszuholen!“
Es dauert ein Weilchen, bis die Männer den Witz begreifen, doch schließlich brechen sie erneut in schallendes Gelächter aus. Willi betrachtet die Männer ein wenig von oben herab. Als das Gelächter abgeklungen ist, fügt er schließlich gelassen, jedoch nicht ohne Nachdruck hinzu, um seiner Überlegenheit als Marktwirtschaftler Ausdruck zu verleihen.
„Ich hab’s gemacht. Ihr steht heute vor dem Arbeitsamt.“
Die Männer sind betreten, schweigen und trinken Bier. Die Tür des Arbeitsamtes öffnet sich und ein dicklicher, gedrungener Mann in einem knallbunten Jogginganzug erscheint. Er schaut sich kurz um und geht schließlich auf die biertrinkenden Männer zu, die ihm gespannt entgegen schauen. Als er bei ihnen angekommen ist, fragt Rudi:
„Und?“

Das rote Gesicht des an Hypertonie leidenden Mannes entspannt sich und mit einem beseelten Lächeln verkündet er:
„Nichts. Kein Job.“
Ein Aufatmen geht durch die Runde. Man ist beglückt darüber, dass ein gut gelittener Trinkkumpane im gestandenen Kreis verbleibt und nicht der Berufstätigkeit zum Opfer fällt.
Rudi schaut auf die Uhr und fragt den Dicken besorgt:
„Welche Nummer wurde aufgerufen?“
Der Dicke überlegt.
„84.“
Alle Männer suchen ihre Anmeldenummern, finden sie, schauen darauf und verstauen sie mit wegwerfenden Gesten wieder in ihren Taschen. Sie haben noch viel Zeit. Der Dicke hebt seinen kurzen Arm, um Willi auf sich aufmerksam zu machen.
„Willi, eine Runde auf meine Rechnung.“
Die Männer begrüßen die großzügige Geste mit einem fröhlichen Raunen. Willi reißt einen neuen Karton mit Halbliterbüchsen auf.
„Eine Runde, kommt sofort. Sag mal, wo hast du denn den tollen Anzug her?“
Der Dicke breitet die Arme aus und dreht sich für alle sichtbar im Kreis. Auf dem Rücken prangt in großen Buchstaben der Spruch „Who is Schwarzenegger?“.
„Vom Polenmarkt, umgerechnet 12 Mark.“
„Und der Spruch auf dem Rücken? Was soll das bedeuten?“ will Willi wissen.
Der Dicke fragt ein wenig ungläubig zurück: „Kannste nich lesen? Wo is Schwarzenegger?“
Willi schüttelt den Kopf.
„Mann, Mann. Die Polen können nicht mal richtig schreiben.“
Wieder wogt das Gefühl der solidarischen Zustimmung über die clevere Anschaffung durch den Kreis der Gleichgesinnten. Man trinkt Bier und ist zufrieden; man hat sich etwas zu sagen und findet Gehör.

38

Der Chefdramaturg Altmann plagt sich mit dem Theaterfahrrad über das holprige Kopfsteinpflaster. Der warme Frühlingswind hüllt ihn in eine Wolke aus feinem Staub. Vor dem Arbeitsamt angekommen, lehnt er das Fahrrad gegen die Hauswand, entfernt eine Hosenklemme, die verhindern soll, dass sein Hosenbein in die Fahrradkette gerät, schnallt eine Aktentasche vom Gepäckträger und gesellt sich zu den biertrinkenden Männern vor „Willi's Tränke". Die Männer betrachten ihn misstrauisch. Langhaarige sind ihnen zutiefst suspekt. Altmann spürt die Ablehnung deutlich, doch als Theatermann glaubt er sich im Besitz von genügend Einfühlungsvermögen, die richtige Tonart zu finden.
„Schenk mir mal ein Bier ein, Willi!"
Rudi strafft seine Haltung, um eine Erklärung abzugeben.
„Hör mal, du Klugscheißer, hier wird nicht eingeschenkt, sondern aus der Büchse getrunken, wie es sich für anständige und gesunde Männer gehört. Im Übrigen steht hier vor dem Vergnügen der Fleiß. Geh erst mal rein und zieh dir 'ne Nummer. Das ist nämlich so etwas wie die Eintrittskarte zu diesem Etablissement."
Altmann blickt verstört um sich.
„Eine Nummer?"
Rudi reckt die Brust.
„Ja, 'ne Nummer."
Altmann beginnt zu verstehen. Ein Lächeln huscht über sein Gesicht.
„Nein, nein. Ich bin nicht arbeitslos."
Rudi zieht eine Augenbraue in die Höhe und blickt erstaunt in die Runde.
„So? Nicht arbeitslos?"
Altmann will sich erklären.
„Ich bin vom Theater ..."
Die Männer verdrehen angewidert die Köpfe.
„Ein Faxenmacher ... wahrscheinlich ein Schwuler ... ein arbeitsscheuer Künstler ... Na, sowas fehlt uns noch in der Runde ..."

Rudi gebietet den Kommentatoren Einhalt, indem er die Hand hebt.
„So, ein Faxenmacher bist du. Und was willst du hier? Willst du uns eine Lage spendieren?“
Altmann ist verunsichert. Er spürt eine aufziehende Aggressivität gegen seine Person und sucht nach Worten.
„Nein, ... nein, eigentlich wollte ich ... Ja, eigentlich wollte ich euch ins Theater einladen, kostenlos. Hier habe ich schon die Eintrittskarten für die Eröffnung des Theaters und eine öffentliche Probe. Und ...“
Seine Worte gehen im schallenden Gelächter der Männer unter, die seine Einladung als echten Witz verstehen. Eher geht ein Kamel durch ein Nadelöhr, als einer diese Männer ins Theater.
Wieder schafft Rudi Ruhe, in dem er erneut die Hand hebt. Als der am längsten von Arbeitslosigkeit betroffene und sich allen Arbeitsangeboten am hartnäckigsten verweigernde Zeitgenosse, ist er so etwas wie das Oberhaupt der Gesellschaft. Man begegnet ihm mit Respekt und überlässt es ihm, der Wortführer der Gemeinschaft zu sein.
„Also, wenn du keinen Ärger haben willst, verpisst du dich besser schleunigst. Die Männer, die du hier siehst, stehen alle im Kampf um Arbeitsplätze und haben es nicht so gern, wenn ihnen einer, der einen Job hat - und sogar noch als Faxenmacher, die Zeit stiehlt.“

Ein düsteres Schweigen breitet sich aus. Altmann schluckt hörbar. Er wendet sich ab, um zu gehen, als ihn das Zischen einer Bierbüchse zusammenschrecken lässt.
„Macht fünf Mark!“
Willi stellt die Büchse auf den Tresen und schaut Altmann mit leicht geneigtem Kopf an. Wieder beginnen die Männer schallend zu lachen. Sie beachten den verschreckten Chefdramaturgen nicht weiter und unterhalten sich angeregt.
„Kann ich nicht eine geschlossene Büchse bekommen?“
Altmann will jetzt so schnell wie möglich weg, um nicht weiter Anlass für das Gelächter zu sein. Willi schaut ihn derweil erstaunt an.

„Und was mache ich mit der offenen? Die schütte ich in den Gully? Oder was? Willst du mich ruinieren?“
Altmann gibt ihm ein Geldstück und winkt ab, als Willi ihm die geöffnete Büchse reichen will.
„Na, was hast du denn gewollt? Erzähl doch mal“
Nach einem kurzen Seitenblick auf die Männer reckt sich Altmann, um Willi näher zu sein und erklärt ihm flüsternd sein Anliegen. Willi legt die Stirn in Falten. Schließlich fragt er leise zischend zurück.
„Gibt’s Freibier?“
Nach einer kurzen Überlegung verspricht Altmann durch heftiges Kopfnicken, dass es Freibier geben wird. Schließlich reicht er Willi einen Packen Eintrittskarten, der den Empfang mit einem zuversichtlichen Grinsen bestätigt.
„Keine Bange, sie werden alle kommen. Du zahlst? Oder das Theater? … Wurscht. Irgendwer wird schon zahlen. “
Altmann wirft, ehe er sich mit seinem Fahrrad davonstiehlt, noch einen skeptischen Blick auf die anwesende, von Arbeitslosigkeit gebeutelte Arbeiterklasse. Er ist nun doch im Zweifel, ob seine Idee so gut war. Willi wartet, bis der langhaarige Mann außer Hörweite ist und verkündet lautstark:
„Achtung, Sonderangebot! Wenn ihr jetzt nicht zugreift, seid ihr völlig verblödet!“
Er präsentiert den fragend dreinblickenden Männern den Packen Eintrittskarten.
„Das sind Freibierkarten. Für fünf Mark könnt ihr so viel saufen wie ihr schafft. Das Ganze findet im Theater statt, in zwei Stunden: Mit fünf Mark seid ihr dabei. Nur heute und nur bei Willi erhältlich, Freibierkarten!“
Die Männer fingern mit stieren Blicken auf die Karten nach ihren Geldbörsen.

39

Dr. Adam steht hinter einem Stehpult und hält eine Rede, sehr pathetisch und weihevoll.
„Der Mensch lebt nicht vom Brot allein und deshalb ist

Theater ebenso wichtig und unabdinglich für die Entwicklung des Menschen wie das Essen ...“
„... und das Trinken!“
Dieser Einwurf irritiert den Vortragenden und er blickt auf. Im großen Essenssaal der Klinik sitzt lediglich ein Gast. Er hockt in einem verschlissenen Bademantel in der ersten Reihe, nur wenige Schritte von Dr. Adam entfernt, auf der Kante seines Stuhles. Überdimensional dicke Brillengläser lassen ahnen, dass sein Sehvermögen stark eingeschränkt ist. In den Händen hält er einen Camcorder. Sein Aussehen erinnert an das eines verkleideten Insekts, an Kafkas Gregor Samsa. Dr. Adam fährt missmutig fort.
„Was wäre aus dem Menschen geworden, hätte er ohne Kunst und Kultur leben müssen.“
Der bebrillte Gast ergänzt den Gedanken des Intendanten.
„Ein dumpfes Geschöpf, arm an Fantasie und Vorstellungskraft.“
Der Intendant atmet tief durch und fährt fort.
„Die Kunst ist nicht zuletzt eine aufklärerische Triebkraft in der Entwicklung des Menschen gewesen.“
Der Gast hebt zaghaft die Hand und wirft ein:
„... des klassenbewussten Menschen. So steht es geschrieben, des klassenbewussten Menschen!“
Dr. Adam gibt seinen Vortrag jetzt endgültig auf.
„Sagen Sie, halte ich den Vortrag oder Sie?“
Der Klinikgast erhebt sich und geht kopfschüttelnd auf den Intendanten zu.
„Nimm es mir nicht krumm, Kollege. Aber der Vortrag, den du da hältst, der ist von mir. In meiner Eigenschaft als Vortragskünstler des Kulturbundes habe ich ihn, lass mich überlegen, vor - ich weiß nicht wie vielen - Jahren im Parteilehrjahr gehalten. Er ist dann auch in den Broschüren zum Parteilehrjahr abgedruckt worden. Ja, in dem roten Heft, aus dem du vorliest.“
Dr. Adam blättert das Heft durch und liest.
„Du bist Wladimir Elanowski?“
„Ja, aber das ist mein Künstlername. Eigentlich heiße ich Max Reinhardt.“

Der Intendant überlegt wieder.
„Max Reinhardt? Den Namen habe ich schon irgendwann gehört. ... Na, ist ja auch egal ... Und was machen wir nun?"
Er schaut den Zuhörer fragend an. Der fingert verschämt und ein wenig erregt an seinem Camcorder herum.
„Also wenn es dir nichts ausmacht, könntest du mir etwas vorspielen. Ich filme dich dabei. Du musst wissen, ich verliere mein Augenlicht. Die Ärzte haben gesagt, dass ich in einigen Wochen völlig erblinden werde und ich soll mir alles anschauen, was es zu sehen gibt. Da hätte ich gerne eine bleibende Erinnerung an diesen Augenblick. Ich und ein richtiger Künstler."
Der Intendant glaubt, nicht richtig verstanden zu haben.
„Was? Wie? Du erblindest in absehbarer Zeit und möchtest dir zur Erinnerung eine Filmaufnahme machen?"
Max Reinhardt tritt dicht an Dr. Adam heran. Dieser fühlt sich genötigt, dem bebrillten Gast sein Ohr zu leihen.
„Hör mal, wir sind doch nicht von gestern. Wo wären wir denn, wenn wir alles geglaubt hätten, was man uns gesagt hat. Schließlich weiß man doch nie ...?"
Dabei dreht er mit hochgezogenen Schultern die freie Hand hin und her, um seinen Zweifeln Ausdruck zu verleihen, doch seine Brillengläser geben kaum Anlass zur Hoffnung. Dr. Adam reckt sich und tritt behutsamen einen Schritt zurück.
„Und ich soll dir jetzt was vorspielen?"
Max Reinhardt nickt heftig, wobei er die schwere Brille festhalten muss, damit sie sich nicht schwungvoll verselbständigt.
Dr. Adam geht in Position, um sein Vorspiel zu beginnen. Max Reinhardt fixiert ihn durch den Sucher seines Camcorders. Er stellt fest, dass der Abstand nicht ausreichend ist und tastet sich behutsam ein paar Schritte rückwärts. Ein Stuhl droht ihn zu Fall zu bringen, doch es gelingt ihm, sich auszubalancieren. Endlich ist er mit der Einstellung zufrieden. Dr. Adam konzentriert sich. Der Filmer fragt: „Fertig?"
Als Dr. Adam nicht reagiert, gibt er schließlich das Zeichen.
„Und action!"

Die von Dr. Adam aufgebaute Spannung sackt in sich zusammen. Er kommt sich wie ein Idiot vor und muss für Außenstehende auch so erscheinen. Er schluckt seinen Groll sichtbar hinunter und beginnt mit einer Textpassage des Dorfrichters Adam.

„Gefecht? Ja! - Mit dem verfluchten Ziegenbock,
der tönernden Zierde am Ofen focht ich. Jetzt weiß ich's.
Da ich das Gleichgewicht verlier, und gleichsam
ertrunken in den Lüften um mich greife,
faß ich die Hosen, die ich gestern abend
durchnäßt an das Gestell des Ofens hing.
Nun faß ich sie, versteht Ihr, denke mich,
ich Tor, daran zu halten, und nun reißt
der Bund; Bund und Hos und ich, wir stürzen,
und häuptlings mit dem Stirnblatt schmettr' ich auf
den Ofen hin, just wo ein Ziegenbock
die Nase an der Ecke vorgestreckt."

„Ja, ja, das kenn ich," schallt es plötzlich von der Tür her. Eine überaus dicke, mit einem weißen Kittel bekleidete Frau hält einen riesigen Stapel Teller vor dem Bauch.
„Wenn mein Alter besoffen nach Hause kam, ist er auch immer mit seinem Bregen gegen den Ofen geknallt, wenn er sich die Hose ausziehen wollte. Aber wir haben gleich nach der Wende eine Zentralheizung einbauen lassen. Mit einem Bausparvertrag bezahlt. Naja, an dem Bausparvertrag zahlen wir noch ein Weilchen. Aber jetzt landet er mit der Fresse immer auf dem Teppich, so einem dicken, aus Polen. Da hat er wenigstens keine Beulen und Löcher mehr und kann am nächsten Tag wieder auf die Straße gehen. Also du mit deiner Glatze kannst nicht mehr rausgehen. Sieht ja fürchterlich aus. Mit Hut geht's vielleicht, aber so ..."
Die beherzte Küchenfrau beginnt die Teller lautstark auf den Tischen zu verteilen. Das penetrante Scheppern des Geschirrs auf den kahlen Tischen schafft eine so grelle und nüchterne Realität, dass die Fortführung der ohnehin schon skurrilen künstlerischen Darstellung des Intendanten absurd

erscheint. Auch berührt ihn die vergleichende Einstufung als Alkoholiker äußerst unangenehm, und er ist willens, diesen kunstfeindlichen Ort so schnell wie möglich zu verlassen. Doch Max Reinhardt ist von dem tiefen Wunsch beseelt, noch eine Einstellung zu filmen, in der er und der Künstler gemeinsam zu sehen sind. Während die Küchenfrau die beiden ablichtet, drücken sie einander wie Staatsmänner die Hände. Der Augenblick hat für Max Reinhardt etwas überaus Erhabenes, beinahe Weltgeschichtliches. Dementsprechend ist sein Gesichtsausdruck, der Glück und Schwachsinn auf das Lieblichste vereint.

40

Vor dem Theater ist ein Techniker damit beschäftigt, den von der heißen Frühjahrssonne ausgedörrten Rasen mit Kompressor und Spritzpistole grün zu spritzen. Eine große schwarze Limousine schiebt sich gemächlich die Straße entlang und hält schließlich in einigem Abstand vor dem Theater. Zwei Männer steigen aus und lehnen sich nebeneinander mit dem Rücken an die glänzende Karosse. Sie schauen in Richtung Theater. Dunkle Sonnenbrillen schützen ihre Augen und allein die Blickrichtung lässt vermuten, dass sie dem Treiben des Technikers zuschauen. Beide tragen elegante dunkle Anzüge und da sie von ähnlicher Statur und Größe sind, unterscheiden sie sich lediglich in Haarfarbe und -länge. Während der eine einen kurzen blonden Bürstenschnitt trägt, hat der andere sein langes schwarzes Haar zu einem Schwanz gebunden. Der Dunkelhaarige schaut den Blonden von der Seite an und fragt schließlich mit Pfälzer Dialekt.
„Was macht der da?“
Der Blonde antwortet, ohne sich seinem Nachbarn zuzuwenden, erklärend:
„Immer wenn ein hohes Tier zur Inspektion kam, wurde alles was grün sein sollte auch grün gemacht. Rasen, Bäume, Büsche. Wir hatten, gemäß den Beschlüssen der Partei, ein blühendes Land. Unsere Chefs fühlten sich dafür ebenso

zuständig wie für Sicherheitsfragen und wir kleinen Scheißer hatten das durchzusetzen.“
Der Dunkelhaarige überlegt angestrengt.
„Das würde ja bedeuten, dass dieser Kollege da drüben seine Tarnung aufgibt.“
Der Blonde überlegt nun seinerseits angestrengt und stimmt schließlich zu.
„Hm, ist wohl so.“
Der Dunkelhaarige bemerkt konstatierend:
„Ihr Stasileute habt ja nicht einmal die Grundregeln der Konspiration beherrscht.“

41

Im Foyer sitzt Moussé vor einer unverputzten Wandfläche. In der herunterhängenden Hand hält er nachlässig eine halbleere Rotweinflasche. Zwei Techniker hängen einen großen Barockrahmen vor die Fläche. Tatsächlich verdeckt der Rahmen die Putzränder. Moussé ist dennoch unzufrieden und stützt grüblerisch sein Kinn auf die Hand. Er erinnert in seiner Pose an Rodins Denker, allerdings in einer satirischen Ausführung.
Ein Schauspieler schiebt sein altes Fahrrad ins Foyer. Unter dem Arm trägt er einen Mikrowellenherd. Moussé bemerkt ihn und schaut auf den Herd.
„Was willst du damit?“
Der Schauspieler ist verunsichert.
„Fahren wir heute nicht auf Abstecher?“
Moussé antwortet ohne weitere Erklärung, wobei das Fahrrad sein Interesse erregt.
„Nein!“
Er entreißt dem Schauspieler das Fahrrad und schiebt es zu den Technikern.
„Aufhängen!“
Die Techniker halten das Fahrrad in den Rahmen und ein zufriedenes Lächeln huscht über das Gesicht des Bühnenbildners.

„Anbringen! Genau in der Mitte.“
Der Schauspieler ist entrüstet. Seine Fassungslosigkeit ist so groß, dass er zu einem Widerspruch nicht fähig ist. Allein der Ausdruck seines Gesichtes verrät seinen tobenden inneren Protest. Moussé zückt einen Marker, wie er zum Beschreiben großflächiger Tafeln verwendet wird, und signiert das vermeintliche Kunstwerk mühelos und nahezu perfekt mit „Picasso“.
„Reg dich nicht auf. Du kriegst dein Fahrrad heute Abend wieder.“
Dann betrachtet er abwechselnd das Fahrrad und die Signatur. Schließlich fügt er der Signatur mit einem Kopfschütteln die Worte „Hommage à“ voran und setzt darunter seinen eigenen Namen „Muossé“. Selbstzufrieden blinzelnd nimmt er einen tiefen Schluck aus der Rotweinflasche.

42

Frau Böderfeld betritt die Kantine. Die Schauspieler, jetzt zum Teil in Probenkostümen, haben die Köpfe zusammengesteckt und diskutieren verhalten. Sie haben Frau Böderfeld, von der alle wissen, dass sie die Geliebte des Intendanten ist, nicht bemerkt.
„Einen Kaffee, aber heute noch!“
Die Diskussion erstirbt schlagartig und ein tiefes Schweigen macht sich breit wie eine zähklebrige, alles erstickende Masse.
„Schon in Arbeit!“, tönt die Stimme Bernhards zurück, die gerade damit beschäftigt ist, mit einer Schöpfkelle Wasser aus dem Spülkasten der Küchentoilette in einen Eimer zu füllen.
Frau Böderfeld spürt die ablehnende Stimmung des Ensembles und wendet sich wieder dem Ausgang zu.
„Den Kaffe in meine Garderobe!“, schickt sie ihrem ersten Befehl nach, nicht ohne sich der Wirkung ihrer Worte im Ensemble gewiss zu sein. Sie ist die einzige Darstellerin, der eine eigene Garderobe zur Verfügung steht, was sie in den

Augen der anderen Schauspieler noch hassenswerter macht. Kaum hat sie die Tür hinter sich geschlossen, stecken die Schauspieler die Köpfe wieder zusammen und diskutieren weiter.

„Ist es denn sicher, dass der Minister heute kommt?“

„Ich weiß nicht, ich eigne mich nicht zum Denunzianten.“

„Was heißt denn hier Denunziant. Wir haben doch schließlich eine Demokratie.“

„Ich weiß nicht.“

„Hast du jemals etwas gewusst?“

„Streitet euch doch nicht. Wir erarbeiten einfach einen Forderungskatalog und den übergeben wir dem Minister. Vielleicht ändert sich was.“

„Und wenn sich nichts ändert?“

„Dann geht es so weiter.“

„Oder wir fliegen raus.“

„Blödsinn, der kann uns gar nicht feuern. Der findet doch keine richtigen Schauspieler, die hier arbeiten.“

Meterbier, der sich bisher zurückgehalten hat, wird von einem Kichern befallen.

„Da muss ich dir ausnahmsweise einmal zustimmen.“

Der angesprochene Schauspieler reckt sich und bemerkt nicht ohne Aggressivität:

„Auch du bist hier am Haus verpflichtet. Das solltest du nicht vergessen. Im Übrigen würde ich gerne wissen, wie du über einen Forderungskatalog denkst?“

Meterbier, dessen Zunge vom Alkohol schon ein wenig beschwert ist, antwortet mit weitausholender Geste.

„Ich denke gar nicht. Das wäre Zeitverschwendung, denn zum ersten kriegt ihr so einen Katalog nicht hin und zum zweiten frage ich mich, wer diesen Katalog an den Minister übergeben sollte.“

Meterbiers Einwürfe lösen Betroffenheit aus. Darüber hat noch niemand nachgedacht. Plötzlich, wie von einer unerwarteten Eingebung getrieben, sprudelt einer der Schauspieler hervor:

„Wir machen es wie zu DDR-Zeiten in der Kirche, wenn Politiker aus dem Westen anwesend waren. Wir stecken ihm den Katalog heimlich zu.“

Ein zustimmendes Nicken geht rundum durch den Reigen der den Aufstand probenden Mimen. Allein Meterbier bleibt reserviert.
„Und was soll drin stehen in eurem Forderungskatalog?“
Ein glattgesichtiger, sehr junger Schauspieler, der sich selbst zum Sprecher gemacht hat, hebt zur Rede an. Doch er kommt über einen peinvollen Schnaufer nicht hinaus. Wiederum herrscht Ratlosigkeit, in die hinein zögerliche Vorschläge laut werden.
„Wir verlangen das Aufstellen eines Fahrradständers!“
„Porträtfotos von uns im Foyer!“
Ein älterer Schauspieler nickt heftig mit dem Kopf.
„Richtig und vielleicht sollte die ‘Straße der Besten’ mit Fotos von den Schauspielern wieder eingeführt werden, damit man von den Leuten in der Stadt wieder gegrüßt wird.“
Der junge Schauspieler verdreht die Augen.
„Bleib uns mit deiner Ostscheiße weg. Ihr hattet inzwischen die Wende! Das läuft nicht mehr mit Aktivisten und so.“
„Verbilligter Ausschank von Getränken in der Kantine.“
Dieser Vorschlag findet verschämt-zögerliche, doch allgemeine Zustimmung.
„Einen Kaffeeautomaten könnten wir in der Garderobe gebrauchen.“
Diese Anregung macht das Ensemble schließlich zu echten Verbündeten und eine kreative Erregung beginnt sich breit zu machen, als Meterbier, obgleich schon ein wenig vom Alkohol betäubt, die aufkommende Euphorie niederschlägt.
„Was soll das werden? Ein Nachtasyl für gescheiterte Schauspieler? Wie wäre es, wenn ihr zur Abwechslung mal verbindliche Probenpläne verlangt, oder gültige Premierentermine oder ein Inszenierungsverbot für unseren geliebten Intendanten?“
Der vermeintliche Ensemblesprecher ist beeindruckt von Meterbiers Konstruktivität. Er schiebt Meterbier einen Schreibblock über den Tisch. Mit zwei Fingern bietet er ihm einen Stift dar, als übergebe er einen Staffelstab.
„Du hast es auf den Punkt gebracht.“

Meterbier schaut erstaunt in die Runde. Das plötzliche Vertrauen der Kollegen, das sich in ihren Gesichtern spiegelt, schmeichelt und beschämt ihn zugleich. Nach einem kurzen Zögern ergreift er den Stift.
„Aber alle unterschreiben den Wisch."

43

Im Studio des Theaters, einem clubähnlichen Raum mit einer kleinen Bühne und verräucherter Wandtäfelung, sind die Bühnenarbeiter damit beschäftigt die Bestuhlung zu ordnen. Auf der Bühne steht das Modell eines Wales. Dieses Kulissenteil erinnert an den Bau der Arche Noah, massiv und unzerstörbar. Wie ein hölzerner Panzer bäumt sich das zu „Kunst" geronnene Säugetier. Der Wal steht auf einer kleinen Drehbühne, die sich jedoch trotz aller Anstrengungen zweier Techniker nicht drehen lässt. Die Männer stemmen ihre Beine gegen den Bühnenboden und ziehen verzweifelt an einem Strick. Ihre Gesichter sind hochrot. Plötzlich erschallt über Lautsprecher die Stimme von Glatze.
„I can get no satisfaction."
Die beiden Bühnenarbeiter sacken kraftlos auf der Bühne zusammen.

44

Glatze sitzt im Tonstudio. Auf einer billigen Klampfe schlägt er immer wieder die gleichen Akkorde zu immer wieder dem gleichen Text.
„I can get no satisfaction."

Der Tonmeister, ein wortkarger Mann, tritt ein. Er ist wütend, weil sich Glatze an der Tonanlage zu schaffen gemacht hat. Er betrachtet den Kollegen, der sich immer mehr in seinen künstlerischen Rausch hineinsteigert. Mit einer schallenden Ohrfeige beendet der wortkarge Mann den künstlerischen

Ausbruch seines Tecknikerkollegen, der die Handgreiflichkeit mit einem schlichten „Aua!“ kommentiert und schließlich resigniert hinzufügt:
„Kein Schwanz ist so hart wie das Leben.“

45

Die vollbusige Inspizientin trägt mit festen Schritten ein unhandliches Rednerpult vor das Theater. Die blonde Maskenbildnerin folgt ihr auf dem Fuße. Sie trägt ein rotes Fahnentuch, das beide über das abgeschabte Pult ausbreiten und mit Reißzwecken befestigen wollen. Als sie das Tuch entfalten, fällt ein Pappschild mit der Abbildung der ineinander verschlungenen Hände heraus. Die beiden Frauen kichern. Moussé sieht durch die Scheibe der Eingangstür das Treiben der beiden Frauen und stürzt hervor.
„Seid ihr denn von allen guten Geistern verlassen? Doch kein rotes Tuch!“
Die blonde Maskenbildnerin wendet sich empört um.
„Düs ham ma imma so gemocht!“
„Grau, nehmt grau, verdammt!“
Seine Stimme klingt jetzt schrill und überspannt, geradezu lächerlich und, um sich der aufkommenden Lächerlichkeit nicht preis zu geben, fügt er in autoritärem Ton hinzu:
„Das ist eine Dienstanweisung!“
Das verstehen die beiden Frauen und jeglicher Einspruch erübrigt sich, nicht weil sie seiner Autorität besonderer Bedeutung beimessen, sondern weil sie einer Autorität bedürfen. So sind sie groß geworden und obgleich sich Vieles verändert hat, haben sie doch begriffen, dass die Einrichtung Autorität eine unumstößliche Feste ist, gleichsam verankert in ihrer Nationalität.

46

Langsam schiebt sich das klapprige Auto Wichts auf den Theaterhof. Erstaunlich flink steigt der Intendant aus und geht

in Richtung Theatereingang. An der Tür prallt er, während er im Gehen unruhig die dunkle Limousine mit den Bodyguards mustert, mit dem Kantinenchef zusammen, der seinem Geliebten entgegen strebt. Wicht hat Mühe, aus dem Auto herauszukommen. Schmerz verzerrt sein Gesicht. Atemlos sprudelt es aus dem feisten Kantinenchef heraus.
„Die Schauspieler wollen dem Minister heimlich einen Protestbrief übergeben."
Wicht erstarrt in seinen ohnehin sehr langsamen Bewegungen.
„Einen Protestbrief?"
Der Kantinenchef nickt hastig. Er ist überglücklich, seinem Geliebten etwas mitteilen zu können, was für den unbedingt von Bedeutung ist.
„Steht was über mich drin?"
„Äh, ..."
Der dicke Blonde denkt jetzt sichtbar angestrengt nach.
„... nein, ich glaube nicht."
Wicht zischt.
„Du glaubst nicht? Was soll das heißen? Weißt du nicht, was drin steht?"
„Doch, sicher ..."
Wicht spricht jetzt betont langsam, als stelle er die Gretchenfrage und für ihn ist sie es wohl auch.
„Steht etwas über mich drin?"
Der Dicke denkt wiederum sichtbar angestrengt nach. Schließlich hellt sich sein Gesicht auf und im Brustton der Überzeugung verkündet er:
„Nein."
Jetzt entspannt sich auch das Gesicht Wichts und er tätschelt seinem Gegenüber zärtlich die Wange.

47

Der Intendant schiebt behutsam seinen Kopf in das Sekretariat. Flüsternd fragt er Frau Schulz.
„Ist er schon da?"

Die Sekretärin fragt flüsternd, da sie das Verhalten ihres Chefs nicht versteht, zurück.
„Wer?“
Der Intendant macht eine ungeduldige Geste.
„Der Minister?“
Frau Schulz antwortet wiederum flüsternd.
„Nein.“
Dr. Adam poltert jetzt ins Zimmer.
„Warum tun Sie dann so geheimnisvoll? Rufen Sie Altmann. Ist der Haushalt fertig? Geht das Telefon inzwischen wieder?“
Frau Schulz weiß nicht, auf welche Frage sie zuerst antworten soll. Sie übergibt dem Intendanten die Mappe mit dem Haushaltsplan. Er schaut in die Mappe und bemerkt kurz: „Ich weiß beim besten Willen nicht, wozu wir einen Computer angeschafft haben.“
Im Vorbeigehen drückt er eine Taste. Auf dem Bildschirm erscheint das altbekannte ERROR und das hämische Lachen ertönt.

48

Wicht steht in schmerzlich gebeugter Haltung vor den Schauspielern, die sich auf der Bühne im Kreis um ihn versammelt haben.
„Ich weiß, dass viele Dinge nicht so sind, wie ihr es euch vorstellt. Ihr wisst aber auch, dass wir uns im Umbruch befinden, den wir nur gemeinsam bewältigen können. Ich weiß, was euch bedrückt und verspreche euch, es wird sich Vieles ändern. Wir haben schließlich eine Demokratie und die werden wir auch mit Leben erfüllen. Allein, es gibt tausend Gründe, ein Theater zu schließen. Wir befinden uns ständig im Zustand der Rechtfertigung und das können wir nur durch gute Inszenierungen wettmachen.“
Meterbier, der für einen kurzen Augenblick die Balance verloren hat, schaut Wicht mit stierem Blick an.
„Bla, Bla, Bla!“

Wicht läuft rot an. Allzu gerne würde er jetzt einen Krach inszenieren, herumschreien und mit Gegenständen werfen. Doch er muss sich zusammennehmen, denn es ist die Stunde des Intriganten und nicht die des verkannten Genies. Er würgt seinen Zorn hinunter und entgegen seiner Meinung, es hier ausschließlich mit unbegabten Dilettanten zu tun zu haben, geht er mit süßlicher Stimme über diese Provokation hinweg.

„Es ist auch an euch, ob wir hier unser künstlerisches Zuhause haben. Ich erwarte ein deutliches Bekenntnis zu unserem Theater. Hier ist kein Platz für profilsüchtige Ignoranten."

49

Dr. Adam steht fassungslos vor der Kuckucksuhr. Er hat festgestellt, dass die rosafarbene Haushaltsmappe verschwunden ist. Er kriecht unter den Schreibtisch in der Hoffnung, die Mappe sei herausgerutscht und auf den Fußboden gefallen. Altmann betritt das Zimmer und betrachtet das ungeheure Hinterteil des Intendanten. Schließlich räuspert er sich, was den Intendanten erschreckt. Sein ruckartiger Versuch sich zu erheben, endet krachend an der Unterseite des Schreibtisches. Als er sich endlich aufgerappelt hat, blickt er Altmann tief in die Augen. Er möchte ihn nach der Mappe befragen, doch ihm wird rechtzeitig klar, dass, wenn Altmann die Mappe an sich genommen hat, er ihm dies ohnehin nicht eingestehen würde. Dr. Adam beschleicht der grausame Gedanke, dass er auch in seinem Chefdramaturgen möglicherweise keinen echten Verbündeten hat. So bleibt ihm schließlich nur noch, dem langhaarigen Mann das Gefühl zu vermitteln, er sei sein Intimus, der einzige, der wirkliche. Er legt Altmann die Hand auf die Schulter.

„Was ist, kommen wir da durch?"

Altmann, der sich noch nie in einer derartigen Distanzlosigkeit zu seinem Chef befunden hat, ist angerührt und so heuchelt er einen Optimismus, den es gar nicht geben kann angesichts der Realitäten.

„Wir schaffen das schon.“
Und während Adam ihm tief in die Augen schaut, fügt Altmann hinzu:
„Ich habe alles im Griff. Wir müssen uns nur noch auf die Besucherzahlen einigen, damit wir nicht aus Versehen unterschiedliche Angaben machen.“
Dr. Adam schnauft hörbar.
„Was haben wir in der vergangenen Spielzeit für Zahlen gemeldet?“
Altmann schaut in seine Pressemappe. Als er die Zahlen gefunden hat, zeigt er diese dem Intendanten. Dr. Adam überlegt kurz und tippt auf eine Zahl auf dem Blatt.
„Hier nehmen wir prognostisch 6.000 mehr. Wichtig ist, dass sich die Zahl der Kinder drastisch erhöht, sagen wir um 8.000. Kinder sind wichtig in der Statistik. Welcher Politiker möchte sich schon Kinderfeindlichkeit nachsagen lassen.“
Altmann nickt und erhebt gleichsam seinen Einspruch.
„So viele Kinder gibt’s im ganzen Land nicht.“
Dr. Adam schüttelt beschwichtigend den Kopf.
„Dann waren sie alle mehrfach in unseren Vorstellungen. Das überschaut ohnehin keiner. Verteile die Zahl der Kinder auf eine entsprechende Zahl von Vorstellungen.“

50

Vor dem Theater hat sich die gesamte Kindertagesstätte einschließlich Erzieherinnen und Hausmeister versammelt. Krummbolz empfängt die ganze Korona und geleitet sie durch das Foyer, wo Moussé gerade damit beschäftigt ist, aus einem alten, überdimensional großen Kühlschrank und dem Mikrowellenherd des Schauspielers, dem er schon das Fahrrad entwendet hat, eine künstlerische Installation zu verfertigen. Die Installation soll die Tür zur Herrentoilette verdecken. Das ist notwendig, da die Toilette, wie so viele Einrichtungen im Haus, noch nicht fertig ist. Im Studio angelangt, wo nach wie vor Techniker mit allerlei Verrichtungen beschäftigt sind, werden die Kinder auf die Stuhlreihen verteilt. Dabei erklärt Krummbolz das bevorstehende Ereignis.

„Wir bekommen heute lieben Besuch aus der Landeshauptstadt. Ein richtiger Minister. Habt ihr schon mal einen echten Minister gesehen?“
Alle Kinder schauen ihn reglos an. Eines der Kinder meldet sich artig zu Wort. Krummbolz nickt ihm ermutigend zu und das Kind antwortet: „Nein.“
Ein anderes Kind meldet sich ohne Ankündigung zu Wort.
„Hast du schon mal meinen Hasen gesehen?“
Krummbolz Lächeln gerinnt zu einer Maske.
„Nein“, und während er sich wieder abwendet, brummelt er für sich, „und ich will ihn auch gar nicht sehen.“
Die Kinder haben sich inzwischen in den Stuhlreihen verteilt. Krummbolz betrachtet die restlichen unbesetzten Stühle. Er wendet sich an die Techniker.
„Schafft die leeren Stühle raus“, und den Kindern zugewandt fügt er an: „Wir rücken jetzt alle mal schön zusammen, und wenn die Vorstellung läuft, dann haben wir allen großen Spaß und lachen schön laut, wenn der Pinocchio vom Wal verschlungen wird!“
Zwei der Kinder beginnen lautstark zu weinen. Die Leiterin der Kindertagesstätte wendet sich um und befiehlt:
„Hier wird nicht geheult. Wir sind im Theater und das macht uns allen großen Spaß!“
Die beiden Kinder, die gerade in Tränen ausgebrochen waren, unterdrücken diese gewaltsam. Sie schluchzen schuldbewusst, während die anderen auf Krummbolz starren, als wäre ihnen der böse Wolf erschienen.

51

Kunzel, der Redakteur der ortsansässigen Tageszeitung reicht dem Intendanten die Hand.
Dr. Adam erscheint müde und macht nicht einmal andeutungsweise eine Bewegung der Höflichkeit. Seine Hand fällt matt in seinen Schoß. Kunzel setzt sich auf die Kante des Schreibtisches. Die beiden schauen sich verständnislos in die Augen.

„Gerade gestern haben wir, groß aufgemacht, gemeldet, dass das Theater im nächsten Monat wieder eröffnet wird."
Dabei überreicht er ihm die heutige Tageszeitung, welche die Abonnenten wegen Arbeitsplatzstreichungen bei der Post immer erst am späten Nachmittag erreicht. Dr. Adam nickt in einem Anflug von Resignation.
„So ist das eben am Theater. Eröffnet wird heute."
Kunzel schüttelt bedächtig den Kopf.
„Aber warum? Hast du das gestern noch nicht gewusst?"
Dr. Adam holt tief Luft. Auch Kunzel gegenüber fühlt er sich schuldig. Schließlich war Kunzel für ihn immer ein gefügiges Instrument. Wann immer er die Presse brauchte, um verlogene Erklärungen abzuliefern, um Inszenierungen öffentlich feiern zu lassen, die er eigentlich nach der Premiere hätte absetzen müssen, oder um sich selbst aus politisch-taktischen Erwägungen ins Rampenlicht zu rücken, auf Kunzel konnte er sich jederzeit verlassen. Kunzel seinerseits war allerdings auch dem Intendanten verbunden. Die beinahe freundschaftliche Aufnahme im Theater hatte eine Liaison mit einer Schauspielerin zur Folge gehabt, die ihn schließlich ermutigt hatte, Theaterkritiken zu schreiben, was ihm im Kreise seiner Kollegen echten Respekt verschaffte. Der Intendant war beim Schreiben immer hilfreich gewesen. Hatte er Kunzel doch stets vor der Premiere verraten, was er mit seiner Arbeit an Tiefsinn auszuschwitzen gedachte. Diese endlosen Exkurse, die in der Regel wenig mit dem auf der Bühne Gesehenen gemein hatten, wurden von Kunzel in eine volkstümliche Sprache umgemünzt und abgedruckt. Die Leser waren beeindruckt von den Kenntnissen und der Fähigkeit zur Kunstbetrachtung ihres Redakteurs.
„Was soll ich machen, Kunzel. Der Kultusminister hat sich angesagt. Soll ich ihm eine Investruine vorführen?"
Kunzel überlegt.
„Brauchst du mehr Geld? Soll ich Druck machen? Soll ich Namen nennen?"
Adam schüttelt den Kopf.
„Das wird nichts bewirken, außer dass sie vielleicht auf die Idee kommen, das Theater käme sie zu teuer. Hier muss

man diplomatisch vorgehen, ganz behutsam. Es müssen die Leistungen herausgestrichen werden, die unter Aufbietung aller erdenklichen Kräfte erbracht werden. Wir kämpfen gegen Windmühlen, die von den Politikern angetrieben werden. Verstehst du, was ich meine?"
Kunzel versucht zu verstehen.
„Du meinst, keinen Druck ausüben?"
„Auf keinen Fall. Der Druck entsteht, wenn sie lesen, was wir alles machen, wie wir schuften, ohne einen entsprechenden Lohn dafür zu erhalten. Unseren Idealismus musst du beschreiben. Unser unermüdliches Ringen um Kunst, um Aufklärung ..."
Kunzels Gesicht hellt sich auf.
„Klar, kein Problem. Das kriegen wir hin."
Adam nickt vielsagend.
„Auch dein Karnevalsclub hat doch ein Interesse am Fortbestand des Theaters, oder?"
Kunzels Nicken, das von einem warmherzigen Lächeln untermalt wird, ähnelt einem indianischen Treueschwur.

52

Klotzmann stürmt in das Intendantenzimmer.
„Schau mal aus dem Fenster."
Der Intendant folgt der Aufforderung und sieht auf dem Theaterhof die Bauarbeiter in Reih und Glied und in Schlips und Kragen angetreten. Klotzmann schüttelt besorgt den Kopf.
„Die habe ich von drei Baustellen zusammengezogen. Das kannst du gar nicht wieder gutmachen. Das sage ich dir. Ich weiß vor lauter Arbeit nicht ein noch aus und anstatt in die Hände zu spucken, müssen meine Leute bei dir Statisterie spielen."
Der Intendant nickt zufrieden.
„Du tust das auch für dich. Du willst doch nicht, dass sie dich am Arsch kriegen."
Klotzmanns Handy bimmelt in seiner Hosentasche. Er nimmt den Apparat zur Hand und lässt den Deckel aufklappen.

„Klotzmann ..."
Er lauscht. Sein Gesicht verfinstert sich zusehends.
„Wer? Welcher Detlef? Ach, Detlef. Was ist? Eine Kontrollkommission? Was für eine Behörde? ... Nein. Kenne ich nicht. Hör zu, du Gigolo, dann hast du die Falsche umgelegt. Ich denke, du hast die Weiber von den Ämtern im Griff. Wozu bezahle ich dir dein Kabrio, die Klamotten und alle vierzehn Tage den Frisör. Keine Weiber dabei? Vom Landratsamt? Ja, was ist denn heute los? Bring sie erst zur Baustelle Molkerei. Da sind keine Schwarzarbeiter dabei. Ja. Gut."
Er wendet sich dem Intendanten zu.
„Ist das nicht grauenvoll? Man kann keinem Menschen mehr trauen. Alles Schnüffler, Heuchler und Denunzianten. Irgendwer hat angezeigt, dass ich Arbeitslose beschäftige. Unglaublich."
Dr. Adam zeigt auf Klotzmanns Handy.
„Kannst du mir das Ding bis heute Abend borgen?"
Klotzmann wundert sich, hat doch der Intendant eher eine tiefe Abneigung gegen die moderne Technik.
„Warum?"
„Das Telefon ist abgestellt."
Klotzmann schüttelt den Kopf und reicht ihm den Apparat.
„Ich wundere mich immer wieder, wie du dieses ganze Chaos, das du anrichtest, immer noch beherrschst."
Dr. Adam überlegt.
„Ich auch."

53

Klotzmann gibt Frau Böderfeld beim Verlassen des Raumes die Klinke in die Hand. Ihr Gesichtsausdruck verheißt nichts Gutes. Über der Stirn ist mit einem Pflaster das Mikrofon einer Mikroportanlage befestigt, die sie am Bund ihrer enganliegenden Hose trägt. Ein kleines rotes Lämpchen blinkt nervös und signalisiert den Betrieb des Gerätes. Dr. Adam senkt entnervt die Augen, als hoffe er, ihr Erscheinen

sei eine Fata Morgana, die sich wieder verflüchtigt hat, wenn er aufschaut. Doch sein Wunsch geht nicht in Erfüllung. Schon donnert sie los, wobei ihr toupiertes Haar lodert.
„Du musst sie doch nicht mehr alle haben. Ich bin hier als Schauspielerin engagiert und nicht als Nummerngirl."
Der Intendant wünscht sich jetzt nichts Geringeres, als dass die Nervensäge tot umfallen möge. Er droht die Fassung zu verlieren, angesichts der dramatischen Situation in der er und das Theater sich befinden. So fällt seine kurze Antwort bösartiger aus, als es sonst seine Art ist.
„Ach, ... gut, dass du mich daran erinnerst."
Frau Böderfeld, die sich bisher immer darauf verlassen konnte, dass Adam ihre Ausbrüche der Eitelkeit mit einem Höchstmaß an Gelassenheit über sich ergehen ließ, verschlägt es für den Zeitraum eines ihrer bühnenwirksamen Augenaufschläge die Sprache. Noch nie hatte er ihr einen derartigen Auftritt verpatzt und um Schlimmeres zu verhüten, lenkt er ein.
„Was regst du dich so auf, ein Lied, ein kleines Liedchen. Was ist dabei. ..."

54

Im selben Augenblick schaltet der wortkarge Tonmeister seine Übertragungsanlage ein, um das Mikroportgerät von Frau Böderfeld auszusteuern. Der Disput zwischen der Schauspielerin und dem Intendanten wird jetzt in alle Räume des Theaters übertragen, ohne dass der Tonmeister es bemerkt. Nicht genug, dass er den beiden Streitenden eine größtmögliche Öffentlichkeit verschafft, er bemüht sich zusätzlich um die bestmögliche Tonqualität der Übertragung. Frau Böderfeld ist einem Kollaps nahe und schreit. Allerdings ist sie auch jetzt noch bemüht, ihre Stimme zu kontrollieren. In den Kopfhörern des Tonmeisters läuft eine Schimpfkanonade ab. Er verzieht der schmerzhaften Lautstärke wegen das Gesicht und bemüht sich, den Ton auf ein erträgliches Maß einzupegeln.
„Du Arsch, du Versager ..."

55

Klotzmann hat vor seinen Arbeitern wie ein Feldwebel Aufstellung genommen. Die Arbeiter sehen in ihren Anzügen wie zu groß gewordene Konfirmanden aus. Sie fühlen sich sichtlich unwohl in ihrer Staffage. Klotzmann will gerade zum Sprechen anheben, als Frau Böderfelds Stimme über große Lautsprecher, die zu beiden Seiten der Eingangstür aufgestellt worden sind, erschallt.
„Du Dilettant, du Kunstmörder ...“
Klotzmann, den der Schreck für einige Sekunden gelähmt hat, beginnt mit sehr bestimmter Stimme zu sprechen.
„Da hören wir gar nicht hin. Das ist Kunst. Das geht uns nichts an. Nun zu euch. Alle, die auf meinen Baustellen schwarz arbeiten, treten nach rechts raus.“
Es dauert ein paar Sekunden, ehe die Bauleute begriffen haben, was Klotzmann von ihnen will. Endlich geht ein Ruck durch die militärisch anmutende Formation und alle, bis auf einen einzigen Arbeiter, machen ein paar Schritte nach rechts. Der Einzelne, ein ein wenig verloren dastehender Mann mit zu kurzen Hosen und zu enger Jacke, ist erschrocken darüber, aus der Formation ausgeschieden zu sein. Von Unbehagen getrieben strebt er seinen Kollegen nach, um sich wieder einzureihen. Doch die Hand eines unsichtbaren Kollegen stößt ihn auf den Platz zurück. Er macht einen sehr betretenen Eindruck und senkt verschämt seine Augen zu Boden. Klotzmann bedeckt seinerseits die Augen mit den Händen, als wollte er sich seine Schandtat nicht eingestehen. Schließlich fährt er im Befehlston fort:
„Keiner der Schwarzarbeiter lässt sich in den nächsten Tagen auf der Baustelle blicken, bis ich ihm Bescheid gebe.“
Und wie aufs Stichwort kommentiert Frau Böderfeld über die Lautsprecheranlage lautstark:
„Was du hier treibst, ist kriminell!“

56

Im Studio sitzen die Kinder mucksmäuschenstill und lauschen der aggressiven Stimme aus den Lautsprechern.
„Dieses Theater schreckt ja sogar die Kinder und die verstehen recht wenig davon."
Die Leiterin der Kindertagesstätte springt auf, fuchtelt mit den Armen und stimmt ein bekanntes Kinderlied an, in der Hoffnung, der Gesang übertönt die Lautsprecherstimme. Die Kinder singen sehr leise, um nichts von der akustischen Einlage zu überhören.
„Du bist der Flop meines Lebens!"

57

In der Kantine hocken die Schauspieler um ihren Stammtisch herum und lauschen. Einer der Schauspieler sucht verzweifelt im Textbuch nach den Worten, die mit großer theatralischer Wucht den verräucherten Raum erfüllen.
„Die Ophelia hast du mir versprochen, die Lady Macbeth, und? ... Was spiele ich? Die Kröte, die Grille ... Kriechtiere spiele ich. Kriechtiere. Aber zwischen denen fühlst du dich ja am wohlsten, zwischen Kriechtieren."
Die Stimme des Intendanten lässt sich ein wenig aus der Ferne vernehmen.
„Du könntest mit Shakespeare bumsen, aber ihn nicht spielen. Komm auf den Boden der Realität zurück."
Eine kurze Pause lässt vermuten, dass Frau Böderfeld jetzt einen Gang höher schaltet in ihren Beschimpfungen. Tatsächlich befindet sich ihre Stimme an den Grenzen der Belastbarkeit.
„Die Realität ist, dass du ein absoluter Versager bist! Du kriegst ihn doch höchstens zwei Mal im Monat hoch und dann währt das Glück ganze zwei Minuten."
Meterbier, er befindet sich bereits am Rande der Volltrunkenheit, wirft sich auf seinem Stuhl zurück, heult begeistert auf.
„Uhhh!"

58

Wicht steht in seinem Büro vor dem Lautsprecher und lauscht.
„Ich kündige. Hast du verstanden? Ich kündige. Sofort!“
Das Gesicht des kleinen Oberspielleiters, bisher gramzerfurcht, hellt sich auf. Ein schmieriges, schadenfrohes Grinsen macht sich breit. Für einige Sekunden vergisst er sein schmerzendes Hinterteil.

59

Altmann stürzt in das Tonstudio und reißt den stupide dreinschauenden Tonmeister die Kopfhörer vom Kopf.
„Machst du das mit Absicht?“
Der Tonmeister versteht den erregten Mann nicht und schaut ihn mit ausdruckslosen Augen an. Frau Böderfeld hat indes den Höhepunkt ihres Ausbruches erreicht.
„Ach, fick dich doch selbst.“
Ein Türenkrachen scheppert durch das Theater, hundertfach verstärkt und ausgesendet.
„Na, dem hab ich’s gegeben.“ Ihrer Stimme entströmt eine große Gelassenheit, beinahe Heiterkeit.
Der Tonmeister hat inzwischen den Grund der Empörung des Chefdramaturgen begriffen und schaltet die Hausanlage hastig ab. Für Altmann hat der Mann mit dem Gesichtsausdruck eines alten Bernhardiners lediglich ein entschuldigendes Achselzucken übrig.

60

Vor dem Theater finden sich nach und nach die Honoratioren und alle für die Eröffnung des Theaters mobilisierten ‘Freunde des Theaters’ ein. Dr. Adam begrüßt die meisten persönlich. Die ankommenden Gäste bestaunen sein Kostüm und seine geschminkten Kopfwunden. Für viele ist es die

erste Begegnung mit Theater. Auch die antike Außenfassade wird bestaunt, aber auch beargwöhnt.
Die Bauarbeiter stehen noch immer in einer mehr oder weniger geschlossenen Formation betreten herum.
Ebenfalls in geschlossener Formation marschieren die Stammgäste von „Willi's Tränke" auf das Theater zu. Allen voran Rudi, quasi den Vorstand der Gesellschaft repräsentierend. Der Arbeitslose mit dem knallbunten Jogginganzug trägt ein großes Bierseidel. In den Gesichtern der Männer spiegelt sich die ungehemmte Entschlossenheit zu einem exzessiven Saufgelage wider. Rudi blickt in die Runde der Umstehenden und fragt schließlich laut und für alle vernehmlich: „Wo gibt's das Freibier?"
Die Bauarbeiter, die eher apathisch herumstehen, durchzuckt es. Sie blicken sich um, wo es denn Freibier geben könnte. Dr. Adam, der Schlimmeres verhüten will, wendet sich der Gruppe zu.
„Aber meine Herren, das Freibier gibt es nach der Eröffnung des Theaters. Sie sind doch wegen der Eröffnung gekommen?"
Ein Raunen wogt durch die Schar der unverdrossenen Trinker. Die Frage des Intendanten hat sie daran erinnert, dass es auf der Welt nichts umsonst gibt, außer vielleicht das Arbeitslosengeld. Rudi tritt von einem Bein auf das andere. Willi, der sich das kostenlose Besäufnis ebenfalls nicht entgehen lassen will, stößt ihm in die Rippen.
„Äh, ja, selbstverständlich sind wir wegen der Eröffnung gekommen."
Seine Kumpane stimmen eifrig zu. Unter ihnen befindet sich ein alter Mann mit Stock, der aus Gründen der Senilität oder des Alkohols oder aus beiden Gründen der Anspielung des Intendanten nicht zu folgen vermag. Er ist einzig wegen des Freibiers hier und tut das auch lautstark kund.
„Jawohl, Freibier trinken! Jawohl!"
Ein neben ihm stehender Kumpan legt schnell Hand an und wendet den Alten in die entgegengesetzte Richtung um. Immer noch den Kopf schüttelnd bleibt er jedoch orientierungslos und der Versammlung abgewandt stehen.

Mehrere Autos fahren in rasantem Tempo vor. Dr. Adam schaut verblüfft in die Richtung der Karossen. Er wendet sich fragend an Frau Schulz, die gerade neben ihn getreten ist.
„Woher weiß der Bürgermeister von der Eröffnung des Theaters?“
Frau Schulz, die die Informationslawine durch ihren Anruf bei der Sekretärin des Bürgermeisters ins Rollen gebracht hat, zuckt scheinheilig mit den Achseln.
Der Bürgermeister, ein kleiner und quirliger Mann, trägt einen Blumenstrauß vor sich her. Der Blumenstrauß ist so groß, dass lediglich die Beine des Mannes zu sehen sind. Ihm selbst ist die Sicht derart versperrt, dass es sich im Zickzack auf den Intendanten zubewegt, wobei seine Sekretärin, eine Frau von erheblicher Größe, seinen Kurs immer wieder korrigiert. Die beiden Sekretärinnen fixieren einander schon von weitem, wobei Frau Schulz ihrer Freundin vernichtende Blicke entgegenschickt, die diese mit einem triumphierenden Lächeln erwidert. Die Sekretärin des Bürgermeisters zupft ihren Brötchengeber am Ärmel, um ihm zu bedeuten, dass er sein Ziel erreicht hat. Sogleich erschallt durch den Blumenstrauß die quakende Stimme des Stadtoberhauptes.
„Äh, im Namen der Stadtverwaltung und ganz besonders in meinem Namen möchte ich dir, verehrter Dr. Adam recht herzlich zur Eröffnung des Theaters gratulieren. In Hinblick auf das Aufblühen unserer an Natur und Geschichte so reichen Region, spielt das Theater eine wesentliche ...“
Dr. Adam beendet die Rede des Bürgermeisters abrupt, indem er ihm den Blumenstrauß aus den Händen reißt und ihn Frau Schulz reicht.
„Bemühe dich nicht, es hört niemand zu.“
Der Bürgermeister schaut sich um und stellt fest, dass tatsächlich niemand ein Interesse an seinen wohlgemeinten, doch für alle überflüssigen Ausführungen hat. Sein Gesichtsausdruck verändert sich ebenso schnell, wie er zu der Einsicht gelangt ist, dass ihn niemand wahrgenommen hat.
„Du hast noch einige Rechnungen bei mir offen. Wann willst du endlich bezahlen?“

Dr. Adam beantwortet die Frage mit einem süffisanten Lächeln.
„Bist du als Bürgermeister hier im Tempel des erhabenen Geistes oder als Gärtnereibesitzer, du Schächer?“
Der kleine Mann schaut sich erneut um. Allerdings bleibt die Frage des Intendanten bei ihm nicht ohne Wirkung und so verkneift er sich seinen Kommentar derart verbissen, dass sein Zähneknirschen deutlich hörbar wird. Ein anderes Geräusch macht das Zähneknirschen des Kleinstadtnapoleons langsam aber zunehmend unhörbar. Es sind die Rotoren des Hubschraubers des Ministers, die wie ein Donnergrollen anschwellen und die ganze Gemeinde in den Bann ziehen. Alle suchen mit den Augen den Himmel ab, unschlüssig, aus welcher Richtung der unheilverheißende Vogel kommen wird.
Schwungvoll und sich um seine eigene Achse drehend wie eine Ballerina schwebt der Donnervogel ein. Für den Bruchteil eines Augenaufschlages wird das verzweifelte Gesicht des gräflichen Staatssekretärs sichtbar, der wie ein gehetztes Tier an der Fensterscheibe klebt. Langsam senkt sich der Hubschrauber und setzt sanft auf.
Die Bodyguards des Ministers springen in die schwarze Karosse und fahren zum Hubschrauber. Sie parken allerdings auf der falschen Seite des noch immer lautstark brummenden Fluggefährtes und so entsteigen der Minister und sein Famulus dem Helikopter, ohne von den beiden dienstbeflissenen Wächtern wahrgenommen zu werden. Der Minister geht ohne Aufenthalt auf das Theater zu. Sein blaublütiger Mitstreiter hat einige Schwierigkeiten, seinem Dienstherrn zu folgen. Immer wieder wirft ihn ein Schwindelgefühl aus der durch den beherzt ausschreitenden Minister vorgeschriebenen Bahn. Das Vergnügen des Fluges ist dem Minister noch immer ins Gesicht geschrieben, als er den Intendanten begrüßt, der ihm beflissentlich entgegengeeilt ist.
„Grüß Gott, Herr Dr. Adam.“
„Willkommen, Herr Minister. Ich habe nicht im Entferntesten daran geglaubt, dass Sie sich hier zur Eröffnung des Theaters einfinden werden.“

Der Minister schüttelt gutmütig den Kopf.
„Ich weiß, ich komme unerwartet und unangemeldet. Die Aufgaben, die Aufgaben. Sie wachsen einem über den Kopf und ich bin schon froh, wenn man mich freundlich empfängt. Ich komme nicht vornehmlich wegen der Eröffnung. Allerdings freut es mich, dass mein Besuch so passend ist. Der eigentliche Grund ist, ... erschrecken Sie nicht, eine Inspektion. Ich muss schauen, ob alles rechtens ist und läuft. Die kurze Reise bis hier her hat mich schon eines Besseren belehrt. Ich musste einen Intendanten seines Amtes entheben. Ein liederlicher Mann, den man im Zustand der Trunkenheit erst aus dem Stadtbrunnen fischen musste, ehe er mir Rede und Antwort stehen konnte. Nun werden Sie nicht nervös, mein Guter, ich bin nicht unterwegs um Standgericht zu halten. Wenn in diesen Zeiten des Umbruchs die Dinge sich erträglich gestalten, so ist es mir schon recht. Ach, verzeihen Sie, ich vergaß Ihnen meinen Staatssekretär vorzustellen. Herr Graf Schachelhausen-Winterstein."
Der Graf, der immer noch um Haltung ringt, schluckt einige Male, ehe er sich zum Widerspruch aufraffen kann.
„Graf Winterhausen-Schachelstein, angenehm."
Dr. Adam heuchelt Verehrung. „Es ist mir ein ganz besonderes Vergnügen."
Frau Schulz, die kurz den Kopf aus der Tür gesteckt hat, eilt ins Innere des Theaters, um den Beginn der für den Minister vorbereiteten Show zu verkünden.

61

Im Studio sitzen die verängstigen Kinder in ihren Stühlen. Frau Schulz schaut herein und verkündet heimlichtuerisch: „Er ist da!"
Krummbolz hebt beide Arme, um die Aufmerksamkeit aller Anwesenden auf sich zu ziehen.
„Ich hoffe, ihr habt mich verstanden. Wenn der Herr Minister jetzt gleich zu uns kommt, dann benehmen wir uns ganz normal. Und nicht vergessen. Wir haben riesengroßen Spaß!

Ist das klar?!“
Auf der Bühne platziert sich ein Schauspieler, als Pinocchio verkleidet, auf der Schwanzflosse des Walfisches. Wicht schaut hinter dem Vorhang hervor und fragt: „Fertig?“
Der Schauspieler nickt. Elvis´ Kopf erscheint über dem Buckel des Wals.
„Klar, fertig!“
Wicht ist dennoch voller Besorgnis, denn er kennt seine Pappenheimer und weiß, er kann sich darauf verlassen, dass nichts funktioniert, wenn es darauf ankommt.
„Wenn es soweit ist, kriegt ihr ein Zeichen von der Inspizientin! Wenn ihr’s verpatzt ...“
Mit einer wegwerfenden Geste geht er schließlich hinter der Bühne ab. In der dunklen Gasse stolpert er im Halbdunkel über den älteren Techniker, der sich ein stilles Plätzchen gesucht hat, um dem hysterischen Treiben zu entrinnen. Er war auf seinem Stuhl eingeschlafen und schreckt mit angstgeweiteten Augen aus seiner beschaulichen Ruhe, als Wicht ihn anfährt.
„Hast du nichts zu tun?!“
Der Techniker schaut sich um und ergreift schließlich das Antriebsseil der Drehbühnenmechanik.
„Doch, doch ... !“

62

„Und somit betrachten wir es als unsere vornehmste Aufgabe, mit dem Tespiskarren auch über das Land zu fahren und den Kindern unsere Kunst nahe zu bringen.“
Dr. Adam macht eine Pause, um ein paar kraftvolle und überzeugende Worte für das Ende seiner Rede zu finden.
„Wenn wir hier heute unser Theater in neuem Gewande wiedereröffnen können, so verdanken wir das in erster Linie der klugen Politik der Landesregierung und der besonderen Zuneigung unseres verehrten Ministers, der, gottlob, nicht vergessen hat, dass seine Wiege auf dem platten Land stand.“
Der Minister legt die Stirn in Falten und überlegt, was der

Redner damit wohl gemeint haben könnte. Dr. Adam, der den Politiker mit einem freundlichen Seitenblick bedenkt, gerät angesichts der grüblerischen Mine des Gelobhudelten kurz ins Stocken. Plötzlich jedoch wandelt sich seine kurze Verunsicherung in blankes Entsetzen, denn im selben Augenblick fährt eine stahlblaue Nobelkarosse auf den Theaterhof. Am Steuer sitzt ein pausbäckiger Händler, der, als er bemerkt, dass Dr. Adam ihn anstarrt, über das ganze breite Gesicht grinst. Der Vorgang bleibt auch von den Umstehenden nicht unbemerkt, denn auf dem Autodach prangt aufdringlich eine riesige rosafarbene Schleife aus breitem Geschenkband. Der Intendant schüttelt verhalten und die Versammlung aus den Augenwinkeln beobachtend den Kopf, um dem Autohändler zu bedeuten, dass er für seine Lieferung den denkbar ungünstigsten Augenblick gewählt hat. Das feiste Grinsen verschwindet augenblicklich vom Gesicht des Händlers. Er tritt auf das Gaspedal, um sich der für ihn unüberschaubaren Situation so schnell wie möglich zu entziehen. Die Karosse schleudert, angetrieben von einem Hochleistungsmotor, herum und schießt mit quietschenden Reifen vom Theaterplatz und davon. Dr. Adam blickt in die Runde und zuckt schließlich mit den Achseln, als wolle er damit deutlich machen, dass er ebenso wenig versteht wie die Umstehenden.
„Äh, ja, ich erkläre damit das Theater für eröffnet und bitte Sie alle, unserer hochgeschätzten Frau Böderfeld, bekannt durch viele glanzvolle Auftritte auf der hiesigen Bühne, Ihr Gehör zu schenken."
Vereinzelt wird von den Umstehenden geklatscht. Die Freibiertrinker von „Willi's Tränke" werden nervös. Frau Böderfeld strafft sich. Sie gleicht jetzt einer Wagnerischen Walküre und wird vom Grafen, der sich fahrig über das glänzende Haar streicht, eingehend und unverkennbar lüstern gemustert. Dr. Adam registriert die unzweideutigen Blicke des Staatssekretärs mit Genugtuung. Noch ehe die Möchtegerndiva den ersten Ton von sich gegeben hat, peitscht ein Rückkopplungspfeifen aus den Lautsprechern über den Platz. Ein schmerzhaftes Zucken geht durch die

Versammlung. Endlich erschallt a capella die kraftvolle und etwas rauchige Stimme von Frau Böderfeld.
„Kein schöner Land ..."
Der Minister zwingt sich, andächtig zu lauschen, denn eigentlich ist er in Eile. Der Festakt war in seinem Programm nicht vorgesehen und so wirft er einen verstohlenen Blick auf die Uhr. Dann wendet er sich flüsternd an den Intendanten, der mit breitem Grinsen auf Frau Böderfeld starrt. Er genießt die begehrlichen Blicke des jungen Grafen. Weiß er sich doch seines Vorrechtes bei der etwas vulgären und darum umso anziehenderen Frau sicher.
„Herr Dr. Adam, verzeihen Sie, meine Zeit ist begrenzt. Wenn ich Sie dann unter vier Augen sprechen könnte? ..."
Dr. Adam macht Frau Böderfeld, die gerade zur dritten Strophe ansetzen will, ein unmissverständliches Zeichen, indem er mit dem Zeigefinger über seine Kehle fährt. Sie ihrerseits beantwortet seine interruptive Geste mit einem ebenso unmissverständlichen, hasserfüllten Blick.
„Wenn ich Sie dann zu einem kleinen Rundgang durch das Theater einladen darf?! Anschließend gibt es in der Kantine einen kleinen Imbiss und Freibier."
Der Zug, allen voran der Minister und Dr. Adam, steuert auf das Theater zu. Noch ehe sie den Eingang erreichen, wendet sich der Minister erneut an den Intendanten, wobei er seinen Staatssekretär, der vom Chefdramaturgen Altmann flankiert wird, in das Gespräch einbezieht.
„Sagen Sie Graf, wir haben auf dem Hof des Ministeriums diesen alten Lieferwagen stehen, den niemand mehr braucht. Der ist doch noch fahrtüchtig. Den könnten wir dem Theater schenken, damit die Schauspieler nicht bei Wind und Wetter auf diesem Tespiskarren übers Land fahren müssen. Was halten Sie davon, Dr. Adam?"
Der Intendant ist verblüfft über die Ahnungslosigkeit des Ministers.
„Damit würden Sie uns eine große Freude machen."
Mit einer jovialen Geste bedeutet der Minister seinem Sekretär:
„Notieren Sie das, Graf, damit wir es nicht vergessen."

Der Graf, der flüchtig in der Pressemappe blättert, schaut auf.

„Sicher, Herr Minister."

Tatsächlich ist der Staatssekretär mit den Zahlen in der Pressemappe derart beschäftigt, dass seine Antwort rein rhetorisch ist.

„Sagen Sie, Herr ...?"

„Altmann."

Der Chefdramaturg beeilt sich, sich vorzustellen.

„Altmann."

„Herr Altmann, wenn ich die Zahl Ihrer Besucher und der Vorstellungen mit Ihren Einnahmen vergleiche, sehe ich eine gewisse Diskrepanz."

Altmann lächelt betont freundlich.

„Daran ist nichts Geheimnisvolles. Wir machen in Regionen mit hoher Arbeitslosigkeit auch Gratisvorstellungen. Zudem spielen wir in Asylbewerberheimen. Denen können wir doch beim besten Willen keinen Eintritt abverlangen. Wir lassen uns unseren multikulturellen Anspruch etwas kosten. Im Übrigen beschäftigen wir in der Werkstatt auch Umsiedler."

Der Staatssekretär ist zwar beeindruckt, jedoch nicht völlig überzeugt. Altmann wendet sich verstohlen an Klotzmann, der sich gerade an ihm vorbeischiebt und fragt ihn flüsternd.

„Sag mal, wo sind hier in der Umgebung Asylbewerberheime?"

Der Minister betrachtet die künstlerische Installation aus Kühlschrank und Mikrowellenherd. Im Mikrowellenherd liegt ein abgeschlagener Kopf, aus dessen Stumpf das Gehirn quillt und sich über den Rand des Herdes ergießt. Die wächserne Masse ist blutrot und ekelerregend. Der Minister schaut auf das Titelschildchen an der Wand und liest:

„Hommage à Dali, Moussè. Hm, eine sehr interessante Arbeit. Sehr interessant. Das Ganze ist so ... so ... so ..."

Während der Minister angestrengt nachdenkt, starren ihn die Umstehenden an, als erwarten sie eine göttliche Offenbarung. Auch sie können mit dem Kunstwerk wenig anfangen. Schließlich hat der Minister das Wort gefunden, um das er so aufwendig gerungen hat.

„Existentiell!"
Die Umstehenden schauen abwechselnd auf die Installation und auf den Minister. Sie nicken, um ihr Verständnis zu bekunden.
Frau Schulz löst sich behutsam aus der Menge und strebt dem Eingang der Studiobühne zu, um die bevorstehende Ankunft des Ministers zu vermelden.

63

Die Inspizientin steht lauernd am Bühnenrand. Die Kinder rekeln sich vor langer Weile und Krummbolz ist über die Warterei eingenickt. Als die Inspizientin Frau Schulz erblickt, lässt sie einen gellenden Pfiff ertönen. Das Signal schreckt alle Beteiligten auf. Der ältere Techniker war hinter der Bühne erneut eingeschlafen und schaut jetzt verwirrt um sich. In der Hand hält er noch immer das Antriebsseil für die Drehbühne. Er erblickt die Inspizientin in der Gasse, die dem auf dem Wal sitzenden Schauspieler lebhaft Zeichen macht, damit er sein Spiel beginnt. Der hat jedoch über die Warterei seinen Text vergessen, was die Inspizienten zu immer hektischeren Bewegungen veranlasst. Der ältere Techniker seinerseits missdeutet das hysterische Getue der Inspizientin. Da er keine Anweisungen hat, wirft er sich schließlich mit der ganzen Kraft seines nach Alkohol lechzenden Körpers in das Seil, um die Bühne zu drehen. Entgegen allen Erwartungen lässt sich die Bühne drehen. Die verzweifelte Wucht des Technikers verwandelt sie in ein sich immer schneller drehendes Karussell. Die Kinder sind fasziniert von der unerwarteten und heftigen Bewegung. Sie beobachten den Schauspieler, der sich krampfhaft am Schwanz des Ungetüms festklammert, der zudem noch von Elvis über eine Mechanik aus dem rückseitig einsehbaren Innern in zusätzliche Bewegung versetzt wird. Der Techniker, durch den fehlenden Widerstand in eine Art Sturzflug durch die Gasse geraten, verschwindet krachend in abgestellten Kulissenteilen. Das herrenlos gewordene Seil wird inzwischen von der rotierenden

Bühne wieder aufgerollt und verkeilt sich unerwartet in der Mechanik. Die Bühne bleibt abrupt stehen und befördert den Schauspieler wie ein Rodeopferd auf Nimmerwiedersehen in das Dunkel der Hinterbühne. Die Kinder sind über diese Nummer mehr als erfreut. Sie brüllen und toben ungehalten. Fatalerweise ist die Drehbühne an der denkbar ungünstigen Stelle zum Stehen gekommen. Das kindliche Publikum sieht jetzt die technischen Innereien des trojanischen Wassertieres, in dem Elvis hockt. Der ruft verzweifelt durch einen kleinen Sehschlitz den abgehalfterten Schauspieler, der irgendwo in der Tiefe der Bühne um Orientierung ringt:
„Du bist auf der falschen Seite. He, du bist auf der falschen ..."
Endlich begreift er selbst den Sinn seiner Worte und schaut sich langsam um. Die Kinder sind außer Rand und Band. Krummbolz starrt Elvis fassungslos an. Im selben Moment öffnet sich vorsichtig die Tür zum Saal und der Minister schiebt sich langsam, gefolgt von Dr. Adam und Altmann, in den Raum. Dr. Adam schließt angesichts des Desasters die Augen. Altmann vermag seinen Unterkiefer nicht mehr im Zaum zu halten, was ihm einen schwachsinnigen Ausdruck verleiht, und auch der Minister ist erstaunt. Elvis, der, wie alle anderen Mitarbeiter am Haus, schon eine gewisse Bühnenerfahrung hat, erinnert sich an die Worte des Oberspielleiters Wicht, der ihn fassungslos aus der Gasse anstarrt.
„Wenn ihr bei offenem Vorhang auf der Bühne seid, aus welchen Gründen auch immer, macht, was euch in den Kopf kommt, macht irgendwas und bewegt euch in Richtung Gasse!"
Elvis beginnt mit den Füßen zu stampfen und vollführt einen Tanz, der aus der Ferne an ein indianisches Ritual erinnert. Seine bunte Irokesenfrisur verleiht dem Ganzen eine gewisse innere Logik. Das Gejohle der Kinder erreicht den Höhepunkt, als Dr. Adam den Minister behutsam aus dem Saal schiebt.
Die ganze Versammlung, die sich im Halbkreis um die Studiotür versammelt hat, starrt den entgeisterten Minister an. Der Minister seinerseits starrt den Intendanten fragend an. Dr. Adam beantwortet den verwirrten Blick des Ministers gelassen.

„Das ist Ethno-Theater. Wir machen die Kinder mit fremden Kulturen bekannt, um ausländerfeindlichen Tendenzen entgegenzuwirken.“
Der Minister versteht.
„Erstaunlich ... erstaunlich. ... Sie sollten bei der nächsten Kulturkonferenz über dieses, wie nannten Sie es?“
„Ethno-Theater.“ Dr. Adam ist erleichtert, dass er den von ihm geschöpften Begriff nicht schon wieder vergessen hat.
„... Richtig, Ethno-Theater, darüber sollten Sie referieren. Es wäre doch lobenswert, wenn Ihr Vorbild Schule machen würde.“
Der Intendant grinst breit.
„Wenn ich Sie jetzt zu einem kleinen Imbiss bitten dürfte, meine Damen und Herren.“
Der Minister schaut wieder auf die Uhr.
„Ich würde es vorziehen, mit Ihnen in einer dringlichen Angelegenheit, ... Sie verstehen?“
Dr. Adam nickt verstehend.
„Nun, in diesem Fall würde ich Herrn Altmann bitten, die Festgemeinde in die Kantine zu einem kleinen Umtrunk zu geleiten. Ach, Frau Böderfeld, wären Sie so freundlich, dem Herrn Staatssekretär das Theater zu zeigen. Sein Sie so nett und kümmern Sie sich um unseren Gast.“
Er lächelt sie süffisant an und zwinkert ihr dabei unverhohlen zu. Sie versteht. Sie zeigt sich sogar verständiger, als dem Intendanten lieb ist und zwinkert noch unverhohlener zurück, was zur Folge hat, dass sich auf dem Gesicht Dr. Adams´ Argwohn ausbreitet.

64

In der Kantine krempelt sich Bernard die Ärmel hoch. Sie ist mit den Gepflogenheiten kleinstädtischer Festivitäten bestens vertraut und präpariert sich für die Schlacht am Tresen. Der Kantinenchef steht verträumt daneben und betrachtet ein wenig angewidert, wie sie in ihren fettigen Jeans, ihrer fleckigen Bluse und hemdsärmelig in die Startlöcher steigt,

als ginge es auf einen besonders schweren Parcours. Die Tür öffnet sich und Altmann erscheint, die Festgemeinde im Schlepp, die bereits die Hälse reckt, um zu erkunden, wo sich der Tresen befindet. Kaum haben sie das begehrte Möbel entdeckt, beginnt ein Run auf den Zapfhahn. Altmann versucht verzweifelt auszuweichen. Der Kantinenchef ist vom Ungestüm der lechzenden Männer verschreckt und zieht sich kleinlaut in die Küche zurück. Ein gewaltiges Saufen hebt an, bei dem sich Bauarbeiter, Willi`s Tränkengänger und die Honoratioren der Stadt untereinander in nichts nachstehen. Altmann steht ein wenig gezaust in der Mitte des Raumes und betrachtet das Treiben wie ein Naturereignis. Jetzt erst bemerkt er neben sich den Alten aus Willi´s Saufgemeinde, der, auf seinen Stock gestützt, dem langen Chefdramaturgen einen hasserfüllten Blick zuwirft. Jeder Anwesende ist für den Alten ein potentieller Trinker und als solcher ein erklärter Feind im Kampf um jedes Freibier. Der Alte löst sich aus seiner Starre und entklappt aus seinem Wanderstock einen kleinen Sitz. Behutsam, seiner Gebrechlichkeit Tribut zollend, setzt er sich breitbeinig hin. Gemäß einer ehernen Bergsteigerregel schafft er aus seinen beiden Beinen und dem Stock drei Fixpunkte und verharrt in unerschütterlicher Pose. Aus dem Pulk am Tresen löst sich der dicke Jogginganzugträger. In der einen Hand seinen Bierseidel und in der anderen einen recht instabil wirkenden Pappbecher haltend, steuert er auf den Alten zu, der bei aller Senilität oder Trunkenheit zuerst nach dem größeren Seidel greift. Doch er muss sich mit dem Becher zufrieden geben. In fast vornehm wirkender Pose leert der Alte den Becher und wirft ihn über die Schulter weg, ohne seinen begehrlichen Blick vom Gerangel der Männer am Tresen zu lösen.
„Tolle Stimmung hier, toll. Man sollte öfters mal ins Theater gehen.“
Der Jogginganzugträger meint es aufrichtig.

65

Im Zimmer des Intendanten herrscht atemlose Stille. Der Minister betrachtet Dr. Adam aufmerksam, der einen aus bunten Buchstabenschnipseln zusammengesetzten anonymen Brief liest. Der Intendant wendet den Brief hin und her und beginnt erneut, diesmal leise vor sich hinmurmelnd, zu lesen.
„Sie sollten dem Treiben dieses selbsternannten Intendanten endlich ein Ende bereiten. Er verschleudert Steuergelder und ..."
Dr. Adam schaut den Minister fragend und mit gespieltem Erstaunen an. Dem Minister ist diese Angelegenheit mehr als peinlich, doch sein Amt verlangt es, derartigen Anschuldigungen nachzugehen. Er erhebt sich und geht im Raum auf und ab. Im daneben befindlichen Sekretariat steht Wicht, der unbemerkt dem Gespräch lauscht. Als der Minister im Spalt der nicht ganz geschlossenen Tür erscheint, springt der kleine Mann behänd beiseite, um nicht entdeckt zu werden. Die ruckartige Bewegung lässt seinen Rektalschmerz derart heftig aufflammen, dass er vor Verzweiflung in seinen kleinen bunten Schwimmring beißt.
„Verstehen Sie mich bitte nicht falsch. Ich hätte die Sache einer unabhängigen Untersuchungskommission übergeben und abwarten können. Der Vorwurf der Verschwendung von Steuergeldern geht wie ein Gespenst um in ..."
Er hält inne und überlegt, woher er diese Redewendung kennt.
„... in der Landesregierung. Als Kultusminister kann und darf ich so einen Vorwurf nicht auf sich beruhen lassen. Sie verstehen mich?"
Der Intendant lächelt. Der Minister setzt sich wieder und erwartet vom Intendanten ein paar aufrichtige Worte.
„Weder die Gunst des Herrgotts noch der Großen schützt uns vor den Nachstellungen der Kleinen."
Der Minister nickt. Das weiß auch er nur allzu gut.
„Wie wahr, wie wahr. ...„

66

Indessen befindet sich der Famulus des Ministers in arger Bedrängnis, die er so gut wie möglich zu genießen versucht. Er sitzt breitbeinig mit heruntergelassenen Hosen auf einem Schminktisch in der Garderobe von Frau Böderfeld, die zwischen seinen Beinen kniet.

„Und Sie sind sicher, dass Sie etwas für mich tun können?"

Ihre sonst so akzentuierte Sprache klingt jetzt ein wenig verstopft. Der Graf ringt um Atem, während um ihn herum die Schminkspiegelbeleuchtung rhythmisch flackert.

„Oh, ... oh, ... ja, ... jaaa!"

Unerwartet bimmelt plötzlich das Handy in der Tasche des Grafen. Mit fahrigen Fingern sucht er seine Jackentaschen ab, bis er das kleine Ding endlich gefunden hat. Er meldet sich mit gepresster Stimme.

„Graf Winterhausen-Schachelstein."

Auf der anderen Seite meldet sich der Ministerpräsident mit einem einfachen: „Ich bin`s."

Er steht mit dem Rücken zum Landtag, in dem eine heftige Debatte geführt wird. Seine Stimme klingt gedämpft. Die Augen huschen beim Sprechen nach links und rechts, als befände er sich in einer konspirativen Verschwörung, ständig von der Angst gepeinigt, entdeckt zu werden.

„Hören Sie, Graf, es ist Kurswechsel angesagt. Die Opposition hat sich massiv auf unsere Kultuspolitik gestürzt und will ein Misstrauensvotum gegen mich einbringen, wenn auch nur eine Mark im Kulturhaushalt gestrichen wird. Diese hinterfotzigen Gesellen schrecken vor nichts zurück. Lassen Sie den Kultusminister Sparmaßnahmen ankündigen. Aber achten Sie darauf, dass nichts an die Presse dringt. Ich werde gleich vor dem Landtag verkünden, dass wir eine Etaterhöhung für Kultur ins Auge fassen. Lassen Sie den Minister in dem Glauben, er müsse kürzen, dann ist er auch für uns nicht mehr haltbar, Sie verstehen?"

Der Graf ringt um Atem.

„Verstanden. Kurswechsel. Minister im Glauben lassen, er müsse sparen ..."

Der Ministerpräsident lauscht angestrengt in den Hörer hinein.
„Sie klingen so seltsam. Was ist denn los mit Ihnen."
Der Staatssekretär versucht sich zu beherrschen, was ihm sichtlich schwerfällt.
„Ich steige gerade eine Treppe hinauf. Hier gibt es so viele Treppen. Und hoch ..." Der Graf unterbricht seinerseits das Gespräch, das Handy entgleitet seiner Hand und entschwindet zwischen Schminkdosen, Pinseln und Perücken. Er schließt genießerisch die Augen. Frau Böderfeld knurrt wollüstig wie ein wildes Tier.
„Selbstverständlich würde ich es auch alleine schaffen, ..."
„Ja, ja, sicher", stößt der Graf hervor.
„Doch man sollte nichts dem Zufall überlassen."
Der Graf bäumt sich auf. Frau Böderfeld hält in ihrer Bewegung inne. Der Graf reißt vor Entsetzen, sie könne an diesem Punkt seiner Erregung aufhören, die Augen auf.
„Versprochen?"
„Ja!"
„Ab nächster Spielzeit in der Hauptstadt?"
„Ja, ja, ja!"
Die heftigen Bewegungen Frau Böderfelds lassen den Grafen samt Schminktisch erzittern. Der Mann wird von einem heftigen Orgasmus geschüttelt und sinkt danach wie ein leerer Sack in sich zusammen. Frau Böderfeld erhebt sich und ergreift die Hand des Staatssekretärs. Sie steckt sich einen nach dem anderen seiner Finger in den Mund und lässt sie mit einem schmatzenden Geräusch behutsam wieder frei.
„Du bist gar nicht übel. ... Bist du ein waschechter Graf? ... Verheiratet? ... Hast du eine große Wohnung? ... Du hast Lippenstift an deiner Unterhose."
Während sie ihn triumphierend anlächelt, erscheint zwischen ihren Lippen der Siegelring des Staatssekretärs. Sie lässt ihn ein paar Mal zwischen den weißen, großen Zähnen auf- und abwippen ehe sie ihn wieder in ihrer Wangentasche verstaut.
„Ich habe ein Pfand."

67

Wicht lauscht im Sekretariat noch immer dem Gespräch zwischen Minister und Intendanten. Seine Mine hat sich verfinstert, denn alles weist darauf hin, dass sich der Minister vom Intendanten einlullen lässt.
„Sie werden verstehen, Herr Dr. Adam, dass wir Ihre Haushaltsabrechnung mit besonderer Sorgfalt prüfen werden. Ich denke, das geschieht auch in Ihrem Interesse, denn wenn Sie nichts zu verbergen haben, wovon ich persönlich überzeugt bin, kann es Ihnen nur recht sein, wenn alle Zweifel ausgeräumt werden."
Wichts Gesicht hellt sich wieder auf. Er ist sich seiner Sache nun sicher. Unsicher ist er allerdings darüber, wie er jetzt unbemerkt den Raum verlassen kann. Auf Zehenspitzen bewegt er sich langsam auf die Ausgangstür zu.
„Das ist aber eine schöne Kuckucksuhr. Warum steht sie?"
Vermutlich hat der Minister sie berührt, denn prompt ertönt die Melodie des Kampfliedes „Wacht auf, Verdammte dieser Erde ..." Doch das Lied bricht schon nach den ersten Tönen wieder ab. Der Daumen des Intendanten bereitet dem Treiben des kleinen Trommlers ein abruptes Ende.
„Das klang doch ganz nett."
Der Minister summt noch ein paar Takte, ehe er begreift, was das für ein Lied ist.

Wicht ist inzwischen an der Tür angelangt, als ein zaghaftes Klopfen an eben dieser ertönt. Schnell, zu schnell für seinen geplagten Steiß, wendet er sich einem Aushang neben der Tür zu, der in Frakturschrift mit „Probenpläne" überschrieben ist, an dem sich aber keine Pläne befinden. Die Tür öffnet sich langsam und der Graf tritt ein. Er ist sichtbar aus der Fasson geraten und seine Haare hängen strähnenweise im Gesicht. Wicht hält die Augen vor Schmerzen geschlossen. Er wirkt jetzt wie ein Vogel Strauß, der einer aufkommenden Gefahr mit ganz eigenen Mitteln begegnet. Der Graf tritt an ihn heran, schaut Wicht ins Gesicht und dann auf die leere Tafel. Wicht öffnet die Augen.

„Die Probenpläne. Sie sind nicht da. Äh, ich meine, sie sind nicht da, wo sie sein sollten."
Dr. Adam und der Minister, der in der gelinkten Haushaltsabrechnung blättert, betreten den Raum.
„Nun, Graf, haben Sie tiefere Einblicke in das Theater gewonnen?"
Der Graf streicht sich die Haare aus dem Gesicht und antwortet seinem Dienstherren.
„Äh, ja, gewiss doch. Sehr aufschlussreich, turbulent, möchte ich sagen."
Der Graf lässt sich auf den Stuhl der Sekretärin fallen. Er ist ziemlich außer sich über den gerade erlebten Vorfall, als ihm ein Handy ins Auge sticht. Zwar ist es das Telefon Klotzmanns, aber es ähnelt seinem absolut und nachdem er sich davon überzeugt hat, dass sich seins nicht in den Taschen befindet, steckt er es kopfschüttelnd ein. Der Intendant, ansonsten eine eher plebejische Erscheinung, beeilt sich, eine gediegene Kinderstube vorzuführen und stellt den beiden Abgesandten des Ministeriums seinen Oberspielleiter vor.
„Darf ich bekannt machen, Herr August Wicht, Oberspielleiter des Theaters. Er ist einer der hervorragendsten Schauspieler, die ich je zu Gesicht bekam."
Wicht durchzuckt es.
„Er gehört zu den wenigen echten Frontkämpfern am Theater. Er könnte ganz sicher an einem renommierten Haus arbeiten, fernab von der Provinz, umjubelt und von den Frauen verehrt. Stattdessen glaubt er an die Botschaft des Theaters und ist sich nicht zu schade, diese auch in die Provinz zu befördern. Ein absolut loyaler und uneitler Mann."
Schamesröte macht sich auf Wichts Gesicht breit.
„Respekt, Respekt. Das lob ich mir."
Der Minister würdigt ihn altväterlich und auf den kleinen bunten Schwimmring deutend, fragt er Wicht schließlich: „Sagen Sie, was hat dieses Utensil für eine Bedeutung? Mir erscheint es recht ungewöhnlich in dieser Umgebung?"
Wicht schaut verlegen in die Runde. Dr. Adam nutzt diese Verlegenheit für eine neuerliche Verlogenheit.

„Wir inszenieren demnächst ein Stück mit dem Titel „Auf hoher See". Das Stück spielt auf einem schwankenden Floß und um sich körperlich auf diese besondere Situation einzustimmen, sitzt Herr Wicht ständig auf diesem Schwimmring. So ein berufliches Engagement finden Sie nur bei wirklich großen Schauspielern. Dustin Hoffman war ein halbes Jahr in einer Nervenklinik, um in Erfahrung zu bringen, was Autismus ist. Ich glaube, Herr Wicht schläft nachts sogar auf einem Wasserbett." Der Minister betrachtet den kleinen Mann mit sichtlicher Hochachtung.
„Unsereiner hat doch wirklich verschrobene Vorstellungen von dem Beruf. Dabei soll Schauspielern gemeinhin sogar den Ruf anhaften, sie seien faul."
Dr. Adam heuchelt Erstaunen.
„Was Sie nicht sagen!"
„Nicht wahr? Oder was sagen Sie dazu, Herr Graf?"
Dem Grafen, der mit seinen Gedanken gerade in der Garderobe von Frau Böderfeld weilt, gerinnt ein zärtlich enthemmtes Lächeln im Gesicht. Er weiß nicht, worum es eigentlich geht. Mit einem beherzten Nicken stimmt er sicherheitshalber zu, fingert eine Visitenkarte aus der Tasche und legt sie auf den Tisch.
„Ja, ja. Und wenn Sie mal Probleme haben sollten, rufen Sie mich einfach an."
Der Minister schaut auf die Uhr, dann auf seinen Staatssekretär. Mit einem nachdenklichen Gesicht wendet er sich an den Intendanten.
„Sagen Sie, Sie haben doch heute Premiere dieses wunderbaren Volksstückes 'Der zerbrochene Krug'?"
Dr. Adam ist zum einen verblüfft, dass der Minister vom Premierentermin Kenntnis hat, zum anderen weiß er vor Überraschung nicht, wie er sich aus der Affäre ziehen soll.
„Äh, ja ..."
Der Minister kommt einer ernsthaften Antwort des Intendanten zuvor.
„Wissen Sie was, wir werden zur Premiere kommen. ... Natürlich nur, wenn Sie noch Plätze für uns haben. Bei Ihren Besucherzahlen ...."

Dabei klopft er bedeutungsvoll auf den Hefter mit der Haushaltsabrechnung. Der Intendant lächelt zwanghaft. Wicht, dessen Gesicht ebenfalls von einem schleimigen Grinsen überzogen ist, fingert sich die Visitenkarte des Grafen vom Tisch und lässt sie in seiner Hosentasche verschwinden. Der Intendant stammelt indes: „Selbstverständlich haben wir Plätze für Sie, Herr Minister.“

68

In der Kantine hat sich derweil das Freibiertrinken zu einer wahren Schlacht entwickelt. Bernards ultimativer Entschluss, es sei genug Bier geflossen, stößt bei der Festgemeinde auf wenig Gegenliebe und so schmettert ihr die vox populi unbarmherzig die Forderung entgegen:
„Bier her, Bier her!“ Der Alte auf seinem Krückstock ergänzt: „Oder ich fall um!“
Allein, der Tresendragoner bleibt ungerührt und das aus gutem Grund. Mit einem für Viehumtriebe verwendeten Elektrostab hält sie die sauf- und wie es scheint auch rauflustige Bande vor dem Tresen auf Abstand. Endlich erscheint Altmann, der, angesichts des sich entwickelnden Volkszornes, erst einmal den Rückzug versucht. Doch Bernhard hat ihn erspäht und vereitelt seine feige Flucht.
„Herr Altmann, Herr Altmann ...“
Altmann wendet sich dem Haufen zu, der ihn erwartungsvoll fixiert. Rudi, Sprecher der Arbeitslosen löst sich aus der Menge, geht auf Altmann zu und wedelt mit seiner Eintrittskarte vor dessen Gesicht herum.
„Uns wurde Freibier versprochen.“
Altmann atmet tief ein und erklärt:
„Das ist eine Premierenkarte und das Freibier ist an den Besuch der Premiere gebunden. Ihr kommt heute Abend zur Premiere und dann bekommt ihr Freibier.“
Bernhard horcht auf.
„Premiere? Ich höre immer Premiere? Was für eine Premiere?“

Altmann gibt sich verwundert über die Frage.
„Was für eine Premiere?... „Der zerbrochene Krug“ natürlich. Das steht doch schon seit Wochen fest. Also meine Herren, bis heute Abend.“
Bernhard reißt die Augen auf.
„Die Premiere findet statt?!“

69

„Ja, selbstverständlich findet die Premiere statt!“
Dr. Adam stülpt seinen Bauch hervor. Die Schauspieler, die bisher gelangweilt auf der Bühne herumstanden, treten, sich zu einem Halbkreis formierend, an den Intendanten heran. Ihre Gesichter sind von Unglauben und Misstrauen gezeichnet.
„Das ist doch lange genug bekannt. Seit sechs Wochen proben wir.“
Ein entsetztes Raunen geht durch die Schauspieler. Moussé, inzwischen vom Rotweingenuss sichtlich angegriffen, fragt stotternd zurück:
„Du meinst, ... Premiere, ... mit Bühnenbild und Kostümen?“
Der Intendant traut seinen Ohren nicht.
„Rede ich chinesisch? Für alle hier Anwesenden, langsam und zum Mitmeißeln, heute Abend ist Premiere. Premiere. Premiere.“
Die Gewandmeisterin ist mit dieser Ankündigung völlig überfordert und bekommt einen Schreikrampf. Dr. Adam winkt zwei Techniker heran und bedeutet ihnen, die Frau wegzubringen. Die Techniker heben die zierliche Frau, die jetzt wie eine Sirene tönt, an und tragen sie behutsam in die Kulissen davon. Das Kreischen ist während der nachfolgenden Instruktion durch Dr. Adam weiterhin hörbar. Er beginnt an Moussé gewandt:
„In einer Stunde steht ein Bühnenbild. Lass dir was einfallen. Sollte die Gewandmeisterin sich nicht wieder einkriegen, geht ihr in den Fundus und stattet euch selbst aus. Und denkt daran, ihr sollt nicht eure Eitelkeiten stillen, sondern eine

Rolle vorstellen. Wir spielen in historischen Kostümen, ... soweit das möglich ist. Weiß jeder, welche Rolle er spielt?"
Er konstatiert, dass die Kollegen keine Fragen mehr haben und wendet sich zum Gehen.
„Also alles klar. In einer Stunde machen wir den Durchlauf. Das ist gleichzeitig die Generalprobe."
Ehe er die Bühne endgültig verlässt, wendet er sich noch einmal um. Er mustert die schweigenden und bedrückt dreinschauenden Kollegen lange und eingehend.
„Wir haben schon ganz andere Nummern gebracht. Das stanzen wir durch, oder?"
Die Kollegen nicken überzeugungslos und verzagt.

70

Frau Böderfeld hat es sich in ihrer Garderobe bequem gemacht. Ihre langen, kräftigen Beine liegen auf dem Schminktisch. In der einen Hand hält sie das Handy des Grafen und lauscht ihrem Gesprächspartner. In der anderen Hand wippt der schwere Siegelring.
„Also ich weiß nicht, Siegfried. Die Zeiten sind vorbei, wo du mich für einen Gewerkschaftsurlaubsplatz an irgendwelchen langweiligen Seen ins Bett gekriegt hast. ... Aha, Fünfsternehotel ... mit Zimmerservice ... auf Mallorca ... mit Swimmingpool? Das muss sein. Ich weiß nicht, ob meine Haut die Sonne verträgt. Ich müsste vorher ins Solarium. Und was sage ich Adam? ... Du besorgst mir einen Krankenschein? Ich weiß nicht. Vielleicht was Gynäkologisches ..."
Die Tür springt auf. Dr. Adam ist auf Hochtouren. Er schnauft, als wäre er im Laufschritt zu ihr geeilt. Er sieht das Telefon, greift prüfend in die Taschen und entreißt es ihr schließlich. Angesichts der Tatsache, dass sie seinen persönlichen Besitz auch als den ihrigen betrachtet, argwöhnt er nicht über den Fundort des Handys. Nicht im Entferntesten denkt er daran, es könne nicht das Handy von Klotzmann sein.
„Hältst du es nicht mehr für nötig, auf den Proben zu erscheinen?"

Sie legt die Stirn in Falten.
„Welche Proben, bitteschön ...?“
Stets im Widerspruch, das herrschende Chaos mit verantwortet zu haben, ist er letztlich nicht in der Lage, andere für ihre Unzulänglichkeiten zu belangen. So begnügt er sich zwangsläufig mit der simplen Anordnung:
„In einer Stunde ist Durchlauf und Generalprobe. Heute Abend ist Premiere.“
Ehe er sich abwendet, hält er noch einmal inne. Seine Neugierde, was sie mit dem Grafen angestellt hat, ist unbezähmbar.
„War der Rundgang mit dem Staatssekretär erfolgreich?“
Sie lächelt geheimnisvoll, nicht gerade wie die Mona Lisa, doch immerhin so doppeldeutig, dass es ihn aus der Fassung bringt. Liebe ist es ganz gewiss nicht und auch nicht Besitzanspruch, was ihn an diese Frau bindet. Vielmehr ist es die Eitelkeit, an allen Vorgängen der von ihm selbst geschaffenen und beherrschten kleinen Welt regulierend teilzuhaben.
„Schlampe.“
Sie lächelt ungerührt weiter.

71

Der Intendant poltert in das Sekretariat, wo Frau Schulz, die vollbusige Inspizientin und die Maskenbildnerin mit spitzen Lippen den übelschmeckenden Kaffee aus der Kantine schlürfen.
„Ja, das glaube ich nicht. In fünf Stunden ist Premiere und ihr sitzt euch hier die Ärsche breit.“
Die Inspizientin verschluckt sich bei dem Wort Premiere und starrt fassungslos. Die Maskenbildnerin, mit der Mentalität einer Fischverkäuferin, wagt einen Widerspruch.
„Na so geht des och nich. ...“
Dr. Adam ist jetzt nicht mehr Herr seiner selbst und was geschieht, passiert zum ersten Mal, seit er an diesem Haus Intendant ist. Er brüllt aus vollem Halse.

„Raus! Ihr blöden Vetteln, macht, dass ihr an eure Arbeit kommt oder ich entlasse euch auf der Stelle.“
Die beiden Frauen verschwinden in Windeseile und fast lautlos. Frau Schulz betrachtet ihren Arbeitgeber mit dem Interesse einer Archäologin. Dieser Ausbruch offenbart das tiefste Innere des Mannes, der ganz augenscheinlich an seinen Grenzen angelangt ist.
„Geben Sie mir die Nummer des Rechtsverdrehers.“
Frau Schulz rührt sich nicht. Stattdessen bemerkt sie lakonisch:
„Das Telefon ist noch immer abgestellt. Das Wasser übrigens auch. Im ganzen Haus gibt es kein Wasser. ...“
Ein Zucken geht durch den massigen Körper. Doch zu einem weiteren Temperamentausbruch ist Dr. Adam nicht mehr fähig.
„Die Nummer, Frau Schulz.“
Ohne den Blick von ihm zu wenden, schlägt sie ihr Telefonbuch auf und deutet auf eine Nummer. Erstaunt schaut sie zu, wie er das Handy aus der Tasche zieht und die Nummer wählt.
„Dr. Adam hier. Geben Sie mir Ihren Chef. ... Geben Sie ihn mir trotzdem. Was soll das heißen, er hat Klienten? Hier ist Dr. Adam und wenn Sie ... na also. ... Adam hier. Du musst sofort kommen. ... Nein, sofort. ... Sofort, habe ich gesagt. Was glaubst du, wofür du monatlich dein Geld bekommst. Sofort! ... Scheidung? ... Sag diesen Idioten, sie sollen den Blödsinn lassen. Sie finden eh nichts Besseres mehr. Ist auch für die Steuer günstiger. In fünf Minuten, hast du verstanden? Ende.“
An der Sekretariatstür klopft es. Frau Schulz ist eingeschüchtert und wagt es nicht ‘Herein!’, zu rufen. Erst als sie sich mit einem Blick auf den Intendanten versichert, dass dieser nichts dagegen einwenden wird, will sie rufen. Doch die Tür öffnet sich bereits und der breitgesichtige Autohändler erscheint. Noch ehe er etwas sagen kann, befiehlt ihn der Intendant in sein Zimmer.
„Komm mit, fix, fix.“
Der Autohändler nickt Frau Schulz mehrfach zu, wobei er eine devote Haltung einnimmt, die vermutlich seine natürliche ist.

Der Intendant schließt die Tür und schaut aus dem Fenster auf die stahlblaue Nobelkarosse mit der rosafarbenen Schleife.
„Hast du die Papiere mit?"
Der Autohändler nickt eilfertig.
„Alles vorbereitet. Du brauchst nur noch zu unterschreiben."
Der Intendant blättert in den Papieren, die ihm der untersetzte, etwas bullig wirkende Mann präsentiert.
„Hier."
Und während der Intendant auf die leere Zeile starrt, in die er unterschreiben soll, erklärt der Händler die Prozedur des Kaufes.
„Wir machen das wie abgesprochen. Die Raten werden als Reparaturen an Theaterfahrzeugen deklariert. Ich kriege das in den Büchern schon hin. Ich habe den Wagen schon auf deinen Namen angemeldet."
Dr. Adam wirft noch einmal einen Blick hinunter auf das Auto im Theaterhof und während er unterschreibt, brummelt er vor sich hin:
„Was soll's, wenn alles krachen geht, kommt es darauf auch nicht mehr an."
Der Händler steckt die Papiere ein und fördert eine Flasche Sekt hervor, die er dem Intendanten mit bedeutungsvoller Mine überreicht.
„Allzeit gute Fahrt."
Dr. Adam öffnet selbstvergessen die Flasche und trinkt daraus. Der Händler, der gehofft hatte, er werde auf ein Schlückchen eingeladen, zieht sich mit dem Ausdruck des Bedauerns und vom Intendanten unbemerkt zurück.

72

Auf der Bühne nimmt der Zustand der mentalen Zerrüttung, die inzwischen das gesamte Treiben am Theater beherrscht, bildhafte Formen an. Moussé sitzt in einer der vordersten Reihen im Zuschauerraum, die Rotweinflasche in der Hand, und lässt die schweißgebadeten Techniker Kulissenteile auf die Bühne und wieder herunter tragen. Langsam entsteht ein

Bühnenbild für die Premiere, das sich einzig daran orientiert, was die Darsteller für ihr Spiel benötigen. Ästhetische Erwägungen spielen dabei schon längst keine Rolle mehr. Gerade kommen die Bühnenarbeiter mit einem großen Himmelbett.
„Der Dorfrichter braucht ein Bett? Er kriegt ein Bett! In den hinteren Bereich, mehr nach rechts, gut!“
Die Bühnenarbeiter lassen das monströse Stück krachend auf den Bühnenboden fallen. Feiner Staub erhebt sich langsam und bleibt im Raum hängen. Die Schauspieler, die, ihren Text sprechend, einige Gänge versuchen, werden immer wieder von den auf- und abgehenden Bühnenarbeitern verdrängt. Sie sind nervös und gereizt. Ihre Textrepititionen gleichen eher Flüchen denn künstlerischen Äußerungen.
„Der Dorfrichter braucht einen Amtstisch? Er kriegt einen Amtstisch. Bringt den Tresen! Dort nach links.“
Die Bühnenarbeiter wuchten einen schweren Tresen auf die Bühne, stellen ihn ab und schauen erwartungsvoll auf den Bühnenbildner.
„Habt ihr große Lust, das Ding wieder runter zu schleppen?“
Die schweißtriefenden Bühnenarbeiter schütteln matt die Köpfe.
„Bitte sehr. Dann ist das der Amtstisch.“
Die Gewandmeisterin kommt herein. Ihr Körper wird noch immer von heftigen Seufzern geschüttelt. Sie hat ihren Frieden endgültig eingebüßt, zwingt sich aber zur Erfüllung ihrer Pflichten. Ihre Stimme, die ohnehin schon sehr dünn ist, klingt jetzt beinahe piepsend.
„Wenn die Kollegen Schauspieler mir in den Fundus folgen würden, dann könnte ich den Kollegen Schauspielern Kostüme geben.“
Sie wählt vorzugshalber den Komparativ, denn alles scheint hier nur als Möglichkeit vonstatten zu gehen. Meterbier kommt aus der Gasse. Es ist an der Grenze zur Volltrunkenheit angekommen und stiert in den abgedunkelten Zuschauerraum.
„Kann mir vielleicht mal einer sagen, welche Rolle ich heute Abend spielen soll?“

Kaum hat er seinen Satz beendet, fällt er stocksteif um. Die Gewandmeisterin läuft weinend davon. Moussé lacht schallend. Es ist ein wahnsinniges Lachen.

73

Der Rechtsverdreher, wie Dr. Adam seinen Rechtsberater, einen ansässigen Anwalt und Freund aus alten Zeiten, nennt, blättert in der gelinkten Haushaltsabrechnung. Er rutscht bei seinem Studium der Akte immer tiefer in das alte, verschlissene Poltermöbel. Dr. Adam weigert sich standhaft, sein Zimmer neu einrichten zu lassen. Er sieht solchen Veränderungen immer mit Unbehagen entgegen. Zudem meint er, ein wenig zur Schau gestellte Armut könne in diesen Zeiten nicht schaden, zumindest in einem Theater.
„Hm, was soll ich dir dazu sagen?"
Dr. Adam schnauft.
„Ich will wissen, ob mir damit was passieren kann."
Der Rechtsverdreher schüttelt den Kopf.
„Solange keiner auf die Idee kommt, diesen Haushalt mit den Realitäten zu vergleichen, kann dir nichts passieren. Das ist eine wirklich gute Arbeit."
Der letzte Satz klingt wie das achtungsvolle Lob für eine hervorragend geglückte Fälschung, von der allerdings jeder weiß, dass es eine solche ist.
„Wie kann ich mich absichern, damit nichts schief geht?"
Der Rechtsverdreher zuckt mit den Achseln.
„Willst du mir damit sagen, ich könne einzig auf mein Glück bauen?"
Der Rechtsverdreher zuckt erneut mit den Achseln. Doch an der angestrengten Mine des Juristen vermag der Intendant abzulesen, dass es da noch eine Möglichkeit gibt.
„Rede schon. Du hast doch eine Idee."
Der Rechtsverdreher hat eine Idee, doch diese zu offenbaren, verbietet ihm sein Berufsethos. Fast widerwillig schüttelt er den Kopf. Dr. Adam springt aus seinem Sessel empor und macht einige Schritte im Raum. Er muss seinem Helfershelfer ein Brücke bauen, damit dieser seine Zierde vergisst.

„Also nehmen wir einmal rein hypothetisch an, da wäre ein Intendant in der gleichen Lage wie ich. Und der hat es geschafft, aus der Sache raus zu kommen. Was hat er deiner Meinung nach getan?“
Der Rechtsverdreher spitzt die Lippen.
„Also, ich würde mal vermuten, er ist nach Polen gefahren und hat einen Typen von der Russenmafia angeheuert, der ihm für, sagen wir, zehn Riesen das Theater abgefackelt hat.“
Der Intendant überlegt.
„Was macht das für einen Sinn. Dann hat er doch kein Theater mehr.“
Der Rechtverdreher nickt.
„Das ist richtig. Aber das Theater war versichert auf ... auf ...“
„Elf Millionen.“
Der Rechtverdreher nickt wieder.
„Der beschriebene Intendant hat seine Leute für ein Jahr in die Arbeitslosigkeit geschickt. Er selbst ist ans Mittelmeer gefahren, und als er zurückkam, hatte man ihm ein schönes neues Theater mit allem Pipapo gebaut.“
Für einen kurzen Augenblick gefällt dem Intendanten dieser Gedanke. Doch so weit geht seine Skrupellosigkeit dann doch nicht und er schiebt den kurzen Traum vom Mittelmeer und einem neuen Theater beiseite.
„Also bleibt nur das altbewährte Glück.“

74

Gleißendes Licht fällt durch die angeschmutzten Fensterscheiben der Kantine. Die Sonne hat den Zenit längst durchschritten und nähert sich bedrohlich schnell dem Horizont. Die Zeit rinnt dahin.
„Ich kann nicht.“
Wicht schlägt die Augen nieder. Dr. Adam bebt.
„Du kannst nicht? Was soll das heißen, du kannst nicht?“
Wicht windet sich.

„Ich steh das nicht durch, die Schmerzen sind unerträglich ... Ich will die Premiere wirklich nicht schmeißen. Aber ich kann nicht. Er kann die Rolle des Schreibers Licht übernehmen."
Wicht schiebt den blonden Kantinenchef zwischen sich und den Intendanten. Der strahlt über die ganze schwammige Breite seines Gesichtes.
„Er kann die Rolle. Dafür wird's allemal genügen. Mein Wort drauf."
Dr. Adam betrachtet den jungen Mann. Er hat in Anbetracht der Kürze der noch zur Verfügung stehenden Zeit keine Wahl. Letztlich stehen so viele Dilettanten auf der Bühne, da kommt es auf einen mehr oder weniger gar nicht an.
„Probieren wir es."

75

Auf der Bühne wird der 7. Auftritt aus „Der zerbrochene Krug" geprobt. Dr. Adam hat seinen Ornat als Dorfrichter angelegt und erscheint auf einer Treppe, die in die Seitenbühne führt. Auf der Bühne stehen die Schauspieler unbeholfen herum, denn da es bisher keine vernünftige Probe gegeben hat, weiß niemand so recht, was von ihm erwartet wird. Einzig der Kantinenleiter, jetzt im Rock des Schreibers Licht, tänzelt vor Erregung. Für ihn ist es die sogenannte große Stunde. Bisher glaubt er, seine Sache recht anständig vertreten zu haben.
Adam, auf den Schreiber Licht zustrebend, spricht für sich:
„Ei Evchen. Sieh! Und der vierschröt'ge Schlingel, der Ruprecht! Ei, was Teufel, sieh! Die ganze Sippschaft! - Die werden mich doch nicht bei mir verklagen?"
Die Darstellerin der Eve blickt sich um. Sie hat ihre Bühnenmutter aus den Augen verloren, an die sie ihre nächsten Worte richten muss.
„O liebste Mutter, folgt mir, ich beschwör Euch, / Laßt diesem Unglückszimmer uns entfliehen."
Dr. Adam ist endlich bei dem Kantinenchef angelangt.
„Gevatter! Sagt mir doch. Was bringen die?"

Der Kantinenchef, der seinen Auftritt kaum noch erwarten kann, sprudelt seinem Gegenüber beinahe in den Satz wobei er wie ein Schwachsinniger kichert.
„Was weiß ich? Lärm um nichts; Lappalien. / Es ist ein Krug zerbrochen worden, hör ich.“
Der Intendant hat seinen Text vergessen und schaut sich nach der Souffleuse um, die jedoch nicht auf ihrem Platz ist. Der Kantinenchef sieht sofort eine glänzende Gelegenheit, dem Intendanten zu beweisen, dass er mehr als nur diese eine Rolle drauf hat und spricht für Dr. Adam den Text.
„Ein Krug! So! Ei! - Ei, wer zerbrach den Krug?“
Durch eine leichte Änderung der Körperhaltung deutet er seiner Umgebung an, dass er jetzt wieder seinen eigenen Text spricht.
„Wer ihn zerbrochen?“
Dem Intendanten fehlt noch immer der Text und so beschließt der im Spielrausch befindliche Kantinenleiter, allein weiter zu spielen, wobei er in kurzen Sprüngen die Positionen wechselt, sich vor den jeweiligen Rollenträger stellt und dabei kräftig chargiert. Alle auf der Bühne befindlichen Darsteller starren ihn entgeistert an.
„Ja, Gevatterchen.“ - „Mein Seel, setzt Euch: so werdet Ihr’s erfahren.“ - „Evchen!“ - „Geh Er.“ - „Ein Wort.“ - „Ich will nichts wissen.“ - „Was bringt Ihr mir?“ - „Ich sag Ihm, Er soll gehn.“ - „Evchen! Ich bitte Dich! Was soll mir das bedeuten?“ - „Wenn er nicht gleich -! Ich sag’s Ihm, laß er mich.“ - „Gevatter, hört, mein Seel, ich halt’s nicht aus. Die Wund am Schienbein macht mir Übelkeiten; Führt Ihr die Sach, ich will zu Bette gehen.“ - „Zu Bett? - Ihr wollt? - Ich glaub, Ihr seid verrückt.“
Ein derber Tritt gegen das Schienbein, des sich in den Wahn steigernden Möchtegerndarstellers, unterbricht seinen Redeschwall abrupt. Jetzt, wo der Intendant wieder die Aufmerksamkeit des blonden Mannes genießt, macht er ihm unmissverständlich klar, was er von seinem Ausflug in die hohe Kunst des Darstellens hält. Eine kräftige Ohrfeige bringt den Kantinenleiter derart unsanft in die Realität zurück, dass ihm jede weitere Lust auf das Spiel vergangen ist. Er stürzt

mit einem verzweifelten Aufschrei von der Bühne und an Wicht vorbei, der das Debakel von der Gasse aus beobachtet hat. Kopfschüttelnd und voller Verachtung raunt er seinem Bettgefährten zu: „Du bist aber auch zu blöd. So eine Chance kriegst du nie wieder!“

Der Intendant erinnert sich wieder an seinen Text.

„Der Henker hol’s. Ich muß mich übergeben.“

Er atmet schwer. Niemand wagt sich zu bewegen. Wie ein Schrei der Befreiung erfüllt das Brüllen des schwergewichtigen und eigentlich so lammfrommen Mannes den Zuschauerraum.

„Wicht!“

Wicht erscheint zaghaft am Rand der hinteren Bühne.

„Du spielst die Premiere. Zieh dich um.“

Die geradezu sanftmütig formulierte Anweisung erlöst die Darsteller aus ihrer Schreckstarre.

„Zehn Minuten Pause. Ich brauch frische Luft.“

76

Dr. Adam schlendert über den Theaterhof und betritt die Theaterwerkstatt. Dieser rauchgeschwängerte, höhlenartige Raum erinnert eher an Walhalla als an eine Theaterwerkstatt. Licht, das von verschiedenen Seiten durch desolate Barackenwände oder kaputte Fenster einfällt, verwandelt die Grotte in ein surrealistisches Kabinett.

„Ilja!“

Die Stimme des Intendanten verhallt ungehört.

„Ilja!“

Im Hintergrund wird ein Wispern hörbar und Dr. Adam tastet sich, von Unbehagen beseelt, durch die unergründliche Tiefe des Dunstes. Endlich erkennt er schemenhaft die Umrisse eines gewaltigen Mannes, der bemüht ist, ein schmutzdurchtränktes Tuch über einen Tisch zu breiten.

„Ilja?“

Der Mann wendet sich um. Er hat einen langen Bart und trägt über der nackten Brust eine groblederne Schürze.

Die Stimme des Mannes ähnelt dem Grollen der Hubschrauberrotoren.

„Da, Towarisch Direktor?“
Dr. Adam betrachtet argwöhnisch den zugedeckten Tisch.
„Warum antwortest du nicht, wenn ich dich rufe.“
„Ilja haben nicht gehört. Schlechte Ohren von große Schmiedehammer in Magnitogorsk.“
Der große Mann schiebt sich behutsam zwischen Dr. Adam und den Tisch.
„Nicht böse sein auf Ilja.“
Dr. Adam schiebt den schmutzglänzenden Prototypen eines Eisensteinschen oder Pudowkinschen Proleten beiseite, packt das Tuch an einem Ende und wirft es schwungvoll zurück. Nebeneinander stehen glänzende Leninbüsten aufgereiht.
„Was ist das?“ Adam schaut dem großen Mann, der demutsvoll sein Haupt neigt, in die Augen.
„Das sein Geschenke für Genossen Freunde in Magnitogorsk, für Jolkafest. Hat Ilja neben Arbeit gemacht, nicht auf Arbeit. Wirklich.“
Der Intendant kneift die Augen zusammen.
„Rede keinen Scheiß, deine Genossen Freunde haben mit Lenin schon lange nichts mehr am Hut. Für wen sind die? Aber ehrlich!“
Ilja stottert ein wenig betreten.
„Die sein für Amerika. Antiquitäten aus ruhmvolle Sowjetreich.“
Dr. Adam nimmt eine Büste in die Hand und betrachtet sie eingehend.
„Wie viel kriegst du für das Stück?“
„Fünf Mark.“
Bei der Antwort leuchten Iljas Augen. Er hält sich vermutlich für einen guten Geschäftsmann.
„Darüber reden wir morgen. Du wirst die Dinger weiter produzieren und kriegst weiterhin fünf Mark pro Stück. Den Vertrieb organisiere ich. Es kann nicht sein, dass die Vorreiter der erhabensten humanistischen Ideale für einen Appel und ein Ei über den Tisch gehen. Äh, ja, ... Was wollte ich gleich? Ja, den Krug. Ich brauche den Krug.“
Ilja wendet sich behänd um und beginnt im Halbdunkel zu kramen.

„Der Krug, feine Krug, wäre auch ein gute Geschenk für Genossen Freunde in Magnitogorsk. Hier sein der Krug."
Er präsentiert Dr. Adam einen massiven Krug aus Bronze. Als Dr. Adam den Krug übernimmt, droht er samt Krug vornüber zu fallen. Er war auf das immense Gewicht nicht vorbereitet.
„Ilja, was ist das?"
Ilja schaut fragend.
„Krug, das sein Krug, ... feines Geschenk."
Dr. Adam ist entgeistert.
„Das soll kein Geschenk, sondern ein Bühnenrequisit sein. Und zerbrochen ist er auch nicht! Warum ist er nicht zerbrochen?"
Ilja versteht den Mann nicht.
„Was wollen du mit zerbrochene Krug. Ich habe mich müssen plagen in Magnitogorsk mit zerbrochenen Krugen, Eimern, Schüsseln. Das sein jetzt vorbei. Neue Zeit, heiler Krug!"
Und um seiner Rede besonderen Ausdruck zu verleihen, spuckt er kräftig auf den Boden.

77

Der Intendant und Frau Schulz stehen im Foyer und schauen durch die verglasten Türen hinaus. Ungeduldig erwarten sie die Ankunft des Ministers und seines Anhangs. Der Intendant schaut in den Zuschauerraum. Er lässt langsam seinen Blick über die vollbesetzten Stuhlreihen streifen. Im vorderen Drittel des Saales sitzen die Honoratioren der Stadt mit Ehefrauen oder Geliebten. In der Mitte haben sich ein paar wirkliche Freunde des Theater platziert, die sich immer wieder verstört umwenden, denn im hinteren Drittel des Raumes haben die Trinkergemeinde von „Willi´s Tränke" und die Bauarbeiter Platz gefunden. Sie unterhalten sich lautstark, vom bisherigen Alkoholgenuss und der für sie ungewöhnlichen Umgebung angeregt. Dr. Adam schließt die Tür und lässt verzweifelt seinen Kopf gegen das Holz sinken. Er atmet schwer.
„Sie kommen!"

Frau Schulz' Stimme ist zu einem spitzen Zischen verengt. Dr. Adam rafft sich auf und wendet sich mit einem süffisanten Lächeln dem eintretenden Minister zu.
„Wir sind spät dran. Das tut mir leid. Aber ich musste in der Stadtverwaltung noch ein paar folgenschwere Entscheidungen treffen. Stellen Sie sich vor, ich war gezwungen, eine nicht unerhebliche Anzahl Lehrer zu entlassen. Aber ich denke, ich habe das ganz demokratisch hingekriegt. Wir haben ausgerechnet, für wie viele Lehrer das Geld reicht und die übrigen werden entlassen. Ich habe einen Losentscheid angeregt. Wie finden Sie das?"
Der Intendant weiß sich zu diesem Unsinn nicht sofort zu verhalten und stöhnt:
„Äh, ..."
Der Minister besinnt sich.
„Verzeihen Sie. Ich bin aber auch unsensibel. Sie müssen ja gleich auf die Bühne. Also, ich wünsche Ihnen Hals- und Beinbruch für die Premiere. So sagt man doch in Ihrem Gewerbe?"
Dr. Adam nickt und fügt hinzu: „Dabei wird über die Schulter gespuckt."
Der Minister lächelt verschmitzt und spuckt dem massigen Mann über die Schulter. Der blonde, hinter dem Intendanten stehende Bodyguard wischt sich verstört das Gesicht.
„Frau Schulz wird Sie zu Ihren Plätzen geleiten. Ich wünsche Ihnen viel Vergnügen."
Der Minister und sein Staatssekretär folgen der als Dienstmagd kostümierten Sekretärin in den Zuschauerraum, in dem die Heiterkeit schon vor Vorstellungsbeginn überzuschäumen droht. Die beiden Bodyguards nehmen vor der Tür Aufstellung. Dr. Adam eilt hinter die Bühne.

78

Das Licht im Zuschauerraum geht aus. Das Publikum, insbesondere die in den hinteren Reihen sitzenden Arbeitslosen und Bauleute recken die Hälse. Mit einem gewaltigen Schwung öffnet sich der Vorhang. Nach einiger Verzögerung geht schließlich die Bühnenbeleuchtung an.

Dr. Adam liegt in dem ausladenden Himmelbett. Nur sein großes Hinterteil, jetzt bis auf schmuddelige Unterhosen entblößt, ist sichtbar. Der Minister neigt sich zu seinem Staatssekretär und flüstert ihm zu: „Ich ahne, dass uns ein besonderes Kunsterlebnis bevorsteht."
Der Staatssekretär überlegt. Er schaut den Minister prüfend und ein wenig geringschätzend von der Seite an. Leise und nur für sich bestätigt er diese Ahnung.
„Das befürchte ich auch."
Frau Schulz erscheint als Magd. Sie trägt ein Bündel Holz, das sie vor einer Kaminattrappe lautstark fallen lässt. Dann öffnet sie ein im Bühnenhintergrund hängendes Fenster. Das vorgesehene Sonnenlicht fällt mit einiger Verspätung ein und anstelle des geplanten, vom Tonmeister eingespielten, Vogelgezwitschers erschallt die Stimme Glatzes:
„I can get no satisfaction."

Ein Schreckensbeben wallt durch das Hinterteil des Intendanten. Die Einspielung wird unsanft unterbrochen und nach einigen Sekunden ist endlich das Vogelgezwitscher hörbar. Frau Schulz tritt an das Himmelbett heran. Sie betrachtet eingehend das Hinterteil ihres Brötchengebers.
„Wachet auf, wachet auf, es krähet der Hahn, die Sonne zieht ihre güldene Bahn."
Sie beendet ihren Auftritt mit einem klatschenden Schlag auf das einladende Hinterteil.
Der Minister wendet sich wiederum seinem Famulus zu und flüstert: „Was ich gesagt habe?!"
In das Himmelbett kommt Bewegung, und nachdem der Intendant sein Hinterteil in die richtige Position gebracht hat, antwortet er mit einem langgezogenen Furz auf den penetrierenden Weckruf seiner Sekretärin. Der hintere Teil des Publikums ist überwältigt und tut dies völlig enthemmt kund.

79

Der Spiegelleser betrachtet die Szenerie hinter dem Vorhang stehend. Sein Gesichtsausdruck ist weinerlich und verzweifelt zugleich. Er führt Selbstgespräche.
„Der verachtet wirklich keinen Lacher und sei er noch so billig. Schmierenkomödiant!“

Hinter ihm, direkt neben dem Inspizientenpult, stehen Altmann, die Darstellerin der Marthe Rull und die Inspizientin. In ihrer Mitte prangt der bronzene Krug, majestätisch groß und glänzend. Abwechselnd versuchen sie das Ungetüm anzuheben. Allein Altmann und der Inspizientin gelingt dieser Kraftakt. Die Marthe-Darstellerin quält sich unter den mitfühlenden Blicken der anderen vergeblich. Plötzlich erinnert sich die Inspizientin daran, dass sie die Darsteller zum Auftritt “einrufen“ muss, wie es in der Theatersprache heißt. Sie stürzt zum Mikrophon an ihrem Pult und während sie in das kleine schwarze Ding hineinspricht, tritt Wicht unbemerkt von hinten an sie heran.
„Herr Wicht, Herr Wicht, bitte auf die Bühne.“
Sie schaut auf die Bühne und begegnet dem Blick des Intendanten, der verzweifelt auf den Auftritt Wichts wartet. Jetzt bemerkt sie, dass jemand hinter ihr steht. Erschrocken weicht sie vor Wicht zurück und stammelt:
„Ihr Auftritt, Herr Wicht ...“
Wicht antwortet ihr betont freundlich.
„Danke.“

Und während er sich an den anderen in Richtung Bühne vorbeischiebt, flüstert er der Marthe-Darstellerin zu:
„Am besten, du gehst ohne das Monstrum raus und spielst den Krug. Du bist doch Schauspielerin oder?“
Altmann beginnt heftig zu nicken. Für ihn scheint das die beste Lösung des Problems zu sein. Doch ehe er diesen Vorschlag in eine Anweisung umwandeln kann, taucht Bernhard aus dem Halbdunkel auf. Sie hat einen zerbeulten Eimer in der Hand.

„Es ist kein Krug zu finden. Das ist das einzige, was ich anbieten kann."
Altmann winkt ab.
„Du gehst ohne Krug raus und spielst den. Das ist die Herausforderung, die du schon immer wolltest."
Der Schauspielerin steht der Mund offen. Sie vermag dem Chefdramaturgen nicht zu erwidern. Der klopft ihr auf die Schulter und wendet sich ab.

80

Der Vorarbeiter Bückling schleicht in Pfadfindermanier durch die einsetzende Dämmerung an das Theater heran. Er trägt einen Anzug der DDR-Kampfgruppen. Seine Wangen zieren schwarze Rußstriche. In der Hand hält er den Baseballschläger seines Sohnes, den dieser nicht nur für sportliche Spiele verwendet, wovon die Aufschrift „Haut se immer auf die Schnauze" zeugt. Die Drohung seines Arbeitgebers Siegfried Klotzmann veranlasst ihn zu drastischen Maßnahmen. Er ist fest entschlossen, sich eventuellen Dieben von Baumaterialien in den Weg zu stellen, um somit seine eigene Lohntüte zu verteidigen. Im Dämmerlicht schlüpft er, wie er glaubt, unentdeckt ins Toilettenfenster des Theaters. Doch der blonde Bodyguard, der sich gerade eine Schachtel Zigaretten aus dem Ministerauto geholt hat, bleibt angesichts des Kleinstadt-Rambos wie angewurzelt stehen. Für ihn gibt es jetzt keinen Zweifel mehr, dass hier irgendetwas gegen den Minister eingefädelt wird. Die Flamme des Streichholzes, das er wie weiland Humphrey Bogart nur mit einer Hand angezündet hat, erreicht seine Finger und weckt ihn unsanft aus seiner hypnotischen Starre. Er stürzt ins Theater zurück.

81

In der Kantinenküche laufen derweil die Vorbereitungen für die Premierenfeier auf Hochtouren. Bernhards Gestalt

erscheint immer wieder an anderen Stellen des Raumes aus dicken Schwaden verdampften Fetts. Sie brät Buletten und wirft diese in einen großen Behälter, der an eine Tonne für biologisch abbaubaren Müll erinnert. Die Gestalt eines Mannes schiebt sich tastend durch den Dunst. Es ist der Bühnenmeister, der der emsigen Küchenfrau auf die Schulter tippt. Aufgeschreckt von der unerwarteten Berührung schleudert sie die in der Pfanne befindlichen Buletten und einen gellenden Schrei durch den Raum. Der Bühnenmeister weiß um den Jähzorn der wuchtigen Dame und stottert eine Entschuldigung.
„Äh, entschuldige, aber ich brauch dringend einen Kaffee."
Bernhard verschwindet im Nebel, der in einer meterdicken Schicht am Boden lagert, sucht die Buletten und antwortet gereizt:
„Kaffee is nich. Kein Wasser. Im ganzen Haus kein Wasser."
Sie erscheint wieder aus dem Dunst. In den Händen lässt sie die heißen Buletten tanzen, die sie schließlich in die Tonne wirft.
„Wieso kein Wasser?"
Bernhard wischt sich die Hände an ihren speckigen Jeans ab.
„Wenn du das nicht weißt, woher soll ich das wissen. Du bist doch der technische Leiter hier im Haus. Jedenfalls gibt es kein Wasser."
Der Bühnenmeister überlegt angestrengt und seinem Gesicht ist deutlich abzulesen, dass er das Rätsel nicht lösen wird. Allerdings kommt er in seinen Überlegungen auch nicht weit. Ein lautes Poltern aus der Abstellkammer der Küche lässt beide aufhorchen. Als sie die Tür öffnen, finden sie den Kantinenleiter am Boden liegend. Um den Hals trägt er eine Schlinge, an deren Ende eine Kugellampe hängt. Feiner Putz rieselt von der Decke auf ihn herab. Wo sich vormals der Haken für die Deckenleuchte befand, klafft nun ein großes Loch.

82

Im Foyer redet der blonde Bodyguard eindringlich auf seinen Partner ein.
„Wenn ich es dir sage. Hier ist irgendwas im Busch."
Der andere winkt ab.
„Du siehst Gespenster."
Plötzlich biegt der Bühnenmeister mit dem Kantinenleiter um die Ecke. Der blonde Selbstmörder kann sich kaum auf den Beinen halten. Er hatte sich vor seiner Verzweiflungstat kräftig Mut angetrunken. Beide ignorieren die Bodyguards, als sie an ihnen vorbeistelzen. Ihr Anblick ließe sich auch schwerlich erklären. Der Bühnenmeister schiebt den Kantinenleiter, nachdem er ihm den Strick mit der Kugellampe vom Hals gebunden hat, zur Tür hinaus. Die Bodyguards schauen sich sprachlos an. Der blonde Leibwächter kneift für ein paar Sekunden die Augen zu, als wolle er einen Traum verscheuchen.
„Was habe ich dir gesagt? Ich mache mal eine Runde durch das Haus."
Der Blonde schleicht auf leisen Sohlen durch das Foyer davon. Der zurückgebliebene Kollege ist nun doch ein wenig verunsichert und er überprüft sicherheitshalber die Funktionstüchtigkeit seiner Waffe.
Der Blonde ist indes im hinteren Bereich des Foyers in das Zwielicht der Notbeleuchtung getaucht. Er lauscht in die Stille hinein und tastet sich behutsam von Tür zu Tür, öffnet eine nach der anderen und entdeckt nichts Ungewöhnliches. Schon beginnt er sich zu entspannen, als er die Tür der Damentoilette erreicht. Er hat diese Tür bereits passiert, als er glaubt, ein Geräusch zu hören. Von einer Sinnestäuschung überzeugt, öffnet er sie eher pro forma, als in der festen Absicht, etwas Regelwidriges aufzuspüren. Vor ihm steht Bückling, den Baseballschläger zum Schlag erhoben, martialisch ausstaffiert und fest entschlossen, jedem in den Weg zu treten, der sich am Baumaterial zu vergreifen wagt. Der blonde Bodyguard wird von Entsetzen gepackt und an die gegenüberliegende Wand geschleudert. Noch im Fall zückt er

seine Pistole und richtet sie auf Bückling, der augenblicklich von einem großen Schlottern befallen wird.
Der dunkelhaarige Kollege ist von den undefinierbaren Geräuschen aus hastigen Bewegungen, Gewisper und leisem Jammern aufgeschreckt. Er entsichert seine Waffe und wartet. Sekunden der Spannung treiben ihm Schweißperlen auf die Stirn. Endlich erscheint sein Kollege, der den bedauernswerten Bückling fachgerecht verschnürt und mit der Waffe auf ihn gerichtet, vor sich hertreibt.
„Was habe ich dir gesagt? ... Ich könnte wetten, der operiert nicht allein."
Der dunkelhaarige Mann wischt sich den Schweiß von der Stirn. Sein Blick flattert durch den halbdunklen Raum.
„Was machen wir mit dem?"
Bückling hat Tränen in den Augen. Er möchte sich gern erklären, doch eine dünne Synthetikschnur, mit der seine Hände hinter dem Kopf gefesselt sind und die zudem durch seinen Mund läuft, verhindert jede verständliche Artikulation.
„Wir deponieren ihn erst mal im Kofferraum."
Der pferdebeschwänzte Sicherheitsmann, der gerade seine eigene Waffe verstaut hat und Bückling nach weiterer Bewaffnung abtastet, hält inne. Dieser ungewöhnliche Vorschlag erscheint ihm zwar nicht sonderlich korrekt, doch in der gegebenen Situation gar nicht so abwegig. Bückling wird von den beiden Männern recht unsanft in die aufkommende Nacht hinaus bugsiert. Sein klägliches Wimmern bleibt für einen scheidenden Augenblick im Raum hängen.

83

Im Saal neigt sich die Vorstellung dem Ende. Gespielt wird der elfte Auftritt. Der Dorfrichter Adam befindet sich in der ausweglosen Situation, als Krugzertrümmerer und eigentlicher Übeltäter entlarvt zu werden. Wicht, der den Schreiber Licht spielt, genießt es, seinen Widersacher zu denunzieren und immer häufiger verwechselt er Spiel und

Realität. Frau Böderfeld in der Rolle des Gerichtsrates Walter spürt, dass die Situation aus dem Ruder zu laufen droht und gerät ins Stottern.
„Sagt doch ihr Herrn, ist jemand hier, der mißgeschaffne Füße hat?“
Wicht, der eigentlich hinter dem Pult des Schreibers Licht verharren sollte, springt auf und drängt zum Bühnenrand, als wolle er sich für einen großen Monolog postieren.
„Allerdings! Der Dorfrichter Adam! Krummgewachsen an Leib und Seel. An Seel noch mehr und das bringt Schande über ...“
Frau Böderfeld fällt ihm ins Wort, um längere Ausführungen zu verhindern, die nicht dem Text des Stückes entsprechen.
„Auf meine Ehr. Der Fuß ist gut.“
Und zum Intendanten zischt sie: „Macht jetzt mit dieser Sitzung sogleich ein Ende.“
Dr. Adam schäumt vor Wut. Er versetzt Wicht einen Tritt.
„Nun gut, wenn’s sein muß, geh’ er den Krug holen, hurtig, hurtig.“
Wicht stolpert mit schmerzverzerrtem Gesicht, seinen Schmerzensschrei mit aller Gewalt unterdrückend, durch die Gasse hinter der Bühne. Er landet endlich in den Armen der Inspizientin, wo er sein Gesicht in ihrem großen Busen vergräbt und einen unterdrückten Schrei in das weiche Fleisch presst. Die Inspizientin ist erstaunt über Wicht, dessen sexuelle Neigung bisher eindeutig zu sein schien.
„Aber Herr Wicht!“
Kaum zu Atem gekommen, wendet sich Wicht ab und stürzt, soweit es sein Schmerz erlaubt, hastig davon. Er ist jetzt zur unwiderruflichen Denunziation entschlossen. In der kleinen öffentlichen Telefonzelle im hinteren Bühnenbereich angekommen, kramt er die Karte des Grafen hervor und wählt die Nummer des Handys. Dabei spricht er bedeutungsschwanger eine Passage aus Shakespeares „Hamlet“, wobei er jedoch vielmehr an den verschlagenen und bösartigen Richard III. erinnert, als an den jungen dänischen Prinzen. Vermutlich will er sich selbst Mut zusprechen und zugleich dem Augenblick die gebührende Bedeutung verleihen.

„Sein oder nicht sein, das ist hier die Frage: Ob's edler im Gemüt, die Pfeil´ und Schleudern des wütenden Geschicks erdulden oder, sich wappnend gegen eine See von Plagen, durch Widerstand sie enden. Jetzt werde ich Dir in den Arsch treten."
Während er dem Rufton lauscht, kramt er umständlich den rosafarbenen Aktenordner aus seinem Rock hervor.
Der Vorsatz Wichts, sich telefonisch direkt an den Staatssekretär zu wenden, geht jedoch in die Hose, nämlich in die des Intendanten, wo plötzlich das Handy zu bimmeln beginnt. Da der Anrufer sehr hartnäckig ist, sieht Dr. Adam keine andere Möglichkeit, das Läuten zu beenden, als den Anruf entgegen zu nehmen. Er tut das wortlos und mit einem bedeutungsschwangeren Gesichtsausdruck, als gehöre dieser Vorgang zur Inszenierung.
Der Minister fühlt sich wiederum bemüßigt, diesen Vorgang zu deuten. Er wendet sich an seinen Sekretär und flüstert dem ins Ohr: „Toll, dieser Einfall. Richtig geheimnisvoll. Wer wohl der Anrufer ist? Diese Wortlosigkeit, diese Stille verleiht dem eine viel tiefere Bedeutung, finden Sie nicht auch?"
Der Graf findet das ganz und gar nicht. Doch er findet es auch wenig opportun, seinem Dienstherren zu widersprechen und so stimmt er mit gelangweiltem Gesicht wortlos zu.
Wicht presst die Muschel des Hörers gegen das Ohr und flüstert mit verstellter Stimme:
„Hier spricht ein Freund, äh, der es gut mit Ihnen meint oder so, äh. Ich weiß, dass Sie jetzt nicht sprechen können. Hören Sie nur zu. Sie sind den ganzen Tag verarscht worden. Der Intendant ist ein Betrüger, der mit seiner Misswirtschaft das Theater ruiniert hat. Heute hat er sich auf Theaterkosten einen Dienstwagen gekauft. Außerdem war er bei der Stasi und ein richtiger Regisseur ist er auch nicht. Wenn Sie die Wahrheit über das Theater erfahren wollen, dann suchen Sie nach der Vorstellung die Telefonzelle in den Garderoben auf. Dort werden Sie hinter der Lampe die reale Haushaltsabrechnung finden. Vergessen Sie nicht, hinter der Lampe. Over. Ach, ehe ich es vergesse. Sollten Sie den Intendanten entlassen, empfehle ich Ihnen den Oberspielleiter

Wicht als kommissarischen Leiter. Der ist ein hervorragender Schauspieler und Regisseur, dem das Ensemble vertraut. Einen besseren werden Sie nicht finden. Over."
Wicht schlägt den Hörer in die Gabel, als gelte es, aus einer Fangschaltung zu entwischen. Er bebt vor Erregung.
Auch der Intendant ist außer sich. Sein Gesicht wechselt mehrfach die Farbe und im Saal ist es so still, dass sein Atem hörbar wird. Er pumpt wie ein Maikäfer vor dem Abflug, ehe er seine Stimme wie ein Donnergrollen ertönen lässt.
„Den Krug! Ich will den Krug sehen! Augenblicklich schaffe man den Krug herbei."
Die Schauspieler sind wie gelähmt.
Die Souffleuse spricht verzweifelt den Text ein, doch niemand hört auf sie. Alle starren nur auf den Intendanten, der seinen Monolog jetzt an den Minister und das Publikum richtet.
„Was ich vermute, Euer Ehren, daß diese Farce wohl abgekartet, einzig dem Zwecke dienend, Anarchie zu stiften. Ja, so wird es sein. Schlägt nicht des Volkes Zorn, angestachelt von Wichten ohne Gewissen, gern nach den Köpfen, die sie redlich führten? Und bei meiner Ehr´, Redlichkeit ist mein Pläsier."
Die Souffleuse schlägt ihr Textbuch zu und lauscht dem Monolog des Intendanten.
„Doch die Wahrheit ist nicht ein Ding, das unterm Teppich sich verbergen ließe!"
Wicht erscheint mit schmerzverzerrtem Gesicht. In den Armen trägt er den Krug. Der Intendant deutet auf den Bühnenrand, wo Wicht den unzerstörten Krug für alle sichtbar abstellt.
„Sie lässt sich so wenig verbergen wie dieser Krug hier, der meine Unschuld beweist und den Komplott entlarvt. Reingewaschen steh' ich hier. Reingewaschen auch die fünfzehn Jahre, in denen ich das Amt vortrefflich führte. Und mögen sich die Geister hüten, Hand anzulegen an Redlichkeit und Ehre!"
Wie ein Berserker stürzt er auf die Schauspieler los und prügelt und tritt sie von der Bühne. Diese ergreifen panisch die Flucht. Als nur noch Frau Böderfeld zurückgeblieben ist und Dr. Adam niemand mehr erspäht, gegen den er seinen Zorn

richten könnte, schreitet er wieder zurück zum Bühnenrand. „So steh' ich hier, ich kann nicht anders."
Und um seinen Worten noch stärkeren Ausdruck zu verleihen, schlägt er sich gegen die Brust. Dabei hat er jedoch den vom Bühnenmeister entwickelten und im Richterornat installierten Mechanismus zur Erzeugung von Bühnennebel ausgelöst. Dicker Rauch quillt unter dem groben Tuch hervor und es entsteht der Eindruck, als stünde der Intendant auf einer Wolke. Frau Böderfeld gibt der Technik ein Zeichen, dass sie den Vorhang schließen sollen. Das letzte was der Intendant wahrnimmt, ist ein eindringlicher Seitenblick des Ministers auf seinen Staatssekretär, dem vor lauter Unglaube über das Gesehene der Mund offensteht. Kaum hat sich der Vorhang geschlossen, als Flammen aus dem Ornat des Intendanten schlagen. Er ist zu keiner Reaktion mehr fähig und verharrt. Die Techniker laufen panisch um den reglosen Mann herum. Ein herbeigebrachter Feuerlöscher erweist sich als nicht funktionstüchtig und schließlich kommt Glatze in seiner Verzweiflung auf die Idee, die Flammen mit seinem Urin zu löschen.
Während im Saal der Beifall tobt, wird der Intendant von drei Technikern mit großer Dienstbeflissenheit angepinkelt. Als sich der Vorhang zur Verbeugung wieder öffnet, traut sich keiner der Schauspieler auf die Bühne. Dr. Adam und Frau Böderfeld nehmen die Ovationen allein entgegen. Im hinteren Teil des Saales machen die Bauarbeiter und die Arbeitslosen eine Welle, wie sie es vom Fußballplatz her kennen.

84

Altmann ist unterwegs ins Studio, wo die Premierenfeier stattfinden soll. Er wirft einen Blick in die Kantine, wo die Freibiertrinker ausgelassen zechen und dabei über das Stück reden, das sie gerade gesehen haben. Sie sind voll des Lobes für die Kunst, das Bier und die Buletten. Als der langhaarige Chefdramaturg die Studiotür öffnet, wird er von einer unsichtbaren Hand ins Innere des Raumes gezerrt.

Ihm entbietet sich ein sonderbarer Anblick. Die Mitarbeiter des Theaters stehen breitbeinig und mit über den Köpfen erhobenen Händen an der Wand aufgereiht. Er selbst spürt den Lauf einer Pistole unterm Kinn. Der blonde Bodyguard tastet den schlaksigen Mann nach Waffen ab, während sein Kollege die Mitarbeiter mit vorgehaltener Pistole in Schach hält. Altmann spürt Empörung aufsteigen und der Wackersdorf-Revoluzzer in ihm erwacht.
„Was hat das zu bedeuten! Sind Sie verrückt geworden? Das ist ein Theater und keine Barrikade."
Der blonde Leibwächter kneift die Augen zusammen.
„So, ein Theater ist das. Und wofür halten Sie das?"
Er deutet auf einen Tisch, auf dem sich diverse Schusswaffen, Schlagringe, Messer und Schlagstöcke türmen. Altmann rudert beschwichtigend mit den Armen.
„Aber meine Herren, das sind doch Theaterwaffen, völlig ungefährlich."
Dabei nimmt er eine Schusswaffe vom Tisch, richtet sie gegen die Decke und drückt ab. Ein Schuss knallt und Putz rieselt von der Decke. Einer der Techniker wendet sich um und stammelt:
„Ich habe aber einen Waffenschein."
Der blonde Leibwächter entreißt ihm die Waffe. Es herrscht Ratlosigkeit.

85

Der Minister, flankiert von seinem Famulus, dem Staatsekretär, und Dr. Adam, jetzt nicht mehr in Kostüm und Maske und im feisten Gesicht fettglänzend von der Abschminke, steht vor der Tür des Studios im Foyer. Der Minister will, ehe er sich in die Feierlichkeiten zu der wahrhaft gelungenen Premiere begibt, noch ein paar persönliche Worte mit dem Intendanten wechseln.
„Was ich hier heute gesehen habe, mein lieber Dr. Adam, war höchst beeindruckend und ungewöhnlich. Seien Sie versichert, dass man in der Landeshauptstadt davon erfährt, wie aufopferungsvoll und enthusiastisch hier gearbeitet wird.

Was die Subventionen anbelangt, so verspreche ich Ihnen, dass sie nicht gekürzt werden. Darüber hinaus werde ich mich dafür einsetzten, dass Sie Zusatzmittel bekommen. Hier liegt ja noch einiges im Argen. Da muss man Ihnen doch unter die Arme greifen. Was sagen Sie, Herr Graf?"

Der Minister wendet sich abrupt um, denn er ist sich sicher, sein Staatssekretär könne diese Meinung nur teilen. Der ist verwundert über die Großzügigkeit des Ministers. Schließlich ist er vom Ministerpräsidenten aufgefordert worden, Subventionen zu kürzen.

„Äh, ja. Wenn es keine Probleme mit der Haushaltsabrechnung gibt ..."

Der Minister fällt ihm ins Wort:

„Was soll es da schon für Probleme geben. Nicht wahr, Herr Dr. Adam?"

Der Intendant zuckt mit den Schultern.

„Äh, ..."

Der Minister packt den Intendanten in einem Anflug von herzlicher Zuneigung am Arm.

„Keine Bange. Wir lassen Sie doch nicht im Stich ..."

Der Minister stockt, denn plötzlich sind die drei Männer von tiefer Dunkelheit umgeben. Ehe sie sich jedoch über den Vorgang verständigen können, befinden sie sich schon in buntflackerndem Diskolicht. Vom Ende des Foyers wankt eine große schwarze Gestalt auf sie zu. Es ist ein überdimensionaler schwarzer Zylinderhut, aus dem zwei pralle, nackte Männerbeine ragen, die in chaplinesken Schuhen stecken. Einige Meter vor den verunsicherten Männern bleibt das Ungetüm stehen. Eine Holzplatte fällt aus dem Hut heraus auf den Boden. Discomusik dröhnt unerwartet. Der Hutträger steigt auf die Platte und vollführt einige ungelenke und dilettantische Steppschritte. Nach kaum mehr als einer halben Minute erstirbt die Musik und das Licht geht wieder an. Der Hut bewegt sich auf die Männer zu und bleibt vor ihnen stehen. Jetzt sind für die drei Männer die Details erkennbar. Auf dem riesigen Bauch des Hutträgers ist ein grinsendes Gesicht gemalt. Von einem fleischfarbenen Slip hängt eine pralle rote Zunge herunter, umrahmt von

voluminösen Lippen. Der Hutdeckel klappt auf und der Hut gleitet an seinem Träger hinab auf den Boden. Krummbolz schaut die verdutzten Männer mit einem breiten Grinsen an. Aus dem Hintergrund erscheint jetzt auch Klotzmann, in der Hand einen Musikrecorder. Krummbolz holt tief Luft.
„Herr Minister, wir wollten es, angesichts Ihres unerwarteten Besuches, nicht versäumen, Ihnen den städtischen Karnevalsclub vorzustellen, der hier im Theater sein Zuhause hat. Wie Sie sehen, ist das Theater eine multikulturelle Einrichtung, die Ihrer Unterstützung unbedingt bedarf. Ähh, ... Ja."
Dem Minister fehlen die Worte.
„Äh, ja, selbstverständlich."
Dr. Adam ist dieser Auftritt höchst unangenehm und er fordert seine Begleiter auf, in die Premierenfeier zu gehen.
„Dürfte ich Sie dann bitten. Das Ensemble wartet vermutlich nur noch auf uns."
Der Minister und sein gräflicher Schatten gehen in das Studio. Dr. Adam wirft den beiden Karnevalisten einen hasserfüllten Blick zu.
„Idioten."
Und während er sich dem Studio zuwendet, gibt er Krummbolz einen Klaps auf die nackte Brust. Der verliert das Gleichgewicht und fällt langsam aber unweigerlich nach hinten über.

86

Im Studio hat sich die bürgerkriegsähnliche Situation inzwischen entspannt. Die Mitarbeiter des Theaters stehen zwar immer noch an der Wand, doch jetzt nicht mehr mit den Gesichtern zur selbigen und nicht mehr mit den Händen über den Köpfen. Altmann redet auf die beiden Leibwächter ein, um diese davon zu überzeugen, dass keine Gefahr für den Minister in Verzug ist. Der Minister, sein Staatssekretär und der Intendant erscheinen. Alle schauen die drei gespannt an. Der Minister beginnt mit einer leichten Verbeugung gegen die Mitarbeiter des Theaters zu klatschen. Als Dr. Adam zu klatschen beginnt, fallen die Mitarbeiter schließlich in den Applaus ein, von dem keiner so recht weiß, wem er eigentlich gilt. Altmann, bewaffnet mit einer Flasche Schnaps, nutzt die Gelegenheit, sich zu verdrücken. Bernhard kredenzt dem Minister auf einem Tablett ein Brot und ein Näpfchen Salz zur Begrüßung. Doch das Brot ist zu alt und die Bemühungen des Ministers, sich ein Stück abzubrechen, scheitern. Schließlich küsst er das Brot und segnet es, indem er das Kreuz schlägt.

87

Die Premierenfeierlichkeiten in der Kantine haben inzwischen den Höhepunkt erreicht. Immer wieder kommt es zu exzessiven Verbrüderungen zwischen den Honoratioren der Stadt, den Arbeitslosen und den Bauarbeitern. Allein, die wirklichen Freunde des Theaters sind nicht mehr zu sehen. Sie haben es vorgezogen, außerhalb der heiligen Hallen über das 'Kunstereignis' zu sinnieren.
Willi nimmt Altmann beiseite und erklärt ihm, mit einiger Anstrengung gegen seinen Rausch ankämpfend:
"Hör mal, Kumpel, ich hab ja nichts gegen Theater. Muss ja sein, Kultur und so. Aber ihr packt das ganz falsch an. Ich war mal in Sankt Pauli, in einem Theater, das hieß, ... den Namen habe ich vergessen. Aber die haben da ganz anders gesprochen. Das konnte unsereiner auch verstehen. Die Weiber in dem Theater sind oben ohne aufgetreten, das ging ab wie ´ne Tüte Mücken, sage ich dir. Ihr habt doch auch ein paar stramme Weiber. Lasst die doch auch oben ohne auftreten. Das können die doch, oder?"
Altmann versucht sich im Alkoholdunst, der in dicken Schwaden durch sein Hirn zieht, zu orientieren.
„Das können die bestimmt."
Willi klopft ihm auf die Schulter.
„Wo ist denn das Problem?"
Altmann schluckt gegen den aufstrebenden Inhalt seines Magens an.

„Das Problem ist, das sie was anderes nicht können.“
Der Lokalreporter Kunzel entdeckt den Chefdramaturgen. Er zieht ein Blatt Papier aus der Tasche und wedelt Altmann damit vor dem Gesicht herum. Es ist das von Altmann montierte Foto.
„Sag mal, ist das schon das Premierenfoto?“
Altmann wirft einen Blick darauf.
„Klar, kannst du heute noch in den Druck geben.“
Kunzel ist beeindruckt. Schließlich wendet er sich an den alten Mann mit Stock, der in der Regel von einem Saufkumpan geführt wird. Hat man ihn stehen gelassen, wie gerade geschehen, so rührt er sich auch nicht von der Stelle und dämmert in seinem Rausch teilnahmslos vor sich hin. Kunzel ist auf der Suche nach Impressionen und versucht ein Gespräch mit dem Alten anzuknüpfen.
„Sagen Sie, sind Sie in dieser Stadt geboren?“
Der Alte wendet den Kopf zackig zu Kunzel, wobei er ein wenig das Gleichgewicht verliert.
„Jawohl!“
Kunzel frohlockt.
„... und immer hier gelebt?“
„Jawohl“, lautet die Antwort prompt.
„ ... aus Liebe zur Heimat?“
„Jawohl.“
Kunzel spürt, dass es schwer werden wird, dem Alten eine brauchbare Antwort zu entlocken und so formuliert er seine Frage anders.
„Was schätzen Sie an unserer Stadt man meisten?“
Der Alte braucht nicht lange zu überlegen. Für ihn gibt es offensichtlich nur eine Antwort.
„Wir haben dem Führer als erste deutsche Stadt ‘judenfrei’ gemeldet. Jawohl!“
Kunzel starrt den Alten ungläubig an und wendet sich schließlich erschrocken ab.

88

Im Studio verläuft die Premierenfeier ziemlich lustlos, jedoch unter großem Einsatz von Alkohol. Die Anwesenheit des hohen Gastes und die augenscheinliche Überforderung des Intendanten dämpften die Stimmung.
Wicht macht dem Staatssekretär immer wieder Zeichen, indem er mit dem Zeigefinger um sein Ohr kreist, als bewege er die Drehscheibe eines Telefons. Er will ihm damit bedeuten, der Staatssekretär möge die hinterlegte Mappe in der Telefonzelle nicht vergessen. Der Graf, der inzwischen eine Ahnung von Wichts sexueller Neigung hat, missversteht das Zeichen und wendet sich, nachdem er Wicht immerhin mit viel Überwindung ein freundliches Lächeln geschenkt hat, irritiert ab.

89

In der Kantine ist es schlagartig ruhiger geworden, fast diszipliniert, möchte man meinen. Der Grund dafür ist einfach. Hinter dem Tresen steht jetzt Ilja, der Grobschmied aus Magnitogorsk, und schenkt ein. Der Bierausschank hat deutlich an Tempo verloren, doch keinem der Gäste würde es einfallen, Protest zu erheben. Man nimmt, was man kriegen kann und wartet sogar darauf. Ein kleiner Mann, er hat es aufgegeben, an ein Bier zu gelangen, denn die anderen umlagern den Tresen wie eine Mauer, versucht sich vergeblich vom Boden der Bulettentonne eine Bulette zu angeln. Seine Arme sind zu kurz. Er betrachtet den Behälter ratlos.
Der Jogginganzugträger verabschiedet sich mit kräftigem Schulterklopfen bei seinen Saufkumpanen. Er wankt durch das Foyer und erblickt das an der Wand hängende Fahrrad. Mit spitzen Fingern prüft er den Reifendruck. Er nickt zufrieden, nimmt das Fahrrad beherzt von der Wand, setzt sich drauf und radelt mit erstaunlicher Sicherheit das Foyer entlang zur Tür des Theaters hinaus. Im selben Augenblick erscheint der eigentliche Besitzer und traut seinen Augen

nicht, als er sein Fahrrad in der Dunkelheit verschwinden sieht. Wild schreiend und gestikulierend folgt er dem Dieb in die Nacht hinaus. Von der entgegengesetzten Seite des Foyers erschallt die verzweifelte Stimme einer Frau. Übertönt wird das Kreischen der Gewandmeisterin vom aggressiven Keifen Moussè´s, der sie an den Haaren durch den halbdunklen Gang schleift.
„Gib endlich zu, dass ich begabt bin. Das muss doch selbst dir blöder Kuh einleuchten, dass ich für diese Klitsche zu gut bin! Gib zu, dass ich begabt bin! Los, sag, dass ich begabt bin. Sag es!“
Vor dem Bilderrahmen mit der nackten Wand angekommen, lässt Moussé die bedauernswerte Frau los. Er starrt auf die leere Wand. Schließlich macht er eine wegwerfende Geste und geht, immer wieder aus einer Rotweinflasche trinkend, in die Nacht hinaus und davon.
„Ich liebe Dich.“
Die Gewandmeisterin schaut ihm sehnsüchtig hinterher und macht sich auf den Weg, ihrem geliebten Peiniger zu folgen.
Der zu klein geratene Gast erscheint im Foyer. Er hat sich damit abgefunden, in der Kantine nichts Ess- oder Trinkbares mehr zu ergattern und macht er sich auf den Heimweg. Doch dann erblickt er die künstlerische Installation Moussès, bestehend aus einem großen Kühlschrank und einem Mikrowellenherd. Er leckt sich die Lippen und öffnet behutsam den Kühlschrank. Doch der ist leer und so versucht er zu erkunden, was sich wohl in der Mikrowelle befindet. Seine Körpergröße verhindert allerdings, dass er einen Blick hineinwerfen kann und daher greift er beherzt in das Innere des dunklen Kastens. Als er die Hand wieder herauszieht, hält er den abgeschlagenen Kopf am Schopf. Er ist entsetzt. Schnell schleudert er das wächserne Requisit in den Kasten zurück und schlägt das Türchen zu. Hastig schaut er sich um, ob ihn auch niemand beobachtet hat und als hätte er etwas gut zu machen, beeilt er sich, den zu seinen Füßen liegenden Stecker in die Steckdose neben dem Kühlschrank zu stecken, ehe er sich aus dem Staub macht.

90

Der Staatssekretär irrt durch das Theater. Er ist auf der Suche nach einer Toilette, doch nicht um seine Notdurft zu verrichten, sondern um eine Prise weißen Pulvers zu schnüffeln. Endlich findet er eine Tür, die ein WC verheißt. Doch es ist die unfertige Damentoilette, in der die Baumaterialien lagern, die der bedauernswerte Bückling vor Diebstahl schützen wollte. Kurz entschlossen schlüpft er hinein. In dem Raum ist es dunkel. Die Betätigung des Lichtschalters bringt ihm auch keine Erleuchtung und so entschließt er sich, die Prozedur im Dunkeln hinter sich zu bringen. Gerade hat er das Döschen geöffnet, als sein Handy in der Tasche bimmelt. Umständlich kramt er es hervor und meldet sich.
„Ja?“
Am anderen Ende ist die euphorische Stimme eines jungen Mannes zu hören.
„Hier ist Detlef. Siegfried, du brauchst dir wegen der Kontrollkommission keine Gedanken machen. Der Leiter der Kommission ist ein furchtbar netter Mann. Er liegt jetzt neben mir und sagt, es ist alles bestens. Siegfried, stell dir vor, er hat mich zum Essen eingeladen und anschließend habe ich ihm meine Bierdeckelsammlung gezeigt. Das alles ist so verwirrend für mich. So neu. Stell dir vor, das eröffnet doch ganz neue Perspektiven. Findest du nicht auch? Siegfried? ... Hallo! ... Hallo!“
Der Anruf war zweifellos für Klotzmann bestimmt. Aber das konnte der Graf schließlich nicht wissen. Er wird erst am nächsten Tag, wenn er das Gerät nach dem Wechsel des Akkus immer wieder erfolglos in Betrieb nehmen will, begreifen, dass er nicht sein eigenes Handy in den Händen hält.
Plötzlich flammt ein grelles Licht auf. Vor dem Fenster steht ein Mann mit einer Taschenlampe. Erst jetzt bemerkt er, dass unmittelbar neben ihm ein zweiter Mann völlig reglos steht, der einen Karton Fliesen in den Händen hält. Dem Grafen entgleitet das Döschen und schlägt klirrend auf dem Boden auf. Der Mann vor dem Fenster beleuchtet seine hastige Suche nach dem Behälter und bemerkt schließlich:

„Sowat häm wi girn, wat? Unsereiner möt hier nächtens knuffen, während annere es sich dat im Theater gemütlich maken.“
Und der andere, noch immer völlig reglos dastehende Mann entgänzt:
„Und dat noch im Dustern.“
Der Graf, der gerade festgestellt hat, dass sich in der Dose nichts mehr befindet, sucht panisch den Ausgang.

91

Im Studio herrscht derweil eine besondere Spannung unter den Schauspielern. Sie wissen, dass, wenn sie dem Minister ihre Protestnote überreichen wollen, sie es jetzt machen müssen, denn der Minister hat mehrfach erkennen lassen, dass sein Aufbruch unmittelbar bevorsteht. Als sich Dr. Adam für einen kurzen Augenblick Frau Böderfeld zuwendet, um sie ein weiteres Mal zu bewegen, sich um den gerade eintretenden, ziemlich verstört wirkenden Staatssekretär zu kümmern, springt Meterbier auf, selbstverständlich gehandicapt von einigen motorischen Störungen, die auf seinen Alkoholkonsum zurück zu führen sind, um dem Minister den Forderungskatalog der Schauspieler zu überreichen. Frau Böderfeld bemerkt dies und bewegt den Intendanten, sich umzuwenden. Meterbier entdeckt das plötzliche Interesse des Intendanten und verfällt in Panik. Er stürzt geradezu auf den Minister ein, doch mit einer fast beiläufigen Handbewegung greift Dr. Adam das Papier, ehe der Minister reagieren kann. Die Schauspieler tun, was sie in derartigen Situationen immer tun, sie distanzieren sich augenblicklich und versuchen angestrengt, von den Vorgängen keine Notiz zu nehmen. Die hastigen Bewegungen Meterbiers haben den Minister aufgeschreckt und Dr. Adam sieht sich genötigt, die Situation zu bereinigen.
„Sehr geehrter Herr Minister, Herr Staatssekretär. Wie Sie sich selbst überzeugen können, ist unser Alltag von großen Sorgen begleitet. Und da wir eine Demokratie haben, habe

ich das Ensemble aufgefordert, ihre Interessen selbst zu vertreten. Ich habe hier eine Liste der Unzulänglichkeiten, die uns das Arbeiten so schwer machen. Aber ...“
Der Intendant macht eine kunstvolle Pause und blickt in die Runde. Dann zerreißt er das Papier langsam und genüsslich mit Blick auf den Minister.
„... Sie haben doch nichts dagegen, wenn ich das Ensemble über unser Gespräch in Kenntnis setze?“
Der Minister schüttelt mit gönnerhafter Mine den Kopf.
„Der Minister hat mir zugesicht, dass wir, wie gewohnt, weiterarbeiten können. Ja, er hat mir sogar zugesichert, sich um weitere Mittel für unser Theater zu bemühen. Ich kann da nur sagen, Dank Ihnen, Herr Minister, danke Herr Graf, auch im Namen aller Mitarbeiter des Theaters!“
Die Mitarbeiter des Theaters sind sprachlos und zu keiner Regung fähig. Es herrscht eisige Stille. Meterbier kann seine Erschütterung über die Dreistigkeit des Intendanten nicht mehr verbergen. Ein wenig torkelnd, doch erstaunlich zielsicher und mit dem Ausdruck tiefster Verzweiflung steuert er den Tisch an, auf dem die Waffen ausgebreitet liegen. Er greift nach einem großen Revolver und zielt damit auf den Intendanten. Die beiden Bodyguards funktionieren, wie sie es müssen. Beide ziehen ihre Pistolen, während der Blonde vor den Minister springt, um ihn mit seinem Körper zu decken, und zielen auf Meterbier, der vor Erregung zu zittern beginnt. Sekunden des Entsetzens machen sich breit. Meterbier macht einen Schritt auf die von Schrecken gelähmte Versammlung zu. Doch plötzlich richtet er sich gerade auf und steckt den Lauf der Pistole in den Mund. Noch ehe ihn jemand von seinem Vorhaben abbringen kann, drückt er ab. Ein Schuss ertönt nicht. Stattdessen beginnen Meterbier die Augen aus dem Kopf zu quellen. Ein Zucken geht durch seinen Körper, das ihn in kurzen Abständen zu schütteln beginnt und sich in einem Hustenanfall steigert. Als er die Pistole aus dem Mund zieht, erscheint am Ende des Laufs ein kleines Fähnchen, auf dem das Wort „Peng!“ geschrieben steht.
Der Minister ist entzückt und beginnt zu klatschen. Langsam fallen alle in den Applaus ein und Meterbier sieht sich

gezwungen, eine Verbeugung zu machen.
„Sehr überzeugend, sehr überzeugend diese Einlage. Daran erkennt man doch einen guten Schauspieler. So etwas mag ich.“
Meterbier wendet sich ab und geht auf das kalte Buffet zu, wo er sich eine Schnapsflasche greift. Während er den Verschluss von der Flasche dreht, wirft er den Anwesenden einen Blick tiefster Verachtung zu. Dann setzt er die Flasche an und entleert sie mit einem Zug. Schließlich fällt er steif wie ein Bügelbrett nach hinten über und bewegt sich nicht mehr.
Der Minister applaudiert erneut frenetisch.
„Toll, einfach toll. Aber, meine Damen und Herren, es ist an der Zeit. Wenn es am schönsten ist, ... naja, Sie wissen schon. Lassen Sie mich Ihnen noch einen Ratschlag mit auf Ihren Weg geben. Vertrauen Sie darauf, wenn ich Ihnen sage: Gebet und Euch wird gegeben! Toi, toi, toi, wie es in der Bühnensprache heißt. Ach, sagen Sie doch Ihrem Kollegen, er kann wieder aufstehen. Sehr überzeugend!“

92

Wicht plagen Zweifel, ob der Staatssekretär die Akte in der Telefonzelle auch tatsächlich gefunden hat und um sicher zu gehen, eilt er in den Garderobentrakt, um nachzuschauen. Auf den Weg dahin beschleicht ihn der Verdacht, der Plan sei misslungen. Seine Bewegungen werden immer hastiger und sein Gesichtsausdruck immer schmerzverzerrter. In der Zelle angekommen, greift er hinter die Lampe. Entsetzen erfasst ihn, als er die Mappe hervorholt. Er weiß, seine einzige Chance ist verstrichen, wenn der Minister und sein Sekretär erst aus dem Haus sind, und er stürzt los, um die Mappe persönlich zu übergeben.

93

Dr. Adam und der Minister durchschreiten, gefolgt vom Staatssekretär und den Bodyguards, schweigend das Foyer.

Die beiden Männer empfinden nach diesem harten Arbeitstag für einander eine tiefe Sympathie, die sich in ihren Gesichtern widerspiegelt. Sie lächeln. An dem leeren Bilderrahmen angelangt, bleibt der Minister stehen. Er möchte seinen positiven Gefühlen noch einmal Ausdruck verleihen und gleichzeitig dem Künstler, für den er den Intendanten hält, zu verstehen zu geben, dass er Kunst zu schätzen weiß und immer eine Lanze dafür zu brechen bereit ist.
„Eine gute Arbeit. So unkonkret, ... so befreiend, ... so viel Raum für Fantasie.“ Dr. Adam erwidert den herzerweichenden Gefühlsausbruch des Ministers mit einem ebenso warmherzigen Lächeln und einem schlichten
„Ja“.

94

Die beiden genervten Bodyguards steigen in die Ministerlimousine. Sie sind unendlich froh, diesem Irrenhaus endlich den Rücken kehren zu können. Ehe der Blonde den Motor startet, vernimmt er ein dumpfes Klopfen. Es ist Bückling, der noch immer im Kofferraum liegt und verzweifelt an sein Dasein zu erinnern versucht.
„Hörst du das?“
Der dunkelhaarige Leibwächter, der erschöpft in das Autopolster gesunken war, spreizt seine Finger und zischt:
„Ich will nichts mehr hören, hast du verstanden? … Wahrscheinlich ist das der Motor. Hier verticken die doch nur billiges Polenbenzin.“
Der Motor heult auf, die Räder schleudern eine Wolke feinen Staubes unter dem Blech hervor und die Limousine rast davon.

95

Dr. Adam winkt dem Minister mit einem breiten und selbstzufriedenen Lächeln hinterher. Ehe der Minister in den Hubschrauber steigt, segnet er mit einer weitausholenden Geste das Theater, indem er ein Kreuz schlägt. Die Rotoren heulen auf und in dem Augenblick, als der große Vogel von Boden abhebt, erscheint Wicht mit schmerzverzerrtem Gesicht in der Tür. Er will in panischer Hast den Hubschrauber aufhalten. Breitbeinig und humpelnd, wild mit den Armen rudernd versucht er auf sich aufmerksam zu machen. Doch der Schmerz überwältigt ihn und er stürzt nur wenige Schritte vom Intendanten entfernt zu Boden. Mit donnerndem Gebrüll fliegt der Hubschrauber über die beiden Männer und das Theater hinweg. Durch den Druck des Auftriebs werden die Fassadenteile von der Theaterwand gerissen und durch die Luft geschleudert. Die rosafarbene Mappe, die Wicht im Fall entglitten war, öffnet sich und Illustriertenfotos homosexueller Knaben flattern davon. Ein Blatt bleibt auf Wichts Gesicht kleben. Er schaut es entgeistert an. Es ist der anonyme Brief an den Minister. Schließlich wendet er sich zu Dr. Adam um, der diabolisch groß und übermächtig in einem apokalyptischen Sturm aus Staub, buntem Papier und Kulissenteilen steht. Der Intendant, für Wicht im Gegenlicht nur schemenhaft zu erkennen, hebt eine Faust, von der der Daumen nach oben hin abgespreizt ist. Dann lässt er die Faust kippen und der Daumen zeigt gegen den Boden. Wicht hat verspielt und diese Erkenntnis treibt ihm die Tränen in die Augen.

Die Schauspieler und Techniker verlassen das Theater. Die Inspizientin schiebt eine Schubkarre, in der der ohnmächtige Meterbier liegt. Während sie an Dr. Adam vorbeiziehen, verabschieden sie sich verschämt, aber übertrieben freundlich. Sie haben Abbitte zu leisten wegen ihres begangenen und misslungenen Verrats. Als letzte erscheint Frau Böderfeld. Sie schließt die Eingangstür ab und überreicht ihm die Schlüssel. Der Intendant ergreift mit dem Schlüssel ihre Hand und küsst sie. Er bemerkt den schweren Siegelring des Grafen an ihrem Mittelfinger. Seine Stimme hat etwas Flehendes.
„Zu dir oder zu mir?“
Sie antwortet ein wenig schnippisch, ohne ihn jedoch zurückstoßen zu wollen.

„Du kannst mich zu mir fahren. Dann kannst du zu dir fahren oder wohin du willst.“
Sie überreicht ihm die Krankschreibung. Er betrachtet erst den Schein, dann sie.
„Was Gynäkologisches?“
Frau Böderfeld nickt mit dem Ausdruck des gespielten Bedauerns.
„Eine Woche.“
Sie gehen beide zu seinem neuen Dienstwagen, steigen ein und fahren davon. Die große rosafarbene Schleife bleibt an den herabhängenden Ästen der Kastanie hängen.
Wicht erhebt sich mühsam und schleicht von Gram und Schmerz gebeugt davon.

96

Im vom Notlicht schwach beleuchteten Foyer herrscht Grabesstille. Auf dem kleinen Display des Mikrowellenherdes flackert eine falsche Uhrzeit. Mit einem kaum hörbaren Klicken schaltet sich die Programmierung ein und der Herd beginnt zu heizen. Der wächserne Kopf schmilzt langsam. Das Wachs brodelt unter der Hitze und entflammt sich schließlich. Eine kleine Detonation sprengt die Tür des Gerätes und das brennende Wachs ergießt sich über das ganze Foyer. Schnell greifen die Flammen um sich. Die Brandmelder an der Decke verformen sich in der Hitze und fallen wie faules, weiches Obst herab.

97

Im Gegenlicht des großen Vollmondes reckt sich ein Storch, biegt seinen schlanken Hals weit nach hinten und klappert lautstark in die stille Nacht.

In memoriam
Till K.

Calypso und Ulysses

Eine Woche lang hatten die zornigen Westwinde die dalmatinische Küste gepeitscht, als hätte sie sich eines großen Frevels schuldig gemacht und müsste dafür büßen. Calypso beschattet mit der rechten Hand ihre Augen und lässt den Blick über das jetzt ruhige, azurblaue Wasser schweifen. Vereinzelte kleine Fischerboote, umkreist von aufreizend schreienden Möwen, durchziehen das spiegelglatte Wasser und hinterlassen sanft geschwungene Wellen, die sich bald verlieren. Sie sitzt auf ihrem Lieblingsfelsen, der wie eine kurze, breite Nase über dem Meer hängt, und genießt die Sonne auf der Haut und den Frieden, den das Meer jetzt ausstrahlt. Verwesungsgeruch wabert vom Strand herauf. Der Sturm hatte Algen auf den Steinen aufgeschichtet, die nun in der prallen Frühlingssonne vergehen.

‚Es wird die nächsten Tage unerträglich stinken', denkt die grazile, schöne Frau mit den tiefblauen Augen. Ihr braunes Haar hat sie mit dem Halstuch am Hinterkopf zusammengebunden und ihr Profil erinnert an eine griechische Göttin oder an antike Darstellungen der Wassernymphe, deren Namen sie trägt. Calypso. Man mag ihren Namen im Dorf nicht, welches überwiegend von muslimischen Montenegrinern bewohnt wird. Alles Griechische ist ihnen suspekt und als heidnisch oder christlich verschrieen. Man spricht über derartige Angelegenheiten im Dorf nur hinter vorgehaltener Hand. Es gilt das unausgesprochene Einverständnis aller, dass das Dorf muslimisch sei und ihr Glaube eine feste Burg in einem Land, in dem auf einen Moslem fünf Christen kommen. Calypso hatte das nie gestört, denn sie ist Atheistin. Sie war in einer Kinderstube aufgewachsen, in der der Glaube an die Vernunft höher im Kurs stand als der Glaube an einen Schöpfer. Religion spielte, wenn überhaupt, nur im Fokus historischer Betrachtung oder in Bezug auf die Kunst eine Rolle. Ihre Mutter war Sprachwissenschaftlerin gewesen und der Vater Meeresbiologe. Von ihm hatte sie auch den Namen bekommen, denn

er war Anfang der 1950er Jahre auf dem Schiff eines französischen Forschers mitgefahren. In seiner tiefen Verehrung für den Mann verlieh er seinem Kind denselben Namen wie der des Schiffs: Calypso.
Calypso liebte, ebenso wie ihr Vater, das Meer. Für sie stand außer Frage, dass sie sich nach Beendigung ihres Bildhauerstudiums an der Kunsthochschule in Sarajewo am Meer niederlassen würde. Während der Ferien vor dem letzten Studiensemester entdeckte sie die kleine Fischerkate, die verlassen und halb verfallen in Sichtweite zum Dorf auf der nicht sehr hohen Klippe stand. Gemeinsam mit Bojan, ihrem Ehemann, hatten sie das Häuschen instand gesetzt, um gemeinsam darin zu wohnen. Bojan bewies dabei außerordentliches Geschick, wie man es von einem bosnischen Ingenieur erwarten durfte. Das Haus ist klein, aber wohnlich und sehr praktisch. Bojan hatte sich viel Mühe gegeben, seiner Frau so viele Arbeiten wie möglich zu erleichtern. Alle nur denkbaren technischen Einrichtungen waren zweckmäßig installiert worden. Die meisten davon hat Calypso seit annähernd einem Jahr, seit dem Verschwinden Bojans in Srebrenica, nicht mehr benutzt. Wozu auch, die wenigen Dinge, die für ihren Lebensunterhalt erledigt werden mussten, konnten auch per Hand getan werden. Wirklich stolz ist sie allerdings auf den großen, begehbaren Brennofen, den Bojan nach alten griechischen Plänen erbaut hatte. Lange hatte er darüber gesessen und gegrübelt, und schließlich, als er glaubte, den Plan und die Funktionsweise verstanden zu haben, begann er mit der Arbeit. Der Ofen geriet so groß, dass er nur vier Mal im Jahr befeuert werden musste. So lange braucht Calypso, um ihn komplett mit ihren Skulpturen und Kleinplastiken zu bestücken. Es wäre unsinnig gewesen, ihn nicht auszulasten, denn wenn er einmal brennt, frisst er riesige Mengen Holz.
Calypso schaut über ihre Schulter zurück zum Haus, das sich vor der bissigen Mittagssonne zu ducken scheint. Rechts daneben stehen ihre kleine Werkstatt und das große Tonfass, in dem sie das Rohmaterial für ihre Arbeit feucht lagert. Dahinter, zur Hälfte im Boden eingelassen, wie ein Bunker mit einem Dach in Form einer Halbkugel, befindet sich der

Brennofen. Er gleicht mit seinen Feuerlöchern einem schlafenden Ungeheuer, das jeden Moment aus der Erde hervorzubrechen droht.
Calypso wendet ihren Blick wieder den Weiten der azurnen Wasserfläche zu und erinnert sich, wie fasziniert sie war, als sie ihre Arbeiten nach einem mehrtägigen Brand aus dem immer noch heißen Ofen in das Sonnenlicht trug. Nirgendwo hatte der Brand Spuren hinterlassen. Die Glasuren waren perfekt und ohne Einlagerungen. Sie hatte ein paar Testgegenstände unterschiedlichster Formen und Maße mitgebrannt, um nachher die Qualität prüfen zu können. Als sie diese zerbrach, konnte sie feststellen, dass alle Teile sauber durchgebrannt waren und keinerlei Unregelmäßigkeiten aufwiesen. Calypso war unendlich glücklich. Bojan hatte einen Ofen gebaut, der auf Anhieb perfekt funktionierte. Sie nahm nur einige Stücke in Augenschein, denn sie hätte die ganze Nacht gebraucht, um den Ofen zu entleeren. Im Hochgefühl des Glücks öffnete Bojan eine bauchige Flasche Rotwein, tat Oliven, Weißbrot und Käse auf ein hölzerne Platte und brachte alles auf die Nase, wie Calypso ihren Lieblingsplatz nannte, um unter dem von Sternen übersäten Firmament das Nachtmahl einzunehmen. Sie hatte den ganzen Abend in seinem Arm gelegen und hinauf in die unendlichen Weiten der Galaxien geschaut. Das Glück war so vollkommen, dass es keiner Worte oder Schwüre mehr bedurfte. Später liebten sie sich bis zum Morgengrauen und waren dann, ohne auch nur ein Auge geschlossen zu haben, aus dem Bett gesprungen, um den Ofen auszuräumen.
Calypso wischt sich eine Träne von der Wange. ‚Vielleicht', denkt sie, ‚sollte ich ein Bad nehmen?' Mehrere Tage war das Meer so aufgewühlt, dass das Schwimmen lebensgefährlich war, selbst für Calypso, die als Halbwüchsige eine verheißungsvolle Sportschwimmerin gewesen war. Von einer Leistungssportlerkarriere hatte ihr Vater ihr dringendst abgeraten. „Meine Tochter kann mehr, als nur hin- und herschwimmen!" Er verabscheute zeitlebens jede Form modernen Gladiatorentums. Die Ratschläge ihres Vaters hatten sich immer als gut für sie erwiesen.

Langsam tastet sie sich auf dem holprigen Pfad an der Nase vorbei hinunter zum schmalen Strand, um die Wasserqualität zu prüfen. Von oben war der Strand nicht einsehbar und manchmal war er derart mit stinkenden und faulenden Algen überhäuft, dass ein Bad zu einer Geruchstortur wurde. Zu ihrem Erstaunen hält sich die Verschmutzung aber in Grenzen. ‚Die Meeresströmungen müssen günstig gewesen sein', denkt sie erfreut und beginnt sich zu entkleiden. Sie trägt häufig einen Bikini unter ihrem leichten Kleid, denn sie liebt es, spontan von der Arbeit aufzustehen, zum Meer hinunterzuklettern und ein paar Züge zu schwimmen. Das entspannt ihre Arme und den Rücken, die häufig, ohne dass sie es in ihrer Versonnenheit bemerkt, vor Anstrengung längst zu schmerzen begonnen haben. Sie legt sich dann rücklings auf das Wasser, atmet tief und läßt sich minutenlang treiben.

Calypso fährt im selben Moment, in dem sie aus ihrem Kleid steigt, herum und erschrickt. Wenige Schritte hinter ihr an der Felswand sitzt ein Mann. Er ist in einem erbarmungswürdigen Zustand. Sein Atem geht röchelnd und seine Lippen sind aufgequollen und rissig. Eine Schürfwunde verunstaltet beinahe die gesamte linke Gesichtshälfte. Schnell steigt Calypso zurück in ihr Kleid und nähert sich vorsichtig dem Mann. Sie bemerkt, während sie langsam vor ihm in die Hocke geht, dass er sie unentwegt mit leerem Blick anstarrt. Er ist außerstande, sich zu bewegen oder zu sprechen. In seinem halbgeöffneten Mund lagert eine aufgedunsene Zunge. ‚Er ist am Verdursten', schießt es ihr pfeilschnell durch den Kopf und sie springt auf, um zum Haus zu eilen. Wieder vernimmt sie ein Röcheln, das nach Sterben klingt. Seine Augen blicken jetzt nicht mehr leer, sondern glimmen flehentlich. ‚Bitte geh nicht weg. Lass mich nicht allein', scheinen sie zu sagen. Calypso hockt sich erneut dicht vor den Mann und ergreift seine Hand, die kalt ist.
„Können Sie gehen? Mein Haus ist nur ein paar Schritte entfernt." Dabei macht Calypso eine unbeholfene Geste in Richtung des Hauses. Jetzt spürt sie, wie seine Hand die ihre drückt. „Wenn Sie gehen können, und wir es versuchen

wollen, drücken Sie meine Hand." Erneut verspürt sie einen sanften Druck. Calypso schlingt sich tatkräftig einen seiner Arme um den Hals und beginnt sich nach oben zu stemmen. Der Mann ist nicht viel größer als sie selbst und zudem ziemlich ausgemergelt. Er wiegt vielleicht noch sechzig Kilogramm, eine Last, die Calypso durchaus zu tragen vermag. Sie ist Bildhauerin und war vor Lasten nie zurückgeschreckt. Der Mann zieht unter Aufbietung aller verbliebenen Kräfte ein Bein an seinen Körper heran und drückt sich ebenfalls vom Boden ab. Schließlich kommt er zu Stehen und Calypso hält ihn aufrecht. Die Schwierigkeit ist nun, nebeneinander den schmalen Pfad hinaufzukommen. Das erweist sich jedoch sehr bald als unmöglich. Also lehnt Calypso den Mann an die Felswand, schiebt sich mit ihrem Rücken vor seinen Körper, sucht seinen anderen Arm, hievt ihn über ihre Schulter und nimmt ihn Huckepack. Die Last behutsam ausbalancierend, beginnt sie den Aufstieg, der kaum höher als acht Meter ist. Mehrfach gerät sie an den Punkt, wo sie das Gefühl bedrängt, ihre Knie nicht mehr durchdrücken zu können. Sie kämpft verbissen. Calypso ist eine Frau, deren stärkste Kraft ihr Wille ist. Schließlich steht sie auf der Kante des Steilhangs und überlegt, ob sie den Mann zu Boden gleiten lassen soll, um sich auszuruhen. Ihre Füße schmerzen, denn sie hat wie gewöhnlich keine Schuhe an. Die Last beider Körper presst die karstigen Felsen in ihre Sohlen. Ohne viel darüber nachzudenken entscheidet sie, bis zum Haus zu laufen. Die wenigen Meter werden für sie zum Martyrium. Wie immer bei gutem Wetter stehen die Türen weit offen und sie gelangt mit dem Mann, von dem sie nicht weiß, wer er ist, noch, ob er nach dem quälenden Aufstieg überhaupt noch am Leben ist, in ihr Schlafzimmer, und lässt sich rücklings zusammen mit dem Mann auf das Bett fallen. Sie vernimmt erneut ein Röcheln und stellt erleichtert fest, dass er noch unter den Lebenden weilt.

Die nächsten Stunden ist Calypso damit beschäftigt, ihm warme Fleischbrühe und Tee mit viel Zucker einzuflößen. Sein Gesicht und vor allem seine Lippen betupft sie mit einem

kleinen, mit Olivenöl getränkten Schwamm, den sie selbst irgendwann einmal aus dem Meer geborgen hatte. Kaum ist die Nahrung in seinem Körper angelangt und die Lebensgeister erwachen, beginnt er zu fiebern. Er kommt nie soweit zu Bewusstsein, dass sie ihn hätte befragen können, wer er ist und wie er an ihren Strand gekommen war. Immerhin kann sie zwei und zwei zusammenzählen. Der Mann trägt eine Militärhose, billige Turnschuhe ohne Strümpfe und ein blaues, quergestreiftes Tuchhemd, wie es Seeleuten tragen. Er muss ein Schiffbrüchiger sein. Sie überlegt, ob sie ins Dorf radeln sollte, um nach dem Arzt zu telefonieren. Doch der würde ohnehin nicht mehr in der Nacht kommen, wenn sie nicht glaubhaft versichern könne, dass der Patient in Lebensgefahr schwebt. Nach eigenen, laienhaften Untersuchungen, die sich auf Puls- und Fiebermessungen beschränken, kommt Calypso zu dem Schluss, dass der Mann nicht in Lebensgefahr schwebt, sondern nur extrem geschwächt ist. Sie entscheidet sich, die Nacht an seiner Seite zu verbringen, um reagieren zu können, wenn es ihm sichtlich schlechter gehen sollte.
Immer wieder versucht sie ihm warme Flüssigkeit einzuflößen. Schauer von Schüttelfrost jagen durch den ausgemergelten Leib und Calypso wirft schließlich mehrere Decken über ihn. Doch es hilft nichts und so kriecht sie selbst kurzerhand unter die Decken, um ihn mit ihrem Körper zu wärmen. Die Abstände zwischen den einzelnen Fieberschüben werden länger und schließlich bleiben sie ganz aus. Gegen Morgen fällt Calypso in einen traumlosen Schlaf.

Als Calypso am späten Morgen erwacht, stellt sie erstaunt fest, dass sie einen ihr vollkommen fremden Mann im Arm hält. Säuerlicher Geruch von getrocknetem Schweiß steigt ihr in die Nase. Der Mann schläft ruhig auf dem Rücken. Ein leises Brodeln steigt aus den Tiefen seiner Brust auf. Calypso ist nach den Anstrengungen der Nacht noch immer sehr müde und beim Erwachen kehren die Erinnerungen nur sehr zögerlich zurück.
‚Vermutlich hat er eine Lungenentzündung', denkt sie und steht behutsam auf. Die Türen des Hauses stehen noch immer

sperrangelweit auf. Die junge Frau hatte sie nicht geschlossen, weil sie meinte, der unbekannte Kranke werde bei frischer Luft einen erholsameren Schlaf haben. Jetzt, die Sonne hat sich schon recht weit über den Horizont erhoben, dringt das schrille Zwitschern einer Lerche ins Haus. Calypso tritt vor die Tür, beschirmt die Augen mit der Hand und schaut über das Meer. Es ist spiegelglatt und kein Schiff oder Boot ist zu sehen. Jetzt verstummt auch die Lerche und Calypso beschleicht das seltsame Gefühl, dass die Zeit stehen geblieben ist. Doch das Gefühl hält nicht lange an.

„Hehehe", vernimmt sie die helle Stimme Petars, der barfüßig den Pfad vom Dorf herauf geschlendert kommt. Der Junge ist zwölf Jahre alt und der Sohn des Postbeamten des Dorfes. Ihre Bekanntschaft hatte zwei Jahre zuvor begonnen, als Calypso regelmäßig kleine Päckchen an die unterschiedlichsten Galerien des Landes verschickt hatte in der Hoffnung, feste Abnehmer für ihre Arbeiten, vornehmlich Kleinplastiken, aber auch Geschirrunikate, zu gewinnen. Inzwischen hat sie ein festes Vertriebssystem und kann den Wünschen der Galeristen, die immer größere Mengen ordern, nicht mehr nachkommen. Petars Vater hatte ihr angeboten, dass der Junge mit einem Handwägelchen zu ihr ins Haus kommen würde, um die vielen Päckchen zum Postamt zu schaffen. Calypso hatte dankend angenommen und bald schon entstand eine Freundschaft zwischen beiden. Calypso liebt Kinder und es war immer ihr Wunsch gewesen, einen Sohn wie Petar zu haben. Petar bewundert die Frau, die so gänzlich anders ist als seine Mutter, die er selten ohne Kopftuch sieht und die er immer nur wortkarg und in sich gekehrt erlebt. Im Gegensatz zu Calypso hat ihn seine Mutter nie in den Arm genommen und herzlich gedrückt. Jetzt, wo der Knabe an der Schwelle zur Mannesreife steht, genießt er die unschuldigen Berührungen von Calypso umso mehr. Seinerseits sind sie längst nicht mehr so unschuldig.
„Hehehe", ruft Calypso zurück, zieht die Haustür hinter sich zu und winkt dem Knaben.
Petar ist bei ihr angekommen und baut sich vor ihr auf.

„Geht's gut?" fragt er betont lässig und stemmt dabei eine Hand in die Hüfte. Den anderen Arm lässt er baumeln. Das ist seine John-Wayne-Pose, die Calypso über die Maßen amüsiert, weil der Junge zerbrechlich wie ein Kirschzweig ist. Seinem Ego tut dies keinen Abbruch. Immerhin fühlt er sich als Calypsos Beschützer, seit Bojan nicht mehr aus Serbien zurückgekehrt war. Sie genießt seinen kindlichen Trost, wenn sie gemeinsam auf der Nase sitzen, über das Meer schauen und er verschämt, aber überglücklich ihre Hand hält.
„Gehen wir schwimmen?"
„Tut mir leid, Petar, heute nicht. Ich habe wenig Zeit."
„Kann ich dir helfen?"
Calypso schüttelt den Kopf. „Schreibarbeit. Abrechnungen und solcher Kram, du verstehst?"
Petar nickt. Er versteht, dass sie ihn heute nicht unbedingt in ihrer Nähe haben will. Es ist nicht das erste Mal, dass sie das Alleinsein sucht. Er spürte in diesen Momenten deutlich, dass ihre Trauer noch immer übermächtig war und zog sich zurück. Es war keine gegen ihn gerichtete Ablehnung. Soviel war sicher. Sie hatte noch nie ein böses Wort an ihn gerichtet. Calypso streicht ihm über das struppige schwarze Haar und lächelt.
„Morgen?"
„Übermorgen", gibt sie sanftmütig, aber bestimmt zurück.
„Übermorgen. Ok." Er dreht sich um, zupft einen Halm aus einer dürren Grasstaude, steckt ihn in den Mund und geht, eine Hand tief in der Hosentasche vergraben, davon.
‚Es wäre nicht gut', denkt sie bei sich, den Blick noch immer auf den Rücken des Jungen geheftet, ‚wenn er den Fremden sehen würde.' Seine Fragen hätte sie ohnehin nicht beantworten können. Als sie sicher ist, dass Petar seinen Weg ins Dorf fortsetzen und nicht noch einmal unerwartet umkehren würde, geht sie zurück ins Haus.

Der dritte Tag ist angebrochen, seit Calypso den Fremden gefunden und in ihr Haus geschafft hat. Er fiebert noch immer, scheint schwere Träume zu haben und ist noch immer nicht soweit erwacht, um mit ihr reden zu können. Die wenigen Wortfetzen, die er wie ein Gehetzter ausstößt, während er sich auf dem Bett hin und her wirft, sind in griechischer, englischer und serbischer Sprache. Verstehen kann sie nichts, denn die Sätze sind zusammenhanglos und wirr, und langsam macht sie sich ernsthaft Sorgen, ob der Mann nicht doch in Lebensgefahr schwebt. Es ist nicht möglich ihm feste Nahrung zu verabreichen. Die Flüssigkeit, die sie ihm einflößt, schwitzt er in den Fieberschüben schnell wieder aus. So sitzt sie beinahe unablässig an seinem Bett. Wenn er ruhig atmend schläft, hängt sie ihren Gedanken nach. Es haben sich einige, für sie ungewohnte und unangenehme Überlegungen eingeschlichen. Aus unerfindlichen Gründen fürchtet sie eine Entdeckung dieses Mannes in ihrem Haus. Sie ist stets frei genug gewesen, ihr Leben offen zu leben, denn sie liebt die Wahrheit und hatte sich nie anders als aufrichtig verhalten. Das war ein Erbe ihrer vorbildhaften Eltern, die ihr stets Wahrhaftigkeit vorgelebt hatten. Doch nun befindet sich ein Mann in ihrem Bett. Es ist ein fremder Mann, mit dem sie noch kein einziges Wort gewechselt hat, aber er ist ein Mann, und das zählt. Der Fremde ist der erste Mann, der seit einem Jahr in ihrem Haus übernachtet hat. Wenn Bojan plötzlich im Raum stünde, hätte sie kein schlechtes Gewissen. Warum auch? Er würde es verstehen. Und doch hat die Anwesenheit des Mannes etwas verändert. Sie widmet sich ihm in einem Maße, wie sie es, außer bei ihrem Ehemann, noch nie für ein männliches Wesen getan hat. Sie muss sich eingestehen, dass sie ihn auch mit den Augen des Weibes betrachtet.

Calypso hatte den Fremden entkleidet, ihn gewaschen und ihm Sachen ihres Ehemannes angezogen. Sie sind ihm ein wenig zu groß und er sieht inmitten des zerwühlten Bettes noch hinfälliger aus, als er tatsächlich ist. Die junge Frau hat sein widerspenstiges, festes, schwarzlockiges Haar gekämmt und darüber nachgedacht, ob sie ihn vielleicht rasieren sollte. Doch abgesehen davon, dass er sich gelegentlich unvermittelt und überraschend hin- und herwarf und sie so Gefahr lief, ihn zu schneiden, erscheint ihr dieser Vorgang aus irgendeinem rätselhaften Grund überdies auch zu intim. Sie hatte seine Sachen gewaschen und hinter dem Haus, im Windschatten, wo sich die Sonnenhitze am stärksten staute, aufgehängt.

Jetzt sitzt sie auf der Bettkante und betrachtet ihn. Sein Gesicht ist eingefallen und wirkt älter als sein Körper, der zwar nicht übermäßig groß, aber doch sehr athletisch ist. Die Adern auf seinen muskulösen Armen treten deutlich hervor und bei jeder noch so geringen Regung spannt sich seine bronzefarbene Haut. Als sie ihn entkleidet hatte, kam sie nicht umhin, ihn eingehend zu betrachten. Dabei entdeckte sie einige Narben an Oberkörper und Armen. Es waren genau diese leicht bläulichen Verfärbungen, die das Gleichmaß seines Adonischen Körpers infrage stellten, und Calypso mit leichtem Schaudern denken ließ, dass es eher der Körper eines antiken Kriegers sein könnte als der eines narzisstischen Fexes.
Flink hat sie nach ihrem Skizzenblock gegriffen und zügig eine Zeichnung nach der anderen angefertigt. Die letzte Skizze, ehe sie den Block beiseite legt, galt seinem Gesicht. Unter ebenmäßig lockigem Haar und Bart treten entschlossen männliche Züge mit stechenden Augen hervor. Später, als sie endlich seine Augen eingehend betrachten konnte, war sie erstaunt, wie treffend sie den Ausdruck auf dem Papier gebannt hatte. Calypso betrachtet die Zeichnung nicht ohne einen Anflug von Verwunderung. Dieser Mann, oder zumindest sein Körper, inspiriert sie. Ein Zitat des Malers Whistler geistert ihr plötzlich durch den Kopf: ‚Art happens'. Entschlossen und freudig erregt zugleich schreibt sie den Namen „Hector" in die rechte untere Ecke des Blattes. Sie hat eine Schwäche für den antiken Helden, der bei allem Kampfeswillen den Untergang des Hauses Priamos und der Stadt Troja nicht hatte verhindern können. Ihre Neigung kommt nicht von ungefähr, denn Hector war auch der erklärte Liebling ihres Vaters gewesen. Er hatte ihr immer wieder mit eigenen Worten Passagen aus der Ilias erzählt und später, als sie im Begriff war ihr Abitur zu machen, mit melodiöser Stimme und im Rhythmus des homerischen Verses daraus vorgelesen.

„Hehehe!" Calypso zuckt zusammen. Sie hat ganz und gar vergessen, dass Petar sich für den Tag angesagt hatte. Es passt ihr gar nicht und sie hat auch keinen Einfall, wie sie den Jungen abwimmeln könnte. Sie will auf gar keinen Fall, dass

er den Fremden im Haus zu Gesicht bekommt, ehe sie selbst überhaupt weiß, wer er ist, und warum er an ihren Strand geschwemmt wurde. Schließlich rafft sie sich auf, ergreift ihre aus Bast geflochtene Einkaufstasche und tritt vor das Haus. Petar ist vielleicht noch zwanzig Meter entfernt. Calypso zieht die Haustür hinter sich zu und verschließt sie mit dem großen eisernen Schlüssel, der noch einen Bart hat.
„Hehehe!“ entgegnet sie und als Petar bei ihr angelangt ist, umarmt und küsst sie ihn schwesterlich auf sein tiefschwarzes Haar.
„Ich muss dringend ein paar Sachen einkaufen und lade dich auf ein Eis ein. Was hältst du davon?“ Petar hält den Blick gesenkt und antwortet mit griesgrämigen Unterton: „Von mir aus.“ Er wäre lieber mit ihr im Haus geblieben, hätte ihr bei der Arbeit zugeschaut oder ihrer Stimme gelauscht, wenn sie über das sprach, was sie tat. Während sie gemeinsam den staubigen Pfad hinab ins Dorf laufen, betrachtet Calypso den schweigsamen Jungen neben sich. Sie hatte, kaum dass er sich regelmäßig bei ihr eingefunden hatte, versucht, ihn in die künstlerischen Vorgänge ihrer Arbeit einzubeziehen. Sie war sich sicher, dass in jedem Menschen auch ein Künstler steckt, und dass es manchmal nur eines geringen Anstoßes bedurfte, diesen zu erwecken. Er hatte ihr stets aufmerksam zugehört, ja, er klebte geradezu an ihren sinnlichen Lippen, wenn sie sprach. Doch schienen ihre Worte und Gedanken ihn nicht wirklich zu erreichen. Wenn sie rückfragte, ob er verstanden habe, was sie ihm gerade erklärt hatte, nickte er zwar, doch seine Augen sprachen eine andere Sprache. Petar war entweder auf eine einfältige Weise uninteressiert, oder aber er verriet nie, was in seinem Innern vor sich ging. Calypso wäre es eigentlich egal gewesen, wenn da nicht die Begebenheit mit dem Hund gewesen wäre. Häufig, wenn sie Skizzen zu Entwürfen anfertigte, schob sie ihm ein Blatt Papier über den Tisch, schüttete die Stifte aus einem hölzernen Kasten auf die große Arbeitsplatte aus und ermunterte ihn, ebenfalls zu zeichnen. Häufig lehnte er ab und begnügte sich damit, ihr zuzuschauen. Eines Tages jedoch kam er ihrer Aufforderung zögerlich nach. Bald schon war er vollkommen in

seiner Beschäftigung vertieft und Calypso nutzte die Gelegenheit, einen Blick über seine Schulter zu werfen. Schon auf den ersten Blick bemerkte sie, dass er gänzlich unbegabt zu sein schien. Der zweite Blick allerdings entsetzte die Frau. Auf seinem Bild war ein Baum zu sehen, an dessen unterem Ast ein Hund am Hals aufgehängt war. Als sie sich räusperte und so seine Aufmerksamkeit erregte, grinste er sie stolz und mit kindlichem Entzücken im Gesicht an. Erst als er bemerkte, dass Calypso das Motiv zu missbilligen schien, es sie augenscheinlich abstieß, zerknüllte er das Blatt mit fahriger Hand, warf den Stift auf den Tisch und rannte mit hochrotem Kopf davon. Danach ließ er sich tagelang nicht blicken. Im Dorf erfuhr sie von den Bewohnern, dass tatsächlich ein Hund erhängt worden war. Die Dörfler haben nie herausgefunden, warum und von wem diese Tat begangen worden war. Und da es nur ein Hund war, die meisten Bewohner des Dorfes waren ja muslimisch und Moslems gelten Hunde als unreine Tiere, verlor sich die Aufgeregtheit des Augenblicks bald im alltäglichen Einerlei. Calypso machte sich Vorwürfe, denn sie war sich sicher, dass der Junge von dem Anblick des getöteten Hundes traumatisiert sein müsste. Einige Tage später begegnete sie ihm auf dem Postamt und sprach ihn an, als wäre nichts gewesen. Petar ging dankbar auf ihre Begrüßung ein und tatsächlich war ihr Verhältnis auch weiterhin ungetrübt. Sie sprachen einfach nicht über den toten Hund. Schon am nächsten Tag brachte er ihr Pfirsiche aus dem väterlichen Garten. Sie waren noch ein wenig unreif, doch für Calypso zählte die Geste. Es war ohnehin nur ein Vorwand, endlich wieder in ihrer Nähe sein zu dürfen. Seither war beinahe ein Jahr vergangen, und Petar war den staubigen Pfad hinauf zum Schwalbenhaus, wie man Calypsos und Bojans Wohnstatt nannte, weil sich unter dem Dachsims eine lange Reihe Schwalbennester befand, viele Male gegangen.

Sie erreichen das Dorf. Es ist ein typisches Straßendorf und die Häuser reihen sich in ebenmäßigem Abstand zueinander entlang der Straße, die parallel zum Meer verläuft. Die Häuser sind klein und schmucklos. Prächtig hingegen sind die Gärten

und es scheint, als würden die Bewohner sich in einem verbissenen Wettstreit befinden, wer die größte Prachtentfaltung blühender Blumen zuwege bringt. In der Mitte des Dorfes befindet sich die einzige Kreuzung. Rechts fällt die Straße leicht ab und endet in dem kleinen Hafen, der gegen Winde und Unwetter durch eine ringförmige Mole geschützt ist. Auf der Ecke an Dorf- und Hafenstraße steht das einzige Wirtshaus des Ortes. Es hat eine gemütliche Veranda, wo auch am hellen Tag stets einige Männer sitzen, Tee trinken, die Kugeln der Gebetskette, meist blank gewetzte Kirschkerne, durch die Finger gleiten lassen und träge miteinander schwatzen. Auf der anderen Straßenseite hinab zum Hafen ist das Postamt gelegen und gegenüber auf der Landseite der Dorfstraße befindet sich das einzige Geschäft, in dem es beinahe alles zu kaufen gibt, was man zum Leben braucht. War etwas einmal nicht vorrätig, wurde es bestellt. Man hat es nicht eilig in dem kleinen Ort, der sich nicht unbedingt durch rege Betriebsamkeit auszeichnet. Man hat gelernt zu warten und die Warterei zu genießen. Am Ende der Straße landeinwärts befindet sich die Moschee. Es ist der größte Bau im Ort, der unter der Ägide des Bürgermeisters, zugleich das geistliche Oberhaupt der Muslime, errichtet worden war. Die Gemeinde hatte sich verschuldet, um diesen Bau realisieren zu können. Allein, der Stolz über ihren prächtigen Glaubenstempel überwog die Sorgen um die stets überfälligen Kreditraten.
Calypso steuert auf das Geschäft zu, in dem sie freundlich von der fülligen und leutseligen Besitzerin Lidija begrüßt wird.
„Heute wieder mit deinem Ritter unterwegs?“ begrüßt sie das eintretende Paar. Petar läuft rot an und Lidija bemerkt, dass er peinlich berührt ist. Schnell bringt sie die Situation wieder unter Kontrolle. „Ich habe heute frischen Prsut hereinbekommen. Den musst du unbedingt probieren, Mädel.“ Behände greift sie nach einem Messer, dessen Klinge vom vielen Schleifen schon so schmal geworden ist, dass sie beinahe einer Stricknadel gleicht, und schneidet behutsam eine große, dünne Scheibe von luftgetrockneten Schinken herunter, den sie unter dem Ladentisch aufbewahrt. Calypso nimmt

den Schinken entgegen, riecht daran und beißt ein kleines Stück ab. Ihr Gesicht weitet sich zu einem breiten, genüsslichen Grinsen.
„Der ist gut, nicht wahr?“ kommentiert Lidija den Gesichtsausdruck Calypsos. „Und du junger Mann, womit kann ich dich beglücken? Magst du was Süßes?“ Petar antwortet mit einem Seitenblick auf seine Begleiterin artig: „Nein danke, wir werden noch ein Eis essen gehen.“
„Ah, verstehe, ihr werdet noch ein Eis essen gehen. Na, dann habe ich keine Chancen, den jungen Mann zu beeindrucken.“ Sie macht ein säuerliches Gesicht und bricht schließlich in schallendes Lachen aus, bei dem sie ihre schönen Zähne und ihr rotes Zahnfleisch entblößt. Petar ist von diesem, auf ihn schamlos wirkenden Anblick angewidert, lässt sich allerdings nichts anmerken.
„Wie schaut es mit weißem Brot aus? Hast du frisches?“ fragt Calypso. „Frischer geht's gar nicht! Ich habe auch frischen Osoljena“, flötet Lidija verschmitzt. Sie vermutet, dass Calypso dem gesalzenen Fisch nicht widerstehen kann. Und sie behält Recht damit. Kaum hat Calypso ihren Einkauf bezahlt, ergreift Petar die Tasche und verlässt, einen unverständlichen Gruß murmelnd, das Geschäft. Er fühlt sich stets unbehaglich in der Gegenwart Lidijas, denn einerseits wird er in seiner erwachenden Männlichkeit von der sehr üppigen, prall weiblichen Erscheinung der gelegentlich etwas zu lauten Fünfzigjährigen angezogen, andererseits entsetzt ihn seine bis vor kurzem ungekannte, bohrende Begierde. Lidijas Anblick verwirrt ihn und treibt ihn stets in einem Anflug von Panik aus dem Geschäft.

Calypso und Petar überqueren die Straße und steuern auf die Taverne zu. Auf der schattigen Veranda sitzen einige Männer des Dorfes um Branko Bagić herum und lauschen ihm. Er ist der Imam der moslemischen Glaubensgemeinschaft und zugleich der Bürgermeister. Bagić ist ein vermögender Mann, doch niemand kann bislang Auskunft darüber geben, wie er zu Reichtum gekommen war. Er selbst spricht nie darüber. Um das Bürgermeisteramt hatte er sich beworben, weil er eine Aufgabe suchte, und er erhielt den Zuschlag, weil er auf eine üppige Bezahlung verzichtete. Wichtiger als die Tätigkeit war ihm allerdings die Reputation, die das Amt mit sich brachte. Er fühlte sich als der uneingeschränkte Herrscher im Dorf und er war es auch. Die Zuneigung, die ihm die meisten Bewohner seit einigen Jahren entgegen bringen, ist ganz sicher nicht seinem Wesen geschuldet, denn er ist ein verschlagener Mann von abstoßendem Äußeren. Bagić ist mittelgroß mit breiten Schultern, die ihn sehr wuchtig erscheinen lassen. Sein federnder, nahezu geräuschloser Gang hat stets etwas Katzenhaftes. Seine Stimme ist für seine körperliche Erscheinung ein wenig zu hoch und jeder, der ihn zum ersten Mal sprechen hört, ist gleichermaßen verwundert über die Tonlage. Wenn er spricht, dann immer sehr leise. So zwingt er seine Diskutanten zu äußerster Konzentration. Schon mit wenigen Worten erringt Branko Bagić die Hoheit über jede Gesprächsrunde und mit großer Eindringlichkeit geht er sogleich daran, den Menschen einzublasen, was ihm wichtig erscheint. Man widerspricht nicht; man diskutiert auch nicht; man hört zu. Und wenn Branko Bagić fertig ist, geht man, erfüllt von den Botschaften des Imams oder des Bürgermeisters, seiner Wege. Nichts wird im Dorf gesprochen, nichts gedacht, was nicht durch Branko Bagić, dadurch dass er es zuvor gesprochen oder gedacht hatte, abgesegnet ist. Wann immer oder unter welchen Umständen auch immer ein Gespräch mit ihm zu Ende geht, stets entlässt er seine Zuhörer mit dem Satz: „Allahu akbar!“

Dass er als junger Mann Mitglied in der kommunistischen Partei Titos gewesen war, störte niemanden. Warum auch, hatten doch sämtliche älteren Bürger ihre eigenen Leichen im Keller. Also sprach man besser nicht darüber. Anfangs hatte man noch gemunkelt, Branko Bagić sei nach Deutschland gegangen, wo er schließlich auch zum moslimischen Glauben übergetreten war und dort sein Vermögen gemacht hatte. Inzwischen jedoch waren alle Gerüchte um den pockennarbigen Mann mit dem einschüchternden, stechenden Blick verstummt.

„Salam, Frau Calypso, schön Sie zu sehen.“

Unvermittelt und mit sichtlicher Freude erfüllt, unterbricht Branko Bagić das Gespräch mit den Männern und begrüßt Calypso, als er ihrer ansichtig wird. Die Männer blicken sich um. Ihre Gesichter sind gleichgültig oder verschlossen, vermutlich stehen sie noch unter dem Einfluss der hypnotischen Ausführungen ihres Imams oder Bürgermeisters. In welcher Mission Branko Bagić gerade unterwegs ist, ob in geistlicher oder weltlicher, wissen immer nur seine Gesprächspartner, nie aber Außenstehende.
„Guten Tag, Herr Bagić."
„Kommen Sie, setzen Sie sich zu mir." Mit einer unscheinbaren Handbewegung bedeutet er den Männern, dass das Gespräch zu Ende ist. „Die Rechnung geht auf mich. Allahu akbar." Die Männer murmeln ihre Grußformeln und gehen auseinander.
„Kommen Sie, kommen Sie nur, setzen Sie sich. Na, Petar, alles in Ordnung zu Hause?" Petar schaut zu Calypso, unsicher, ob sie die Einladung Bagićs annehmen würde. Calypso ist es unangenehm, sich an den Tisch des, wie sie findet, unsympathischen Mannes zu setzen, doch sie kann sich unmöglich an einen der anderen leeren Tische setzen. Das wäre ein Affront gegen den Bürgermeister, dessen Gunst sich jedermann so eifrig zu versichern sucht. Schließlich setzt sie sich Branko Bagić gegenüber an den Tisch. Petar lässt die Einkaufstasche auf den Boden gleiten, zieht seinen Stuhl dichter an Calypso heran und setzt sich mit undurchdringlicher, lauernder Miene neben sie. Er ist auf jeden Mann eifersüchtig, der sich, in welcher Absicht auch immer, seiner, diesen Anspruch vertritt er kompromisslos, Calypso nähert.

Radomir Uljarevic, der Besitzer des Restaurants, von allen erwachsenen Dorfbewohnern nur Rad genannt, schlurft aus dem Schattenreich des Innern der Gaststube herbei.
Branko Bagić lehnt sich weit zurück, lässt den Kopf in den Nacken fallen, was ihm ein gönnerhaftes Aussehen verleiht und bestellt beim hinter ihm stehenden, nicht unbedingt vor Erwartung überschäumenden Rad, in dem er mit feiertäglicher Geste die benutzten Teegläser zur Seite schiebt:

„Bring uns bitte zwei gespritzte Weiße, aber nicht vom billigen Wein.“ Und an Calypso gewandt, fragt er nach: „Ist doch recht, oder? Ich darf Sie doch einladen?“ Calypso nickt zögerlich, erwähnt zugleich, dass sie Petar auf ein Eis eingeladen hat. Bagić ordert umgehend den üppigsten Eisbecher, der im Angebot ist. Dann erkundigt er sich über ihr Befinden, fragt nach, ob sie etwas benötigt oder ob er ihr in irgendeiner Weise behilflich sein kann. Nebenher nippt er an seiner Weißweinschorle. Niemand nimmt daran Anstoß, denn als Moslem verbot ihm seine Religion eigentlich den Genuss von Alkohol. Aber eben genau das machte seine Unwiderstehlichkeit bei seinen Glaubensbrüdern aus. Er kann mit einem Andersgläubigen an einem Tisch sitzen und gegen die Regeln seiner Religion verstoßen, ohne dass es ihm jemand übel nimmt oder Vorwürfe gegen ihn erhebt. Wenn er, wie an diesem Tag an seinem Glas nippt, ist es eine Geste des Respekts und der Freundlichkeit. Das allein ist Grund genug, sich auf die Sure 2, Vers 173 zu berufen, in der geschrieben steht: „Wenn aber jemand gezwungen ist, ohne zu begehren und ohne das Maß zu überschreiten, so trifft ihn keine Schuld; wahrlich, Allah ist allverzeihend, barmherzig.“

Branko Bagić begehrt nicht den Wein, sondern die Gesellschaft Calypsos und somit ist seine Handlung verzeihlich. Allzu orthodoxe Regeln sind ohnehin verpönt und die meisten Moslems im Dorf trinken hinter verschlossener Türe gelegentlich ihr Glas Wein. Da alles in Maßen stattfindet und es nie oder höchst selten zu Exzessen kommt, redet man nicht darüber.
„Wie schaut es mit Holz aus? Brauchen Sie welches? Sie müssen es nur sagen und ich leite das in die Wege.“
Calypso schüttelt den Kopf, und während ihr volles offenes Haar von einer sanften Brise aufgebauscht wird und sie wie ein Tuch zu umschweben beginnt, sie für den Bruchteil eines Augenblickes wie Raffaels Sixtinische Madonna aussieht, entdeckt Petar, der unverdrossen sein Eis löffelt, in den Augen Bagićs die heimliche Begierde, von der dieser besessen ist, seit Calypso das erste Mal sein Grundstück betreten hatte,

um sich nach dem Schwalbenhaus auf der Klippe zu erkundigen, das sie zu kaufen gedachte.
„Nein … Nein, nein, danke. Ich habe ausreichend für mindestens einen Brand."

Unvermittelt legt Branco Bagić seine Hand auf die ihre. Calypso durchzuckt es bei der unerwarteten Berührung und Petars reichlich gefüllter Eislöffel bleibt in der Luft hängen, als stünde die Zeit still. Mit ernster und unbeweglicher Miene beugt sich Bagić soweit vor, wie es die Tischplatte zulässt und haucht Calypso mit leiser, aber leidenschaftlicher Stimme entgegen: „Manchmal denke ich, Sie wollen mich nicht verstehen, Frau Calypso. Darum sage ich es Ihnen noch einmal. Sie können von mir alles haben." Ein dumpfes Klatschen unterbricht die unnatürliche Stille. Petars Eis ist vom Löffel geglitten und hat beim Aufprall auf der Tischplatte die größtmögliche Ausdehnung angenommen. Calypso entzieht dem Bürgermeister ihre Hand, steht auf und strebt mit einer Entschuldigung dem Innern der Gaststätte zu.
„Entschuldigen Sie mich. Ich muss auf die Toilette."

Branco Bagić lässt sich wieder zurück auf seinen Stuhl fallen und beobachtet, wie Petar sich mit hochrotem Kopf und seinem langstieligen Löffel bemüht, das heruntergefallene Eis in den inzwischen leeren Becher zurückzuschaufeln.
„Hör mal, Petar, du wirst mir auf die Frau aufpassen. Sie ist ganz allein und braucht männlichen Schutz. Ist das klar?"
Petar schaut den Mann erstaunt an. Hat er richtig gehört? Branco Bagić, der Bürgermeister und Imam des Dorfes stellt Calypso unter seinen, Petar Vladanovićs Schutz?
„Hast du zugehört?" Brankos Stimme ist jetzt schneidend.
„Ja, … habe ich", gibt Petar stotternd zurück.
„Wenn irgendwas sein sollte, Frau Calypso Hilfe braucht, dann wirst du zu mir kommen und es mir berichten, ist das klar?"
„Jawohl!"
Petars Stimme klingt von Stolz befeuert und kernig.
Erneut beugt sich der Mann vor und flüstert:

„Das bleibt unter uns, klar? Das ist eine Angelegenheit unter Männern. Niemand braucht davon zu wissen. Niemand, hörst du? Auch die Familie nicht."
„Klar", flüstert der Junge zurück.
Er war jetzt offiziell zum Vertrauten ernannt, und zwar nicht von irgendwem, sondern von Branco Bagić. Für Petar fühlt es sich an, als wäre er in diesem Augenblick zum Mann gereift. Es ist seine Initiation.
Ein letztes Mal wendet sich der Bürgermeister an den Jungen: „Ich will alles wissen, alles!"
Petar nickt und erblickt Calypso, die gerade vor die Tür tritt. Sie hält einen kurzen Augenblick inne und schaut zu Petar herüber, der eilig die Einkaufstasche vom Boden klaubt, um sich gemeinsam mit seiner Schutzbefohlenen auf den Heimweg zu begeben. Branco Bagić schaut ihr versonnen nach bis sie hinter der sanften Biegung der Straße in Richtung Klippe verschwindet. Dann winkt er Rad, den Wirt heran, um seine Zeche zu begleichen. Mit einigem Erstaunen erfährt er, dass Calypso ihren Wein und das Eis für Petar selbst bezahlt hat.

Der Heimweg hinauf auf die Klippe zum Schwalbenhaus gestaltet sich sehr schweigsam. Noch immer spürt Calypso die weiche, unmännliche Hand Branko Bagićs auf ihrem Handrücken und von Petar unbemerkt streicht sie sich immer wieder über ihre Hüfte, als könne sie den Abdruck der pulsierenden Berührung am dünnen Stoff ihres Kleides fortwischen. Petar schaut die schweigsame Frau immer wieder von der Seite her an. Er will ergründen, was in ihr vorgeht, denn er spürt deutlich, dass etwas mit ihr nicht stimmt. Calypso bleibt plötzlich abrupt stehen, wendet sich zu Petar und legt ihm eine Hand auf die Schulter. „Ich möchte allein nach Hause gehen. Sei mir nicht böse …"
Petar reicht ihr wortlos die Einkaufstasche und wendet sich zum Gehen. Calypso hält ihn am kurzen Ärmel seines blass karierten Hemdes fest. „Du bist mir doch nicht böse, oder?"
Petar versenkt einen sehnsuchtsvollen Blick in ihre Augen, schüttelt den Kopf und schlendert davon.

Als Calypso das Haus betritt, herrscht völlige Stille. Sie stellt die Einkaufstasche in der Küche ab und geht ins Schlafzimmer, um nach ihrem gestrandeten Kranken zu schauen. Als sie ans Bett tritt, stockt ihr für einen kurzen Moment der Atem. Der Mann ist bei Bewusstsein und schaut sie mit klarem und durchdringendem Blick an. Calypso setzt sich auf den Rand des Bettes.

„Wie geht es Ihnen?" Der Mann antwortet nicht, sondern schaut sie unentwegt an. „Verstehen Sie mich? Können Sie mich hören?" Die Lippen des Mannes zittern, doch er spricht nicht.

„Möchten Sie etwas, haben sie Durst oder Hunger?" Obgleich der Mann sie beharrlich anschaut, hat Calypso nicht das Gefühl, dass er sie versteht. Calypso will seine Stirn mit ihrem Handrücken berühren, um die Temperatur zu prüfen. Doch sie zuckt unvermittelt zurück, denn es ist der Handrücken, den noch vor weniger als einer halben Stunde Branko Bagić berührt hatte und von dem sie meint, ihn waschen zu müssen, so unbehaglich ist ihr der Gedanke. Schließlich fühlt sie die Stirn mit der anderen Hand und konstatiert eine normale Körpertemperatur, was ihr ein Lächeln auf das fein geschnittene Gesicht zaubert. Sie belässt es bei ihrer Muttersprache und erklärt: „Sie haben zwei Tage lang gefiebert. Ich war ziemlich besorgt. Umso mehr freue ich mich, dass es Ihnen jetzt wieder besser geht. Mein Name ist Calypso Jerković. Ich bin Bildhauerin und stelle Keramiken her. Was könnte ich Ihnen noch über mich erzählen?" Ihr Blick fällt auf ein Foto, auf dem sie gemeinsam mit ihrem Ehemann abgebildet ist.

„Ich bin verheiratet. Mein Mann heißt Bojan." Calypso macht eine Pause, da sie meint, ihre Stimme nicht unter Kontrolle zu haben.

„Er ist vor mehr als einem Jahr zu Verwandten nach Srebrenica gereist … und seither verschollen. Ja, dann werde ich Ihnen mal eine Suppe machen. Sie müssen ja wieder zu Kräften kommen." Als sie aufsteht und in die Küche geht, folgt ihr der Blick des Mannes. Darüber hinaus zeigt er allerdings keine Regung. Als sie mit einem Teller voll heißer Brühe zurückkommt, hat er den Blick an die Decke geheftet.

„Ich habe Ihnen eine Hühnerbrühe gemacht. Möchten Sie?" Der Mann reagiert nicht. Sie ist ratlos. Hat der Mann die Kraft, selbstständig zu essen? Oder soll sie ihn füttern, wie sie ihn bislang mit Flüssigkeit versorgt hat, als er zwar bei Bewusstsein, aber wegen des Fiebers nicht ansprechbar war. Schließlich setzt sie sich wieder auf den Bettrand und führt einen Löffel mit der dampfenden Suppe an seine spröden, aufgesprungenen Lippen. Doch er öffnet weder den Mund, noch senkt er seinen Blick von der Zimmerdecke.
„Ich werde die Suppe warm stellen, und wenn Sie etwas davon möchten, geben Sie mir ein Zeichen." Das Schweigen des Mannes beunruhigt Calypso, doch was kann sie schließlich tun? Er ist bei Bewusstsein, und selbst wenn er sie nicht verstehen würde, könnte er auf vielerlei Weise mit ihr kommunizieren. Er will es offensichtlich nicht. Vielleicht, so denkt sie, ist er traumatisiert. Immerhin war er schiffbrüchig und sie weiß ja nicht, wie lange er im Meer getrieben war, ehe er das rettende Ufer erreicht hatte. Sie kann sich des Gefühls nicht erwehren, ihn nicht allein lassen zu dürfen und so holt sie aus dem Bad Wattetupfer, Nagelfeile und Schere und aus der Küche eine Tasse, in die sie ein wenig Olivenöl gegossen hat. Sie setzt sich wieder zu ihm auf das Bett und beginnt, seine aufgerissenen Handflächen und Finger mit Öl zu betupfen und seine Fingernägel zu behandeln, die sämtlich abgebrochen oder bis tief ins Nagelbett hinein eingerissen waren. Er lässt es stumm und regungslos geschehen. Calypso arbeitet schweigend. Er hat kräftige Hände, die jedoch kaum Hornhaut aufweisen. Er arbeitet also nicht mit seinen Händen, was ihr sagt, dass er unmöglich Seemann sein kann. Als sie ihre Maniküre beendet und ihn anschaut, ist er wieder eingeschlafen und sie meint, ein Lächeln in seinen Mundwinkeln erblicken zu können.

Es ist weit nach Mitternacht, ein voller Mond prangt am Himmel, als Calypso von einem unbestimmten Geräusch geweckt wird. Behutsam schlägt sie die Wolldecke zurück und erhebt sich, intensiv lauschend, von der Wohnzimmercouch, die, seit sie den Fremden am Strand aufgelesen hatte, ihre

Schlafstatt ist. Barfüßig durchschreitet Calypso, wegen des kühlen Backsteinbodens ein wenig fröstelnd, den Raum und steuert auf das Schlafzimmer zu. Die Tür steht offen. Als sie in das kleine Zimmer lugt, findet sie den Fremden nicht mehr in ihrem Bett vor. Ehe sie mit ihrer Überlegung, was mit dem Mann wohl geschehen sei, zu einem Ergebnis kommt, vernimmt sie ein metallisches Klappern. Es kommt aus der Küche. Die Küchentür ist angelehnt und als Calypso sie in den Raum hinein öffnet, verstummt das Geräusch. Es dauerte eine Weile, bis ihre Augen etwas ausmachen können, und so schaltet sie kurzentschlossen das Licht an. Der Fremde sitzt, wie einige Tage zuvor an der Wand der Klippe, an den Küchenschrank gelehnt. Auf dem Schoß hält er den Topf mit der Hühnersuppe und in der rechten Hand eine Schöpfkelle. Er hat sich bei dem Versuch, mit der Kelle die Suppe zu essen, bekleckert. Der Mann senkt seinen vom Lichtschein der Lampe geblendeten Blick auf den Schoß und entdeckt die Bescherung. Dann schaut er zu Calypso auf, die ihn ein wenig ratlos betrachtet.
„Die Suppe schmeckt gut." Seine Stimme klingt angenehm dunkel, aber ein wenig kratzig, denn er ist, was das Sprechen anbelangt, etwas aus der Übung.
„Warm schmeckt sie noch besser." Calypso nimmt ihm die Kelle und den Topf ab, stellt das emaillierte Behältnis auf den Gasherd und entzündet die Flamme.
„Ich habe eine rechte Schweinerei angestellt", sagt der Mann und betrachtet sich.
„Hm, wie man es nimmt. Ich finde das Muster gelungen." Calypso lächelt. Als sie bemerkt, dass der Mann sich nicht aus eigener Kraft erheben kann, greift sie beherzt zu und stellt ihn auf die Beine. Kaum steht er einigermaßen aufrecht, wehrt er ihre helfenden Hände ab.
„Danke. … Danke. Es geht schon." Seine Hilflosigkeit ist ihm peinlich. Mit schwankendem Schritt tritt er den Weg ins Schlafzimmer an. Er zieht sich das befleckte, von der Suppe durchnässte T-Shirt über den Kopf aus, wobei er kurzzeitig aus dem Gleichgewicht gerät. Calypso macht Anstalten, ihm beizuspringen, doch wieder ertönt seine Stimme:

„Danke. Es geht …“ Sie betrachtet seinen Rücken. Der Mann ist ausgemergelt und dennoch sehr muskulös. Fasziniert betrachtet sie diese lebendige, sich unentwegt verändernde Landschaft aus menschlichem Fleisch. Als sie ihre eigene Faszination wahrnimmt, schlägt sie ein wenig verschämt die Augen nieder und begibt sich zurück an den Herd.

Als Calypso mit einem leichten Tablett, auf dem sie eine große Schale mit dampfender Suppe trägt, ins Schlafzimmer tritt, lehnt der Mann aufrecht sitzend an der rötlich schimmernden Rückwand des alten Bettes. Dieses Bett hatten sie, Bojan und Calypso, gemeinsam auf einem Markt erstanden. Es war aus Kirschholz gefertigt und gut einhundert Jahre alt. „Darin werden noch unser Sohn und dessen Sohn ihre Ehefrauen lieben“, verkündete Bojan, nachdem er das stabile, matt glänzende Möbel aufgestellt hatte.
„Seien Sie vorsichtig. Die Suppe ist vielleicht zu heiß.“ Calypso stellt ihm das Tablett auf die Schenkel und setzt sich an das Fußteil des Bettes, von wo aus sie ihm beim Essen zusieht. Sie hat vermutet, dass er sehr gierig sein würde, so ausgehungert wie er war, und ihn darum gewarnt. Doch der Mann isst betont langsam. Mit sicherer Hand führt er den Löffel zum Mund und trinkt ihn, ohne das geringste Schlürfgeräusch zu erzeugen, leer. Calypso ist verblüfft über die Eleganz seiner Bewegung.
Endlich, als wäre er den Anstrengungen des Essens nicht mehr gewachsen, lässt er den Löffel auf das Tablett sinken. Behände springt Calypso auf und befreit ihn von dem Servierbrett. Als sie aus der Küche zurückkehrt, hat er seinen Kopf an das Holz des Bettes gelehnt.
„Danke. … Haben Sie eine Zigarette?“
Calypso schüttelt verneinend den Kopf. Da seine Augen geschlossen sind, kann er die abschlägige Antwort nicht sehen und so fügt sie erklärend hinzu: „Nein, wir sind Nichtraucher, mein Mann und ich.“
„Ihr Mann und Sie, so, Nichtraucher … Nun, man kann nicht alles haben.“

Calypso kann ihre Neugierde nicht länger unterdrücken und fragt ihn ganz direkt: „Wer sind sie?“
Der Mann öffnet die Augen und schaut sie durchdringend an. „Ich weiß es nicht.“
„Was heißt, Sie wissen es nicht?“
Der Mann durchforscht langatmig ihr Gesicht, denn er kann sich nicht vorstellen, dass sie ihm glauben würde. „Ich kann mich nicht erinnern. Alles ist wie ausgelöscht.“
Calypso betrachtet ihn wie ein exotisches Geschöpf. Sie hatte wohl schon davon gehört, dass Menschen aufgrund einer schweren Krankheit oder eines heftigen Traumas eine Amnesie erleiden, doch nun, wo sie einem solchen Menschen gegenüber sitzt, übersteigt es ihre Vorstellungen.
„Sie können sich nicht erinnern, was mit Ihnen geschehen ist? Wissen Sie, wie Sie heißen?“
Der Mann nickt kaum merklich. „Mein Name ist Ulysses … Ulysses …“ Und als wolle ihm sein Nachname nicht einfallen, macht er eine lange Pause. „Ulysses Maleš.“
„Ulysses. Darf ich Ulysses zu Ihnen sagen, Herr Maleš?“
Seine knappe Antwort kommt mit einem Unterton der Erleichterung. „Ich bitte darum.“
„Das ist ein ungewöhnlicher Name, Ulysses.“
„Den Namen verdanke ich meinem Vater. Er war Offizier und ein glühender Verehrer von Ulysses S. Grant. Sagt Ihnen der Name etwas.“
„Er war ein amerikanischer General, nicht wahr?“ Vermutlich hatte sie den Namen gelesen oder in irgendeinem Kinofilm gehört, meint sie. Doch über den Namen hinaus ist Calypso nichts über dem Mann bekannt.
„Ja, er war Absolvent der Militärakademie West Point, lebte von 1822 bis 1885, und machte im Bürgerkrieg Karriere. Er wurde zum Oberbefehlshaber der US-Armee ernannt und schaffte es schließlich bis zum Präsidenten für zwei Amtszeiten. Mein Vater meinte, ich sehe ihm sogar ähnlich.“
„Ein großer Name, Sie können stolz sein, dass Ihr Vater meinte, Sie könnten einen so bedeutenden Namen ausfüllen.“
Ulysses lächelt bitter. „Die Geschichte hat eine düstere Kehrseite. Grant hatte lebenslang schwere Alkoholprobleme.

Man nannte ihn den Schlächter, da er seine Truppen in verlustreiche Unternehmungen führte. 1864 schickte er in nur vier Wochen etwa 44.000 seiner Soldaten in den Tod, ohne angemessene militärische Erfolge zu erzielen. Das gehört auch zu diesem Namen und zum Erbe. Er war kein wirklich bedeutender Mann. Immerhin gelangte er in seinen Memoiren, sie ersetzten in unserem Haus die Bibel, zu einigen selbstkritischen Einsichten."
„Sind Sie auch bei in der Armee?"
Ulysses Augen flackern kurz auf. Dann senkt er seinen Blick und antwortet mit verhaltener Stimme: „Nein. … Ich weiß nicht. Aber ich glaube nicht. …Ich kann mich an nichts erinnern, was über meine Kindheit und Jugend hinaus geht. Es tut mir leid. … Ich bin müde. Macht es Ihnen etwas aus, wenn ich noch ein wenig schlafe?"
Calypso springt, angetrieben von ihrem schlechten Gewissen, sich ungebührlich verhalten zu haben, auf. Eine bezaubernde Jungmädchenröte überzieht ihr Gesicht. „Nein, natürlich nicht. Verzeihen Sie meine Aufdringlichkeit. Schlafen Sie nur. Schlafen Sie, solange Sie wollen. Ich werde Sie nicht stören. Und wenn Sie etwas brauchen, dann sagen Sie es ungeniert, Ulysses."
„Ja, gewiss doch, Calypso."

Etliche Tage verstreichen angefüllt mit Schlaf, Nahrungsaufnahme und Gesprächen zwischen Calypso und Ulysses, bei denen er eine Menge über sie erfährt. Umgekehrt indes sind die Gespräche wahrlich nicht aufschlussreich für Calypso. Doch das stört sie nicht, denn obgleich sie kaum etwas über den Mann weiß, ist ihr seine Anwesenheit nicht unangenehm. Er verhält sich sehr korrekt und überaus freundlich. Aus seinen Augen spricht tiefe Dankbarkeit, denn er ist sich sehr wohl bewusst, dass er Calypso sein Leben verdankt. Einzig die gelegentliche Anwesenheit Petars belastet sie. Bislang ist es ihr immer wieder gelungen, die Anwesenheit von Ulysses vor Petar, und somit auch vor dem ganzen Dorf, geheim zu halten. Im Grunde hätte sie offen mit der Situation umgehen können, denn sie hat sich ja nichts vorzuwerfen.

Doch irgendetwas hält sie davon ab. Irgendetwas rät ihr, seine Anwesenheit zu verschweigen. Es ist leicht zu erraten, was dieses irgendetwas ist, nur will Calypso es sich nicht eingestehen. Sie genießt die Anwesenheit des Mannes. Sie genießt es, ihn zu betrachten, wenn er sich unbeobachtet fühlt. Sie genießt die Gespräche mit ihm und seine wunderbar sonore Stimme. Er ist ein Geschichtenerzähler, der sie ein ums andere Mal verblüfft oder begeistert. Sie will sich nicht eingestehen, dass sie sich längst in diesen Mann verliebt hat. Davor war ein tiefes Gefühl der Scham, denn sie will partout nicht wahrhaben, wie diese aufkeimende Liebe das Gefühl für Bojan und die Erinnerung an ihn zu verdrängen beginnt. Petar indes wird immer misstrauischer, denn er spürt instinktiv, dass er längst nicht mehr so freimütig empfangen wird. Er ist inzwischen von einem schmerzhaften Verdacht beseelt, der ihn irritiert und zugleich wütend macht.

Petar erblickt von seinem Weg vom Schwalbenhaus zur elterlichen Wohnstatt Imam Branko Bagić vor der Dorfkneipe. Das Dorfoberhaupt sitzt auf der Terrasse und schlürft einen pechschwarzen Kaffee. Als er den Knaben erblickt, winkt er ihn heran und lädt ihn zu einem Eisbecher ein.
„Nun, Petar, was hast du mir zu berichten?“ Petar starrt auf seine süße, kalte Speise, deren Verfallsdatum längst überschritten ist und die der Besitzer des Restaurants Radomir Uljarevic, genannt Rad, hastig und lieblos aus ranzigen Plastikbehältern in das hohe Glas geschaufelt hatte.
„Ich weiß nicht.“
Branko Bagić zwingt den Knaben mit sanftem Druck seiner geballten Faust unter dem Kinn, seinen Blick vom Glas zu heben und ihm in die Augen zu schauen.
„Du weißt nicht?“ Petar schüttelt langsam den Kopf. In seinen Augen flackert Furcht.
„Petar, mein Junge, ich hatte dich doch um etwas gebeten. Hast du das vergessen? Ich hielt dich immer für einen verlässlichen jungen Mann, wie deinen Vater …“
Petar hebt die Schultern und lässt sie wieder sinken. Seine ungewöhnlich schlaffe Haltung verrät eine tiefe Ratlosigkeit.

„Etwas ist anders."
„Etwas ist anders? … Was ist anders?"
Um Zeit zu gewinnen, schiebt Petar einen reichlich gefüllten Löffel mit Eis in den Mund.
"Was … ist … anders?" Die Stimme des Imam hat jetzt einen bedrohlichen Unterton angenommen.
Petars Augen füllen sich mit Tränen der Furcht. „Ich weiß nicht. Calypso, … ich meine Frau Jerković, … sie schickt mich immer gleich wieder fort. Sie sagt, sie hat keine Zeit. Früher hatte sie immer Zeit. Und dann …" Der Junge weicht dem bohrenden Blick des Imams aus.
„Und dann …?"
„Ich glaube, es ist noch jemand im Haus." Branko Bagić lehnt sich abrupt zurück und schaut den Jungen nun aus der Entfernung prüfend an.
„Hast du die Person gesehen?"
Petar beeilt sich mit seiner Antwort: „Nein … nein, gesehen habe ich niemand."
„Was veranlasst dich dann zu der Annahme, dass da noch jemand anderes im Schwalbenhaus sei?" Der Imam beugt sich wieder vor und schaut Petar in die Augen.
„Ich weiß nicht. Es ist einfach anders. Irgendwas ist anders."
Branko Bagić tätschelt dem Knaben die Wange. Petar ist anzusehen, dass ihm die Berührung zuwider ist. Dennoch lässt er sie über sich ergehen. Er fürchtet den Mann.
„Du bist ein guter Junge. Ich würde mich freuen, wenn du mich mal bei mir in meinem Haus besuchst. Deinen Vater sehe ich ja eher selten in der Moschee. Auch du hast ein Recht auf das Wort des Propheten. Allahu akbar. Geh jetzt und halte die Augen offen."
Der Imam ist von den Worten des Jungen wie von Pfeilen durchbohrt worden. Ohne zu wissen, was sie wirklich bedeuten, beginnt ihn die Vorstellung zu peinigen, ihr Mann sei zurück gekommen, oder ein anderer Mann hält sich im Haus auf.
‚Vermutlich', denkt er, ‚ist die ganze Aufregung umsonst, und es handelt sich um eine weibliche Person, eine Tante oder eine Cousine'. Doch die Ungewissheit brennt wie Fluss-

säure auf der Haut und frisst sich langsam in sein Inneres. Er muss Gewissheit haben. Immerhin arbeitet er seit einem Jahr an der Umsetzung dieses Plans. Er will diese Frau besitzen, sei es als Mätresse oder auch als Ehefrau. Natürlich wäre sie ihm als Mätresse lieber, denn sie war ja nicht mehr rein, hatte sich einem Gottlosen hingegeben. Aber sein Verlangen ist so stark, dass er nicht davor zurückschrecken würde, sie zu seiner zweiten Ehefrau zu machen, wenn es sich anders nicht arrangieren ließ. Er muss allerdings die Formen wahren, soviel ist sicher, denn sie genießt aufgrund ihrer Freundlichkeit, ihrer Besonnenheit und auch ihrer Intelligenz eine Integrität im Ort, die unvergleichlich ist. Vielleicht ist es gerade ihr Status der Unantastbarkeit, der in ihm den Stachel löckt, der seinen Fantasien, und es waren nicht die reinsten, Flügel verleiht. Für Branko Bagić ist Calypso ein nahezu göttliches Wesen. Umso quälender ist für ihn die Vorstellung, ein anderer Mann könnte sie berühren. Lieber sollte sie weiterhin ungeliebt auf dieser Erde wandeln, als dass sie körperliche Berührung durch irgendeine dahergelaufene männliche Person erfahren würde. Nur in dieser Vorstellung bleibt sie für den Imam rein und über alle Maßen begehrenswert.

Abrupt steht der Mann auf und geht ins Lokal, wo der Wirt Radomir Uljarevic, genannt Rad, mit einem schmuddeligen Lappen Gläser poliert. Er ist derart in seine stupide Arbeit vertieft, dass er Bagićs Eintreten zuerst gar nicht wahrnimmt.
„Gib mir mal das Telefon." Rad schaut versunken in die Ferne. ‚Bei Allah', denkt Branko Bagić, ‚von was für stumpfsinnigen Geschöpfen bin ich doch umgeben'. Dann schlägt er mit der flachen Hand auf den Tresen und Rad, als wäre er von Nirgendwo plötzlich und für ihn gänzlich unerwartet in die Welt gefallen, schaut ihn fragend an.
„Gib mir das Telefon, verdammt noch mal!" Es dauert einen winzigen Augenblick, nicht länger als ein zufällig einfallender Sonnenstrahl braucht, Rads Pupille zu durchbohren und seinen zähen Geist zu erhellen. Er langt ohne hinzuschauen langsam unter die Theke, um das alte, schwarze Telefon mit der Wählscheibe hervorzuholen. Ehe er es auf der

abgegriffenen Kunststoffplatte absetzt, fährt er noch einmal mechanisch mit seinem Lappen darüber hinweg.
Kaum ist das Schnarren der Wählscheibe verklungen, bellt der Imam in den Hörer: „Bagić hier! Was ist, hast du irgendwelche Informationen für mich?“ Er lauscht ungeduldig, wobei der Nagel seines linken Daumens schorfigen Schmutz aus der Nut am Rand des Tresens pflügt. Angewidert vom Dreck macht er Rad ein Zeichen. Rad ignoriert es mit einer wegwerfenden Geste.
„Verdammt, wie lange soll ich noch warten? Was ist mit den Leuten von der UNO? Die arbeiten doch dran. … Dann bezahlst du eben ein paar Leute. Geld ist sekundär. Ich will Ergebnisse. Was? Was mir an dem Kerl liegt? Das geht dich einen feuchten …“ Branko Bagić schleudert den Hörer geräuschvoll in die Gabel. Rad hat aufgehört, seinen schmierigeren Lappen über den ebenso schmierigen Tresen zu schieben und schaut den Imam verblüfft an.
„Was ist?“ faucht Bagić. „Die Rechnung!“

In der darauffolgenden Nacht tut Branko Bagić etwas, das er nie für möglich gehalten hätte. Gegen Mitternacht, es ist sternenklar, verlässt er sein prächtiges Haus und schlägt den Weg zum Schwalbenhaus auf der Klippe ein. Ihm ist nicht wohl dabei, doch seit er aus dem Mund Petars vernommen hatte, dass im Haus etwas vorging, was sich der Knabe nicht erklären konnte, war der Imam und Bürgermeister geradezu elektrisiert. Bislang hatte er sich in der Pose des Abwartenden überlegen gefühlt. Ihm war unzweifelhaft klar gewesen, dass er die begehrenswerte Frau irgendwann in seine Arme schließen könnte. Dabei verstieg er sich sogar zu der Vorstellung, dass sie sich ihm voller Dankbarkeit und wie ein von der Jagd verschrecktes, gehetztes und waidwundes Reh hingeben und seinen Schutz lustvoll genießen würde. Bislang hat er noch immer alles und jeden für sich gewinnen können, egal, ob deutsche Frauen oder dienstbare und untertänige Geister. Sein Besitz hatte ihn für die einen anziehend, seine Macht für die anderen gebieterisch erscheinen lassen. So gewöhnlich es auch war, in einem Dreigroschenroman würde sich der Le-

ser angewidert abwenden von einem so banalen Helden; in der Realität funktionierte es nahezu perfekt. Und wenn seine Intelligenz und sein Reichtum nicht griffen, dann blieb noch die Angst, die er erzeugen konnte, ohne auch nur ansatzweise gewalttätig aufzutreten. Seine Waffe war das unausgesprochene Wort in Einheit mit dem vielsagenden Blick oder der beredten Geste. Branko Bagić hatte schnell begriffen, dass es wirkungsvoller war, die Angst nicht vordergründig zu erzeugen, sondern sie durch die Fantasie des Gegenübers verursachen zu lassen. Allein der Satz: „Wir alle sind sterblich", klang aus seinem Mund seltsam abgründig. Doch der Mensch neigt auch ohne konkreten Anlass zur Angst, wenn er sich nur etwas Unfassbarem, etwas Unbekanntem, etwas Verschlossenem gegenüber sieht. Je passiver man sich dabei gab, darauf vertraute Branko Bagić fest, umso aktiver entfalteten sich die konkreten Ängste oder die lähmenden Unruhefantasien.
Während Branko Bagić gemessenen Schrittes der Klippe zustrebt, wird ihm ganz unvermittelt bewusst, was für ein kluger Schachzug es war, sich zum Imam berufen zu lassen. Ihm kommt der Vers 107 der 2. Sure mit dem seltsamen Titel „Die Kuh" oder wie es im Arabischen heißt „Al-Baqarah" in den Sinn: „Weißt du denn nicht, dass Allah die Herrschaft über die Himmel und Erde gehört? Und außer Allah habt ihr weder Freund noch Helfer." Ihn amüsiert daran die Formulierung, die jeden Zweifel von vornherein ad absurdum führt, indem nicht die blanke Behauptung aufgestellt wird, dass Allah im Besitz der Allmacht ist, sondern dass vielmehr mit dem Ausdruck des Erstaunens festgestellt wird: Was, du weißt es nicht? Das bedeutet so viel wie, du bist der Einzige, der es noch nicht weiß und somit stellt sich, was eigentlich ein Glaubenssatz ist, in das Licht der Gewissheit. Wie praktikabel dieser heilige Text doch ist, denkt er weiter, und murmelt den 112. Vers vor sich hin: „Doch wer sich Allah hingibt und Gutes tut, der hat seinen Lohn bei seinem Herrn; und diese werden weder Angst haben noch werden sie traurig sein." Branko Bagić grinst breit in die Dunkelheit hinein während er denkt: ‚Und ich bin der, der Euch die Angst gibt

und sie Euch wieder nimmt.‘ Ihm schwillt die Brust und mit gedämpfter Stimme spricht er halblaut den 126. Vers in die Nacht hinein: „Auch den, der ungläubig ist, werde ich kurze Zeit versorgen, als dann ihn ausliefern der Bestrafung des Feuers; und welch ein schlechtes Los ist das!“

Als Branko Bagić den aufsteigenden Pfad zu Hälfte erklommen hat, taucht das Dach des Schwalbenhauses wie ein Buckel der Landschaft langsam in der Dunkelheit auf. Die wenigen kleinen Fenster des Hauses sind beleuchtet und der Mann bleibt abrupt stehen. Was, wenn man ihn entdecken würde zu dieser Zeit? Welche Ausrede sollte er Calypso auftischen? Bange Minuten lang beobachtet er das Licht in den Fenstern. Niemand scheint sich im Haus zu bewegen und so entschließt er sich, einen weiten Bogen nach Süden zu laufen, um sich dem Haus von der leicht abfallenden Klippe her zu nähern. Das sanfte, hügelige Areal bietet am ehesten Deckung, sollte unvermutet jemand vor die Tür des niedrigen Fischerhauses treten. Auch könnte er sich an den von oben schwer einsehbaren Strand zurückziehen. Lange starrt Branko Bagić auf die kleinen erleuchteten Fenster, sehnlichst ein Zeichen erwartend. Er hat keine Vorstellung, welcher Art dieses Zeichen sein könnte, doch hofft er inständig, es möge ein gutes sein. Und weil das Zeichen ausbleibt, tastet er sich Schritt um Schritt näher an das Haus heran, bis er endlich hineinsehen kann. Dort sitzt sie, Calypso, Objekt seiner Begierde, in vollendeter Schönheit an ihrem großen Zeichentisch, lässt ihren Stift wie einen Schmetterling über die weiße Fläche tanzen. Und als würde sich der feine Staub der Flügel lösen, bedeckt sich das Papier mit einer hauchdünnen Schicht, Körper und ihre Landschaften formend. Branko Bagić gerät in einen sonderbaren Zustand, der sich am ehesten als zärtliche Verzückung beschreiben lässt, ein Gefühl, welches er unter normalen Bedingungen nie zulassen würde. Und so, wie er diesem Gefühl rau entgegen tritt, ringt er gleichsam das unbändige Begehren nieder, das Haus so selbstverständlich zu betreten, als wäre es das Seine, sich ihr gegenüber an den Tisch zu setzen und sie einfach nur anzuschauen.

Unvermittelt wendet Calypso den Blick zum Fenster und Branko Bagić ereilt die Vorstellung, die junge Frau schaue ihm direkt in die gierigen Augen. Er wendet seinen Blick ab, hoffend, sie könne ihn so nicht erblicken. Eilends und wohl darauf bedacht, kein Geräusch zu verursachen, tritt der Mann den Rückweg an. Bald schon hat die Dunkelheit die hastigen Bewegungen seines untersetzten, von Leidenschaften geplagten Körpers verschluckt.
Hätte Branko Bagić sich nicht von dem unerwarteten Augenaufschlag Calypsos vertreiben lassen, hätte er nur weitere zehn Sekunden an seinem Platz, auf dem er ganz gewiss unsichtbar für sie war, ausgeharrt, so hätte der Fortgang der Geschichte möglicherweise eine andere Wendung genommen. Doch Spekulationen mit dem Konjunktiv haben sich noch immer als müßig erwiesen. Sie entspringen nicht selten Wunschvorstellungen, um einer unerträglich scheinenden oder manchmal auch seienden Realität zu entrinnen.
Im selben Moment, indem sich Branko Bagić zum Gehen wendet, betritt Ulysses den vom warmen Licht erfüllten Raum. Sein nackter, kupferfarbender Oberkörper glänzt matt im Schein der Stubenlampe. Er tritt an den Tisch heran, an dem Calypso mit gesenktem Kopf sitzt. Sie fühlt sich ertappt und möchte die sanfte Schamesröte verbergen, die ihr fein geschnittenes Gesicht überzogen hat. Ulysses nimmt ein Blatt nach dem anderen in die Hand und betrachtet es ohne Eile. Auf allen Bildern ist er zu sehen. Es sind Studien seines Körpers, seiner Physiognomie. Selbst in einem Torso erkennt er sich wieder. Es ist unmöglich zu übersehen, doch alle Bilder verraten eine Schöpferin, die ihrerseits angefüllt ist mit einer großen weiblichen Begierde. Calypso erhebt sich und tritt mit kleinen Schritten zurück, bis ihr Rücken die kühle, gelbgetünchte Wand berührt. Ulysses folgt ihr mit ebenso kleinen, tastenden Schritten, wobei er ihr unverwandt in die Augen schaut. Calypso entdeckt in den seinen ein Lodern, eine große Gier, die sie erschrecken lässt, die zugleich aber auch eine wilde Erwartung in ihr weckt. Jetzt steht er so nah vor ihr, dass sie seinen Atem spürt, der wie der heiße Wind Afrikas über ihre Haut wallt. ‚Ich werde verbrennen‘, denkt

sie und schlingt langsam und behutsam ihre Arme um seinen bronzenen Nacken. Ihr Atem geht heftig und immer heftiger. Schon spürt sie das wilde Zucken unter seiner Haut, das sich auf ihren Körper überträgt und ihn unaufhörlich bis in die Fußspitzen hinab durchströmt. Ein Schwindel bemächtigt sich ihrer und ihre Knie beginnen zu zittern und knicken schließlich ein. Calypso sinkt in die feste Umklammerung seiner sehnigen Arme, wird angehoben und auf den Tisch gelegt. Ulysses öffnet die Knöpfe ihres kittelartigen Kleides. Als er endlich am letzten angelangt ist, schlägt er die Schöße auseinander, als schlage er ein Buch auf. Als Calypso ihre Augen öffnet, sieht sie einen Mann, der verzückt ihren Körper betrachtet wie ein wertvolles Gemälde. Mit den Fingerspitzen fasst er den Bund ihres Slips und zieht ihn langsam herunter. Der höchste Punkt ihres wie für eine anatomische Studie ausgestreckt auf dem Tisch liegenden Körper ist der Venushügel. Sanft drückt Ulysses ihre Beine ein wenig auseinander. Sie gibt willig nach und enthüllt ihm die Pforte, die ihn so übermächtig anzieht, glaubt er doch für den Zeitraum eines Wimpernschlages, sich selbst hinter dieser Pforte wiederzufinden, den Mann, der er war, ehe ihn die tosende See an ihren Felsen gespült hat. Tränen rinnen ihm über die Wangen. Er sinkt auf die Knie und vergräbt sein Gesicht im spitzen Winkel ihr Schenkel. Mit seiner Zunge stößt er die kleine Pforte auf und während er gierig den Nektar ihrer Lust schmeckt, bäumt sich ihr Körper mit einer Gewalt auf, die sie zu zerbrechen droht. Ein Schrei entrinnt Calypsos Kehle, der ebenso klingt wie die lustvolle Verzweiflung des Knaben Ikarus, als er von der Sonne seiner Flügel beraubt dem Meer entgegenstürzt. Sie hatte sich tapfer gewehrt gegen die Sehnsüchte und Wunschbilder, die sie Nacht für Nacht und auch tagsüber immer wieder heimgesucht hatten. Nun ist ihr Widerstandswille erlahmt und sie gibt sich hin, jeder Berührung, jedem Stoß, den er ihr mit seiner Männlichkeit antut. Reinste, vollkommenste, alle Fasern durchdringende Lust löscht alle Vorbehalte, alle Zweifel aus. Ihre Kapitulation ist bedingungslos. Der kommende Tag interessiert sie nicht mehr. Nur der Augenblick zählt noch. Der Augenblick währt bis weit über das Morgengrauen hinaus. Die Lerche steht längst schon hoch über der Klippe als beide in einen ohnmächtigen Schlaf sinken.

„Gordana, bring mir ein Bier. Ein kaltes, verstehst du?" Branko Bagić hebt genüsslich die Zunge und lässt das kühle deutsche Bier unter ihr hindurch in die Speiseröhre laufen. Diese Methode erscheint ihm am erfrischendsten, entspricht sie doch einer sintflutartigen Spülung, die gleichsam etwas Reinigendes hat. Und das Bedürfnis nach Reinigung verspürt er stets, wenn er mit Gordana, besser, mit seinen Verrichtungen an Gordana fertig ist. Gordana Benić ist dreißig Jahre alt, Serbin und mit einem sehr schlichten Gemüt ausgestattet. Er hatte sie in Deutschland kennengelernt, wo sie in einem Gelsenkirchener Bordell arbeitete. Er war zwei, drei Mal Kunde bei ihr gewesen und hatte festgestellt, dass er nie in seinem ganzen Leben einen anziehenderen Körper kennengelernt hatte. Zudem war sie, wie er schnell feststellte, sehr anhänglich, wenn man sie nur anständig behandelte. Zu dieser Anhänglichkeit kam noch ein großes Maß an Dankbarkeit und Hingabe, was man in dem Milieu eher selten findet, ist doch alles auf die Instinkte reduziert, die ein erfolgreiches Überleben garantieren. Irgendwie hatte Branko Bagić, dessen Empathie für andere Menschen höchst begrenzt und dem Altruismus gänzlich fremd war, einen Anflug von Mitgefühl erlebt, in dessen Folge er beschloss, Gordana abzulösen. Es folgten zwei Verhandlungen mit ihrem Arbeitgeber, nein, korrekterer Weise muss er Eigentümer genannt werden, einem Kosovo-Albaner, dessen Familie in vielen Geschäften involviert war, in denen sich auch Branko Bagić engagierte. Man kam schnell überein und ein höherer fünfstelliger Betrag und Gordana wechselten die Besitzer. Einzige Bedingung war, dass Gordana vom Markt genommen werden musste. Branko Bagić hatte diesen Deal nie bereut. Er nahm sie mit in seine adriatische Heimat und mietete ihr in der zehn Kilometer entfernten Kreisstadt eine hübsche kleine Wohnung auf einem höher gelegenen Plateau mit Meerblick und kleiner Terrasse. Für Gordana war das Arrangement wie ein Sechser im Lotto.

Sie verbrachte ihre Zeit mit der Lektüre hochglänzender Zeitschriften und endlosen Telefonaten mit ihren Freundinnen, während sie auf Branko Bagić wartete, der mindestens zwei, drei Mal die Woche in der Stadt seinen Geschäften nachging. Wenn er kam, hatten sie eher leidenschaftslosen, reinigenden Sex, der Branko Bagić nur befriedigte, weil Gordana eine geschickte und tabulose Handwerkerin war. Und gerade darum ging es Branko Bagić, wenn er Gordana besuchte, denn mit ihr praktizierte er sexuelle Vorlieben, die mit seiner Ehefrau, der Mutter seiner Kinder, nicht einmal in der trunkensten Fantasie denkbar wären. Die Vorstellung, mit seiner Frau Oralverkehr zu haben, war schon im Denkansatz ein Tabu, schließlich hatte er mit Gordana, wenn sie ihre Menstruation hatte, und hier spielten auch durchaus religiöse Gründe eine Rolle, Analverkehr. Er war davon gleichermaßen angezogen und abgestoßen und insgeheim fürchtete er, Gordana, wenn sie vor ihm auf dem Boden kniete und seinen Penis mit den Lippen und der Zunge massierte, eine Kugel in den Kopf zu schießen, um sich von seiner Schuld zu befreien.

Es war spät geworden, als Branko Bagić von Gordana aufbricht, und während er seinen großen SUV die Küstenstraße entlang steuert, muss er an Calypso denken. Sie verkörpert alles, was Gordana, die er gelegentlich mit einem wirbellosen Tier vergleicht, nicht hatte. Sie ist intelligent und sie ist selbstbewusst. Die Vorstellung, ihr mit einer Ohrfeige seinen Willen mit Nachdruck und unter Ausschluss von Widerworten zu vermitteln, war einfach nicht denkbar. Vor allem aber bringt ihn ihre Schönheit immer wieder in Wallung. Sie hat etwas Frauliches, wie man es in den präraffaelitischen Bildern immer wieder zu beschwören suchte, jedoch dabei unweigerlich im Kitsch versank. Diese Schönheit ist flüchtig, sie ergibt sich aus einer Haltung, aus einem Blick, aus einem Lichteinfall, aus einem Ton. Zurück bleibt eine Verklärung des Augenblicks und eine Benommenheit, die selbst jemand wie Branko Bagić zum Stottern, zum Senken der Augen und zum Niederschlagen der Lider bringt. Das macht ihn glücklich und zornig zugleich, denn er spürt, dass da etwas ist, was stärker ist als er selbst.

Während er seinen Gedanken nachhängt und es genießt, wie Calypso vor seinem inneren Auge aufersteht, taucht unvermittelt eine männliche Gestalt auf der Straße auf, die sich in Fahrtrichtung zu Fuß bewegt. Kaum zehn Meter entfernt vom heranbrausenden Auto, drehte sich der Mann um und schaute in die Scheinwerfer. Branko Bagić ist vom trotzigen Ausdruck des markanten bronzefarbenen Gesichts des Mannes so überrascht, dass er wie besinnungslos vorbei fährt. Es dauert gut drei Atemzüge, ehe er reagiert und mit aller Kraft auf die Bremse tritt. Der Wagen kommt in einer Staubwolke zum Stehen und als sich Branko Bagić umschaut, ist die Gestalt wie vom Erdboden verschluckt.

Ulysses schaut, den Kopf zwischen die Schultern gezogen, im Schutz eines schwer definierbaren Gesträuchs auf die gleißenden Bremslichter des großen deutschen SUVs, der für wenige Sekunden abrupt gestoppt hat. Warum, fragt sich Ulysses, dessen Nerven schlagartig zum Zerreißen angespannt sind, hat der Wagen so auffällig heftig gebremst? Kam es hier nie vor, dass jemand des Nachts zu Fuß auf einer vergleichsweise wichtigen Straße unterwegs war? Wohl nicht. Der Wagen setzt sich mit knirschenden Reifen in Bewegung und fährt erst langsam, dann mit aufheulendem Motor davon. Ulysses klettert zurück auf die Straße und schmeckt den Staub auf der Zunge, der in der Luft hängt, als ein greller Blitz die Dunkelheit brachial spaltet. Ulysses kneift die an die Dunkelheit gewöhnten und in der Grelle des Blitzes schmerzenden Augen zusammen, als ein erster Regentropfen in sein Gesicht klatscht. In Sekundenschnelle geht eine wahre Sintflut über das in der Sommerhitze ausgedörrte Land nieder. Der von der sommerlichen Glut verkrustete Boden erweist sich als unfähig, die Wassermassen aufzunehmen und so bilden sich in nur wenigen Minuten Sturzbäche, die sich von den Hanglagen der Küstenseite hinab auf die Straße wälzen und darüber hinaus an das Ufer stürzen, allen Schmutz und Staub mit sich reißend. Ulysses zieht seine Jacke aus und wickelt darin die Tüte mit den Zigarettenschachteln ein, um diese kostbare Fracht vor der Feuchtigkeit zu schützen. Er spürt ein heftiges

Verlangen, eine Schachtel zu öffnen, um sich ein Zigarette anzuzünden. Doch er beugt sich der banalen Einsicht, dass er nicht ans Ziel seiner Lust auf Nikotin gelangen kann, denn nun kommt das Wasser aus allen Richtungen. Eingehüllt in einer Wolke aus feuchten Brodem und knöcheltief durch den Sturzbach watend, der die Straße überquert, setzt er seinen Weg zum Schwalbenhaus mit ausladenden Schritten fort. Er denkt an Calypso, die nicht weiß, wo er ist, und die sich vielleicht Sorgen machen könnte. Er denkt aber auch an ihren Körper, der ihn bei seiner Ankunft schlangenhaft in Besitz nehmen wird, was seinen Schritten zusätzlichen Antrieb verleiht.

„Ich kann dir doch Zigaretten mitbringen, wenn ich zum Einkaufen gehe." Calypso zerrt an Ulysses' Shirt, das klatschnass an seiner Haut klebt.

„Ich hatte einfach mal Lust, unter Leute zu kommen. Das kannst du doch verstehen, oder?" Vom Shirt befreit lässt sich Ulysses nach hinten aufs Bett fallen, in der Hoffnung, Calypso würde sich ihrerseits auf ihn fallen lassen. Doch sie krempelt das auf Links verdrehte Shirt mit nachdenklicher Mine zurück und glättet es.

„Haben dich die Leute im Dorf angesprochen?"

„Nein", erwidert Ulysses und streckt ihr seine drahtigen, muskulösen Arme entgegen.

„Nicht", fragt Calypso mit ungläubigem Blick nach.

„Nein, ich war nicht im Dorf."

Sie schaut ihn fragend an.

„Ich war in der Stadt."

„Du warst in der Stadt?" Ulysses nickt. „Du bist zehn Kilometer in die Stadt gelaufen, um ein paar Schachteln Zigaretten zu kaufen, und bist dann zehn Kilometer zurück gelaufen?"

„Ja."

„Du hast nicht zufällig ein Auto gestohlen oder bist per Anhalter gefahren?" Calypsos Augen glänzen schelmisch.

„Nein, ich bin die ganze Strecke, hin und zurück, auf diesen beiden Beinen gelaufen. Und es hat mir verdammt gut getan." In der Hoffnung, das Thema zu beenden, streckt er ihr erneut die Arme entgegen, doch Calypso wendet sich ab und

setzt sich unweit des Bettes auf einen Stuhl, noch immer an dem widerspenstigen Shirt nestelnd.
„Ich bin so verunsichert. Ich weiß nicht, wie ich mit all dem umgehen soll. Schließlich bin ich eine verheiratete Frau.“ Sie schluchzt leise. Ulysses erhebt sich, tritt an sie heran, sinkt auf die Knie und umarmt sie. Neben ihr, auf der alten Anrichte aus Nussbaumholz, steht das Hochzeitsfoto und Ulysses starrt auf den Mann neben Calypso in ihrem eleganten weißen Kleid, das so gar nicht einem Hochzeitskleid ähnelt und in dem sie berückend schön ist, sieht ein strahlendes Männergesicht mit stolzen Zügen um den Mund und zugleich tief eingefallene, über alle Maßen traurige Augen, die nur er sehen kann.
„Lass uns gemeinsam weggehen ...“ Hatte er das wirklich gesagt? Wie konnte er nur? Er beißt sich auf seine Unterlippe bis ihn ein Schmerz wie ein elektrischer Schlag durchzuckt. Calypso löst sich aus der Umklammerung und schaut ihm in seine unergründlichen braunen Augen.
„Ich weiß nicht. Ich bin noch nicht so weit. Was weiß ich denn von dir? Was weißt du von dir?“
Ulysses lächelt, stemmt sich vom Bett hoch und öffnet eine Schachtel Zigaretten.
„Ich weiß, dass ich ein Raucher bin.“
Ein Streichholz entzündet sich zischend am Schachtelrand und Ulysses nimmt einen gierigen tiefen Zug, als wäre er ein Ertrinkender, der endlich die Wasseroberfläche erreicht hat.

„Setz dich. Magst du etwas essen oder trinken?“ Petar weiß es nicht und zuckt mit den Achseln. „Aida, Liebe, mach unserem Gast doch eine Limonade und vielleicht etwas zum Knabbern, ein paar Sonnenblumenkerne oder ...“ Petar rutscht in dem großen Sessel hin und her. Sein Unbehagen ist ihm anzusehen. Es ist das erste Mal, dass er das Haus des Imams betreten hat, und er kennt auch niemand, dem dieses Privileg vor ihm zuteil geworden ist. Er ist überwältigt und eingeschüchtert von der barocken Üppigkeit der Einrichtung. Der Imam und Bürgermeister selbst hatte gar keinen Sinn dafür. Er überließ alle häuslichen Angelegenheiten seiner Frau

und war glücklich, dass er ihr jeden erdenklichen Wunsch erfüllen konnte. Branko Bagić war, was die pekuniäre Seite seines Lebens anbelangte, ein zufriedener Mann.
„Was denkst du, Petar, … Warum habe ich dich zu mir eingeladen?“ Branko Bagić schaut den eingeschüchterten Jungen wohlwollend und gütig an.
„Ich weiß nicht, Herr Bagić. Aber … aber ich fühle mich … ich weiß nicht, wie ich es sagen soll.“ Petar nestelt verlegen an seinem zerschlissenen Shirt.
„Du fühlst dich geehrt?“
Ein Lächeln huscht über das Gesicht des Jungen, als er das Wort hört, das ihm partout nicht einfallen wollte.
„Ja. Geehrt … sehr…“
„Ja. Das solltest du auch, denn diese Gunst erweise ich nicht jedem. So etwas muss man sich verdienen, wie alles im Leben, oder aber, man muss besondere Vorzüge haben, dass ich ihn erwähle. Und weißt du, was ich glaube, welche Vorzüge du hast?“ Branko Bagić spricht betont langsam, denn er weiß um die begrenzte Auffassungsgabe des Jungen und er möchte ihn nicht verwirren, denn schließlich hat er mit dem Knaben noch einiges vor.
„Ich glaube …“, Branko Bagić steckt sich, eher er weiter spricht, umständlich und beinahe rituell eine Zigarette an, was Petar sichtlich beeindruckt. Annähernd lautlos erscheint Aida mit einem Tablett in der Hand. Sie stellt zwei Teetassen auf den Tisch und ein Schälchen mit Kürbiskernen. Dann schenkt sie Petar ein mütterliches Lächeln und den Tee ein und verschwindet ebenso lautlos, wie sie gekommen war.
„Ich glaube“, beginnt Branko Bagić den Satz erneut, „du bist loyal. … Weißt du, was das Wort loyal bedeutet?“ Die Frage war natürlich nur rhetorisch, doch Branko Bagić gibt dem Jungen immerhin so viel Zeit, mit dem Kopf schüttelnd zu verneinen.
„Loyal bedeutet, wenn man einem anderen Menschen gegenüber, einem Freund, einem geliebten Menschen oder auch einem Gebieter gegenüber absolut aufrichtig und ehrlich ist und ihn nie verrät. Verstehst du das?“ Petar lächelt breit, nickt und nippt vorsichtig an der Teetasse. Der Tee ist aromatisch.

Branko Bagić erhebt sich, geht zur großen weiß-goldenen Anbauwand, öffnet eine Schublade und entnimmt ihr eine lederne Mappe. Er sinkt beim Hinsetzen tief in den weißen Ledersessel, als drücke ihn eine schicksalhafte Bürde tief in die Abgründe des Lebens. Petar bemerkt eine tiefe Falte auf der Stirn des Mannes, der wortlos auf die Ledermappe starrt, ehe er sie öffnet. Branko Bagić entnimmt der Mappe ein zerknittertes Blatt Papier und reicht es Petar. Der erstarrt augenblicklich, denn er hält eine Zeichnung in der zitternden Hand, die er selbst im Haus von Calypso angefertigt hat und die einen erhängten Hund an einem Baum zeigt. Der Imam beugt sich vor und fixiert den Jungen.
„Petar, ich frage dich jetzt nur ein einziges Mal. Solltest du mich anlügen, werde ich dich keines Blickes mehr würdigen und niemals wieder das Wort an dich richten.“ Er macht eine angsteinflößende Pause. „Hast du den Hund aufgehängt?“
Petar antwortet ohne zu zögern: „Ja.“
Branko Bagić lehnt sich angenehm überrascht zurück.
„Warum?“
„Er hat nicht gehorcht. … Und er war hässlich und unrein.“
Das zweite Adjektiv hatte er schon mehrfach aus dem Mund der muslimischen Bewohner des Dorfes gehört und es erschien ihm angebracht, es ebenfalls zu seiner eigenen Entlastung zu verwenden.
„Hast du deine Tat jemals bereut? Haben dich deine Eltern dazu befragt oder haben sie dich bestraft?“
Petar schüttelt den Kopf. Ihm war unverständlich, wie der Imam in den Besitz des Papiers, das er selbst im Schwalbenhaus zerknüllt und in Calypsos Papierkorb geworfen hatte, gekommen war. „Woher haben Sie das Blatt?“
„Frau Calypso Jerković hat es deiner Mutter gegeben, weil es sie, wie sie meinte, beängstigte. Deine Mutter, sie kommt ja, im Gegensatz zu deinem Vater, regelmäßig zum Gebet, hat es mir gegeben, um durch mich in Erfahrung zu bringen, ob deine Tat eine Sünde sei und sie sich Sorgen machen müsse.“
Petar starrt die Zeichnung an. Wut steigt in ihm auf, denn die Tatsache, dass Calypso die Zeichnung weiter gereicht hatte, ist für ihn ein unfassbarer Vertrauensbruch. Branko Bagić

spürt den Sturm, der in dem Jungen zu toben beginnt und er sieht seine Chance, die rasende Energien zu kanalisieren.
„Was glaubst du, ist Frau Calypso dir gegenüber loyal? Oder hat sie dich gar verraten?“
Petar starrt den Imam an und seine Augen füllen sich mit Tränen der Wut. Der Imam braucht keine Antwort. Der Zustand des Jungen ist ihm Antwort genug.
„Ich möchte nicht, dass du schlecht von Frau Jerković denkst. Sie hat das nur getan, weil sie sich um dich sorgt. Dennoch hatte sie nicht das Recht dazu, denn sie hat über dich geurteilt. Sie hält deine Tat für schändlich. Aber sie ist eine Ungläubige. Ihr mangelt es an der Weisheit des Propheten. Dass du den Hund getötet hast, nun ja, darüber kann man geteilter Meinung sein. Es war nur ein Hund. Schwamm drüber.“
Branko Bagić macht eine wegwerfende Geste. „Entscheidend ist, ob du beim Töten Lust empfunden hast. … Hast du?“
Petar überlegt einen kurzen Augenblick und schüttelt dann eher halbherzig den Kopf. „Er wollte mich beißen. Er hat nicht gehorcht. Ein Hund, der nicht gehorcht …“
„Wenn du keine Lust beim Töten empfunden hast, dann wird Gott dir vergeben. Und darauf kommt es an. Kennst du den Koran, mein Junge?“
Petar zuckt mit den Achseln. Das Buch liegt immer auf der Küchenanrichte, denn gelegentlich liest Petars Mutter darin. Er selbst hat noch nie eine Zeile darin gelesen.
Der Imam holt tief Luft: „Die Sure 4, Vers 110 lautet folgendermaßen: Und wer eine Missetat tut oder wider sich sündigt und dann Gott um Verzeihung bittet, wird Gott verzeihend und barmherzig finden. Das, mein Junge, musst du dir für alle Zeiten merken. Nur Gott kann über dich richten und er wird, wenn du dich ihm offenbarst, dir verzeihen. Es gibt keinen anderen Richter in dieser Welt. Bist du mit Gott im Reinen, bist du mit der Welt im Reinen. Hat Gott dir verziehen, bist du frei von Schuld. Verstehst du das?“
Petar fühlt sich wie jemand, der an der Schwelle zu einem neuen Abschnitt seines Lebens steht. Er strafft seine schmale Brust und antwortet selbstbewusst: „Ja.“
Der Imam streicht ihm über sein strobeliges Haar und lächelt.

„Wollen wir gemeinsam beten?“
Petar gesteht freimütig: „Ich weiß nicht wie das geht.“
„Keine Bange, das werde ich dir beibringen.“

Ulysses reicht Calypso, die immer wieder im Innern des Brennofens verschwindet, ein Objekt nach dem anderen an. Er hält sie sehr behutsam in den Händen, denn er weiß um die Zerbrechlichkeit der ungebrannten Skulpturen und Gefäße. Calypso tritt aus dem Halbdunkel des engen Raumes heraus und reckt sich. Der Rücken schmerzt ihr vom unentwegten Bücken. Als es darum ging, das Brennholz aufzuschichten, konnte Ulysses ihr im Innern des Ofens helfen, doch beim Einordnen des Brenngutes bedarf es ihrer Erfahrung, jedes Stück genau zu platzieren, damit der Brand gelingen würde. Sie setzt sich neben ihm auf die Stufen und betrachtet einen kleinen Torso, in dem unschwer der Körper Ulysses zu erkennen ist.
„Ich bekomme deinen Vorschlag, mit dir wegzugehen, nicht aus dem Kopf. Auch wenn Bojan heimkehren sollte, ich kann es ihm nicht antun, einfach zu verschwinden. Das wäre ein Verrat, mit dem ich nicht leben könnte.“
Ulysses betrachtet sie verstohlen von der Seite. „Was soll, … was kann ich dir raten? Ich kann jedenfalls nicht auf Dauer hier bleiben.“
Calypsos Gesicht nimmt einen flehentlichen Ausdruck an. „Warum nicht? Du könntest dir eine Arbeit suchen. Und wenn Bojan kommt, werden wir mit ihm sprechen. Er ist ein kluger und kultivierter Mann. Er wird das verstehen.“
Ulysses schüttelt den Kopf. „Es ist dein und sein Heim. Alles wird mich immer wieder an ihn erinnern. Ich würde nur ein Ersatzleben führen, nicht meins. Ich weiß noch immer nicht, wer ich wirklich bin. Wenn überhaupt, dann brauchen wir beide einen Neuanfang. Wir müssen alles zurücklassen.“ Er streicht ihr über das Haar, das grau schimmert von Asche und Tonstaub. „Gib uns mehr Zeit. Wir werden herausfinden, was gut für uns ist. Lass uns weitermachen.“ Calypso nickt und verschwindet mit einer Handvoll kleiner Skulpturen wieder im Innern des Ungetüms. Sein „wenn überhaupt“ irritiert sie,

doch sie hakt nicht nach. Sie fürchtet die Konfrontation. Zu sehr ist sie in den Zustand verliebt, wie er gerade herrscht. Nichts fürchtet sie mehr, als ein Erwachen aus diesem Traum, denn mitunter zweifelt sie an der Realität.
Ulysses steigt die wenigen Stufen hinauf, um weitere Objekte herbei zu schaffen, als er von der Vorderseite des Hauses ein aufdringliches „Hehehe!“ vernimmt. Gebückt läuft er eilig zur Hauswand hinüber, um sich zu verbergen. Durch die Hintertür des Hauses erblickt er Petar im Rahmen der Vordertür, der neugierig in das Innere lugt. Endlich entschließt sich der Junge, um das Haus herumzulaufen und nachzuschauen. Ulysses stürmt geduckt mit der kraftvollen Leichtigkeit einer Gazelle in die entgegengesetzte Richtung in das hügelige Gelände hinein und macht sich mit der kampferprobten Fähigkeit eines Soldaten unsichtbar. Petar sieht die offene Tür des Brennofens und nähert sich ihr, als von Innen die Stimme Calypsos hörbar wird.
„Was ist, wenn du feststellen musst, dass du eine eigene Familie hast, Frau und Kinder? Wie wirst du dich entscheiden? Wirst du mich verlassen?“ Ihr Gesicht erscheint aus dem Halbdunkel und sie schaut in das fragende Gesicht Petars.
„Hallo.“
Calypso blickt sich um und kann Ulysses nicht entdecken.
„Hallo, Petar, wie geht es dir? Du warst ja lange nicht mehr hier.“
Petar zuckt mit den Achseln und schweigt.

Radomir Uljarevic, genannt Rad, hält Branko Bagić den Telefonhörer entgegen, während seine andere Hand mechanisch den obligatorischen schmierigen Lappen über das Holz des Kneipentresens gleiten lässt.
„Branko Bagić, … Mihael. Was gibt's?“
Während Mihaels Stimme hastig berichtet, hellt sich das griesgrämige Gesicht Branko Bagićs deutlich auf. Mihael Vrčkovnik ist ein Angestellter des Imams, soweit dieses Wort überhaupt zutrifft, denn eigentlich gibt es weder ein Gewerbe, dem Branko Bagić nachgeht, noch eine Firma, die er sein Eigen nennt. Er macht Geschäfte und Mihael Vrčkovnik ist der

Mann, der zwischen Branko Bagić und seinen so genannten Geschäftspartnern kommuniziert. Er ist darüber hinaus auch der Mann für das Grobe, der Problemlöser, einer, der dem Willen Branko Bagićs Nachdruck verleihen kann. Branko Bagić hat ihn in Gelsenkirchen in Deutschland aufgegabelt, als dieser sich mit mäßigem Erfolg im Boxsport versuchte. Mihael war ein zäher Kämpfer, der es seinen Gegnern wahrlich nicht leicht machte, doch er war bereits über seinen Zenit hinaus und eine wirkliche Zukunft, außer ein paar getürkten Kämpfen, gab es nicht mehr. Also stellte Branko Bagić, der sich freute, einem Landsmann begegnet zu sein, ihn in seine Dienste. Es hatte sich über viele Jahre hinweg für beide gelohnt. Mihael Vrčkovnik musste sich nicht mehr für ein paar Silberlinge das Gesicht zu Brei schlagen lassen und Branko Bagić hatte einen nibelungentreuen Gefährten, der wesentlich zum Erfolg seiner Geschäfte beitrug.
„Bist du ganz sicher?“ Branko Bagićs Frage klingt beinahe ungläubig. „Fotos. Das ist gut. Und er ist zweifelsfrei identifiziert worden? Kannst du verhindern, dass sie seine Frau benachrichtigen? Ich brauch die Unterlagen. Ich muss unbedingt als erster mit ihr reden. Am besten wird sein, du setzt dich sofort ins Auto und bringst mir die Dokumente. Ich erwarte dich noch heute Nacht bei Gordana. Egal wie lange du brauchst. Ich warte. Also, mach dich auf den Weg!“
Branko Bagić lächelt still in sich hinein. „Hast du eine Zigarette?“ Radomir Uljarevic, schaut den Imam ungläubig an, denn es ist nicht die Art des Mannes, in der Öffentlichkeit zu rauchen. Er zieht eine Schachtel aus der Hosentasche und bietet sie Branko dar. Der fingert mit verklärtem Blick eine Zigarette aus der Schachtel und entzündet sie an dem von Rad über den Tresen hinweg gereichten brennenden Streichholz. Nach dem ersten Zug leckt er sich die fleischigen Lippen, als stehe ihm ein opulentes Mahl bevor. Dann nickt er kaum merklich und verlässt das Restaurant. Er besteigt seinen deutschen SUV, wendet schwungvoll und braust in Richtung Süden und in die abendliche Dämmerung davon, der Kreisstadt und seiner willfährigen Geliebten Gordana entgegen. Branko Bagić genießt es, den PS-starken Motor wie einen brunftigen

Hirsch röhren zu lassen. Er genießt es, im Scheitelpunkt der zahllosen Kurven der Küstenstraße das Gaspedal durchzutreten und sich druckvoll auf die Geraden schieben zu lassen. Noch mehr als das Gefühl von totaler Kontrolle liebt er das Gefühl von Stärke. Branko Bagić fühlt sich in diesem Augenblick unbesiegbar und lehnt, als er das Gas durchdrückt, den Hinterkopf an die Nackenstütze, um die Schwerkraft zu genießen, als völlig unerwartet, eine menschliche Gestalt am Rand der Straße im Zwielicht auftaucht, die dem heranbrausenden Auto entgegen schaut. Branko erkennt das Gesicht sofort wieder, dass er im strömenden Regen auf eben dieser Straße schon einmal gesehen hat und das ihn derart aus der Fassung gebracht hatte, dass er reaktionsunfähig gewesen war. Diesmal funktionieren seine Reflexe; beherzt steigt er auf die Bremse und kommt neben dem Fremden zum Stehen. Branko Bagić drückt den Knopf des Fensterhebers der Beifahrerseite und mit einem dezenten Surren senkt sich die Scheibe. Branko mustert das reglose Gesicht des Mannes.
„Hallo, kann ich Sie mitnehmen?“
„Wenn Sie in die Stadt fahren, warum nicht!“ Ulysses steigt ein und mustert den kräftigen, untersetzten Mann am Steuer, dessen Gesicht einen festen Willen ausstrahlt.
„Sie sind nicht von hier, oder? Ich habe Sie schon einmal gesehen, hier auf der Straße, nachts bei strömendem Regen, vor drei oder vier Wochen ...“
Ulysses schüttelt den Kopf. „Das kann nicht sein. Zu dieser Zeit war ich ganz sicher nicht hier.“ Er beißt sich auf die Unterlippe. Die Lüge war ein Reflex, aber völlig überflüssig.
„So, nicht hier ...“ Der Fremde hat nun Branko Bagićs Neugier geweckt. „Wo waren Sie denn zu dieser Zeit?“
„Auf See.“
„Ach, Sie sind Seemann?“
Ulysses spürt, dass er dem Mann etwas anbieten muss, wenn er der Befragung ein Ende bereiten will. „Fischer. Ich denke darüber nach, mich hier in der Gegend als Fischer niederzulassen. Ich treffe mich heute Abend mit einem ansässigen Fischer. Also, wenn Sie mich in Hafennähe absetzen könnten, wäre ich Ihnen sehr verbunden.“

Die Fahrt verläuft schweigend, aber Branko Bagić spürt, dass dieser Mann nicht aufrichtig ist. Unter anderen Umständen hätte er ihm auf den Zahn gefühlt und ganz sicher herausgefunden, was mit dem Mann nicht stimmt. Doch heute ist er abgelenkt von dem was kommen wird und seine Fantasie schweift immer wieder ab. Ganz unterschiedliche Szenarien laufen vor seinem inneren Auge ab, und eines wie das andere hat nur den einen denkbaren, für ihn sehr glücklichen Ausgang.

Als Ulysses die hell erleuchtete Mole erblickt, atmet er tief durch. „Das wäre doch nicht nötig gewesen. Aber ich bedanke mich."

Branko Bagić bremst sanft und als der Wagen zum Stehen kommt, reicht er Ulysses seine Visitenkarte: „Keine Ursache, ist für mich kein wirklicher Umweg. Wenn Sie mal Hilfe brauchen, bei Ihrer Niederlassung als Fischer, wenden Sie sich an mich. Ich kenne eine Menge Leute, kann Ihnen bestimmt helfen." Er reicht Ulysses seine kräftige, behaarte Hand. „Alles Gute." Als Ulysses die Hand ergreift, schließt sie sich erbarmungslos wie ein Schraubstock und er spürt deutlich, dass sein Gegenüber ihm damit etwas sagen will. Nach ein paar Sekunden löst sich der Griff wieder und Ulysses rutscht geschmeidig vom Sitz und aus dem Auto. „Danke."

Branko Bagić schaut dem Mann nach, der mit federndem Schritt die Hausfassade der Hafenfront entlang schlendert, um in eine der zahlreichen Kneipen zu verschwinden.

Ulysses lässt seinen Blick durch den Raum schweifen. Ein paar Touristen und einige Einheimische, lautstark und gestikulierend miteinander redend, bevölkern den Gastraum. Dann entdeckt er einen einzelnen Mann, ein Endfünfziger mit wettergegerbtem Antlitz, einzeln an einem Tisch sitzen und in sein Rotweinglas stieren.

Ulysses steuert den Tisch an: „Marko Pogačar?"

Der Mann schaut auf. Zwei Goldzähne blinken Ulysses entgegen. „Ganz recht. Ulysses?" Er weist Ulysses den Stuhl gegenüber an.

„Einen Roten?" Er winkt dem Wirt und bedeutet ihm, einen

halben Liter zu bringen. „Sie sind also an meiner Lizenz und auch an meinem Boot interessiert?“
Ulysses wartet, bis der Wirt die Gläser gefüllt hat, erhebt das Seinige und prostet seinem Gegenüber zu. „Ja, das bin ich.“
Marko Pogačar, der Fischer lehnt sich zurück, wobei seine breite Brust hervortritt. „Sie wissen schon, dass die Lizenzen sehr begehrt sind und nicht billig?“
Ulysses winkt ab und lacht. „Wo nicht! … Ich würde mich gern hier niederlassen und meine Familie nachholen.“
„Familie“, Marko, der Fischer, nimmt einen Schluck.
„Sie haben Kinder?“
„Einen Sohn. Er ist jetzt sechszehn Jahre alt und möchte auch Fischer werden. Warum nicht eine Dynastie von Fischern begründen …“
Ulysses zieht eine Schachtel Zigaretten aus der Hosentasche und bietet dem Fischer eine an. Der lächelt ein gequältes Lächeln und greift zu. „Sie müssen wissen, ich verkaufe nicht gern, aber ich muss.“ Er nimmt einen tiefen Zug und hüstelt zwei, drei Mal. „Ich habe Lungenkrebs; ich mach's nicht mehr lange. Ich verkaufe, damit meine Frau versorgt ist. Die Kinder sind längst aus dem Haus. Tja, so schaut's aus.“
Ulysses ist erstaunt über die Offenheit des Mannes, die ihn dazu ermutigt, direkt zu fragen: „Wie lange noch?“
Der Mann fährt sich mit der Hand durch sein volles graumeliertes Haar. „Höchstens noch ein Jahr. Aber man möchte ja auch noch ein paar Tage genießen, oder? Prost.“
„Ja, das möchte man wohl, … noch ein paar Tage genießen.“
„Wir sollten diese Woche mal gemeinsam rausfahren. Dann kann ich Ihnen meine besten Fanggründe zeigen.“
Ulysses nickt eilfertig. „Das sollten wir. Gibt es denn keine anderen Bewerber um die Lizenz und das Boot?“
Marko Pogačar schaut sich im Gastraum um. „Klar gibt es die, es wollen mich viele beerben. Aber ich finde, ein wenig frisches Blut könnte das Kaff vertragen.“
Ulysses lächelt den Mann an und ist erleichtert, dass der bald sterben wird.

Branko Bagićs Kopf ruht mit geschlossenen Augen und halboffenem Mund auf der Lehne der ledernen Couch, während Gordana zwischen seinen Beinen auf dem Boden kniet und sein Geschlechtsteil mit den Lippen und der Zunge nach allen Regeln der Kunst bearbeitet. Doch Branko Bagić ist nicht recht bei der Sache. Seine Gedanken schweifen immer wieder ab, umkreisen das Schwalbenhaus auf der Klippe wie eine Möwe, begierig, ein Bild von Calypso zu erhaschen. Es will nicht gelingen. Er hatte sehnlichst gehofft, sich mittels der geschickten Stimulation durch Gordanas Lippen ein deutliches Bild davon zu machen, wie es sich wohl anfühlen könnte, wenn er das erste Mal in Calypso eindringt.
„Also, langsam artet das in Arbeit aus. … Was ist denn los mit dir?“ Gordanas Stimme, insbesondere der leicht ordinäre Klang, hat ihn schlagartig ernüchtert. Er schaut sie von oben herab an und sieht plötzlich eine Frau, die ihn wie ein Lurch anglotzt. Er stellt ebenso mit Entsetzen fest, wie klein ihr Schädel eigentlich ist, und er zweifelt ernsthaft daran, dass darin ein Gehirn Platz haben könnte. Branko Bagić ist zutiefst angewidert, legt ihr seine ganze Hand auf das Gesicht, als wolle er es für immer auslöschen und stößt sie mit aller Kraft von sich. Gordana rutscht auf dem blanken Fliesenboden durch das Zimmer und ihr wohlgeformter Körper kommt mit einem heftigen Aufprall auf der gegenüberliegenden Seite des Zimmers zum Stillstand.
„Bist du wahnsinnig? Du willst mich wohl umbringen? Morgen ist bestimmt mein ganzer Rücken blau.“ Der letzte Satz geht in einen weinerlichen Ton über und binnen weniger Sekunden ist ihr stark geschminktes Gesicht tränenüberströmt.
„Halt deine Fresse, oder … Halt einfach deine Fresse, du blöde Fotze!“
Gordana weiß, dass jede Erwiderung lebensgefährlich sein kann. So hat sie Branko Bagić noch nie erlebt und sie zieht sich, von heftigen Zuckungen am ganzen Körper geschüttelt, in ihr Bad zurück, aus dem sie sich nicht mehr hervor traut, bis man sie ruft.
Branko Bagić knöpft sich seine Hose zu, richtet sein Hemd und geht zum Kühlschrank, um sich ein kühles deutsches

Bier zu holen. Es läutet an der Tür und als Branko die Gegensprechanlage drückt, meldet sich Mihael Vrčkovnik: „Mihael hier.“ Branko Bagić drückt den Türöffner und öffnet die Wohnungstür einen Spalt. Dann setzt er sich wieder auf die Couch, öffnet das Bier und trinkt es auf einen Zug leer.
„Grüß dich, Branko.“
„Wie geht's, Mihael? … Was hast du für mich?“
Mihael Vrčkovnik, ein schlanker, sehr muskulös wirkender Mann mit einem kantigen Gesicht und einer platten, ganz sicher mehrfach gebrochenen Nase, setzt eine gewichtige Miene auf. „Ich glaube, … nein, ich bin sicher, das wird dich glücklich machen.“ Er zieht einen Umschlag unter seinem linken Arm hervor, entnimmt ihm einige Fotos und breitet sie auf dem Boden vor Branko Bagić aus. Er deutet auf einen hochaufgeschossenen, völlig ausgemergelten Mann hinter einem Maschendrahtzaun.
„Ist er das?“
Branko Bagić nähert sich dem Foto, in dem er sich ganz langsam vorbeugt. „Allahu akbar! … Das ist er.“
Mihael Vrčkovnik wechselt das Foto augenblicklich gegen ein anderes aus. Darauf ist eine Reihe von nackten oder halbnackten Männerleichen zu sehen, die in einer Reihe neben einem frisch geöffneten Massengrab liegen.
„Dann ist er das auch.“
Branko Bagić lehnt sich ebenso langsam, wie er sich vorgebeugt hat, wieder zurück in das Lederpolster der Couch: „Allahu akbar! … Das ist er. … Mihael, ich liebe dich.“ Er packt den Mann mit beiden Händen am Kopf und drückt ihm lautstark zwei bierfeuchte Schmatzer auf die Wangen.
„Komm Bruder, lass uns trinken.“
„Branko, ich muss heute noch zurück.“
„Na und? Scheiß drauf. Gordana wird dich fahren.“
Mihael schaut seinen Chef mit Unverständnis an.
„Gordana?“
Branko Bagić entkorkt eine Flasche ohne Etikett und gießt zwei große Schnapsgläser randvoll. „Ich kann sie nicht mehr sehen. Ich brauch sie jetzt auch nicht mehr. Bring sie in irgendeinem unserer Etablissements unter. Die kann noch ein

paar Jahre anschaffen. Sie hatte eine ziemlich lange Schonzeit, nicht wahr?“
Die beiden Männer lachen und stoßen an. Mihael zuckt kurz mit den Schultern, bemerkt verschmitzt: „Die ist jetzt vorbei“, und stürzt den Schnaps hinunter.

Ulysses betrachtet Calypso eingehend, als würde er sie ein letztes Mal sehen, als würde er das Morgengrauen nicht mehr erleben. Er liebt diese Frau, aber er erinnert sich daran, was sein Vorgesetzter immer zu sagen pflegte, wenn die Sprache auf Frauen kam: „Frauen haben eine Welt, die Liebe. Männer haben eine Liebe, die Welt.“
Sanft berührt er mit den Fingerspitzen ihre Brustwarzen und Calypso schlägt die Augen auf. „Ich habe eine Entscheidung getroffen. Ich werde mit dir weggehen. Egal wohin, ich folge dir.“
Ulysses lächelt und beginnt sie zu küssen, den Mund, den Hals, die Brüste, den Bauch, ihre Schenkel und schließlich ihren wunderbaren kleinen Venushügel. Der Rausch, den die beiden erleben, ist so vollkommen, so einzigartig, dass beide, Calypso und Ulysses wissen, dass etwas geschehen ist. In diesem Augenblick ist neues Leben entstanden und zumindest Calypso ist sich dessen bewusst. Als Ulysses von ihrem Körper gleitet, gleitet auch eine Träne vom Gesicht der Frau, die nun um ihre Mutterschaft weiß. Lange liegen sie nebeneinander und schweigen. Schließlich schläft Calypso ein. Ulysses lauscht noch eine Weile ihrem gleichmäßigen Atem. Dann erhebt er sich, löscht das Licht und kleidet sich im Nebenzimmer an. Als er auch hier das Licht löscht, erblickt er hinter dem Stubenfenster ein Gesicht. Es ist das Gesicht Petars, das tränenüberströmt im Mondlicht glänzt. Das letzte, was Ulysses erkennen kann, ist das zornige Flackern in den Augen des Jungen und er weiß, dass dieser Zorn nur schwer zu bändigen sein wird. Als er vor das Haus tritt, ist der Junge fort. Seine Sinne sind geschärft durch diese Entdeckung und er wendet sich zielstrebig dem Dorf und der Küstenstraße zu. Kaum hat er das Dorf hinter sich gelassen, schreitet Ulysses kräftig aus, denn er weiß, er braucht zwei Stunden bis zum

Hafen der Kreisstadt, wo Marko Pogačar, der Fischer, auf ihn wartet, um mit ihm zum Fischen hinaus zu fahren. Ulysses ist es wichtig, dass niemand sie beim Auslaufen sieht. Sein eiserner Wille und seine Entschlossenheit paaren sich auch an diesem Morgen mit dem Glück des Tüchtigen. Bald schon schiebt der tuckernde Dieselmotor den Kutter an der Mole entlang auf die offene, spiegelglatte Adria hinaus. Schnell glätten sich die zurückgelassenen Bugwellen und das Meer leugnet wieder die Existenz der beiden Männer.

„Es war ein Mann bei ihr. Ich habe ihn gesehen. Sie haben nackt auf dem Bett gelegen und sie haben Sachen gemacht."
Branko Bagić versucht den Jungen zu beruhigen, doch Petar ist außer sich und so zieht der Imam den Knaben kurzerhand in den Flur seinen Hauses.
„Hast du den Mann erkannt? War es Bojan, Calypsos Ehemann? Oder war es ein Mann aus dem Dorf?"
Petar schüttelt den Kopf.
„Ich kenne den Mann nicht. Hab ihn noch nie gesehen. Aber sie haben so Sachen gemacht." Ein Schluchzen entfährt dem Jungen, der sich kaum unter Kontrolle hat.
Branko Bagić wendet sich ab, geht ins Haus und kehrt mit dem großen Umschlag zurück, den er am Vorabend von Mihael Vrčkovnik bekommen hatte. „Komm, lass uns ins Schwalbenhaus fahren." Als beide das Auto besteigen, bemerkt Petar eine Pistole in Branko Bagićs Hosenbund, was seine Entschlossenheit, endlich tätig zu werden, befeuert. Sie fahren nur wenige Minuten bis hinauf zur Klippe. Branko Bagić parkt sein Auto etwa zwanzig Meter vom Haus entfernt, denn er hat eine gewaltige Staubwolke auf dem Weg hinauf zur Klippe hinter sich her gezogen. Er möchte nicht, dass das Haus, dessen Türen und Fenster offen stehen, im Staub versinkt.
„Du bleibst im Auto, verstanden?" Branko Bagićs Anweisung lässt keinen Widerspruch zu. Er steigt aus und geht hinüber zum Haus, den Briefumschlag in beiden Händen vor sich her tragend.
„Frau Jerković?" Er lugt zur Tür hinein.

„Ja“, schallt es aus dem Innern und Branko Bagić fühlt sich ermutigt, das Haus zu betreten. Calypso sitzt am Küchentisch und trinkt einen Kaffee. Bei Anblick des Imams schreckt sie zusammen, unmerklich, doch unübersehbar für Branko Bagić.
„Verzeihen Sie mein Eindringen, aber ich fürchte, ich habe sehr schlechte Nachrichten für Sie. Eine Behörde, die mit der UNO die Vorgänge in Srebrenica untersucht, hat mich davon in Kenntnis gesetzt, dass Ihr Ehemann Bojan Jerković den ethnischen Säuberungen der serbischen Truppen zum Opfer gefallen ist.“
Calypso starrt ihn entsetzt an. „Nein! Nein, nein!. … Das kann nicht sein.“
„Es tut mir leid, aber ich habe entsprechende Dokumente, die das belegen.“ Selbst im Augenblick des höchsten Schmerzes für Calypso, kann Branko Bagić an nichts anderes denken als an seine Begierde, die Frau zu umarmen, ihr die Kleider vom Leib zu reißen und sie zu nehmen.
„Sind Sie allein im Haus?“
Calypso begreift diese Frage nicht und fordert Branko Bagić auf, ihr die Dokumente zu zeigen.
„Ausgeschlossen“, wendet der Imam ein, „sie sind so grauenvoll … Ich kann das nicht tun.“
Calypso fordert den Mann mit zusammengebissenen Zähnen und zischender Stimme auf, ihr die Dokumente auszuhändigen. Behutsam nimmt Branko Bagić ein Foto nach dem anderen aus dem Umschlag und legt es auf den Tisch.
„Hier ist Ihr Mann in Gefangenschaft. Erkennen Sie ihn?“
Calypso nickt.
„Und hier, … verzeihen Sie mir, … ist sein Leichnam.“
Calypso starrt minutenlang regungslos und ohne einer einzigen Träne fähig auf den toten Körper Bojans. Ihre Erstarrung löst sich unvermittelt, als ihr Blick auf ein weiteres Foto von Bojans Gefangenschaft hinter dem Maschendrahtzaun fällt. Kaum könnte man glauben, dass ihr Entsetzen sich nicht steigern ließ, doch plötzlich beginnt die zarte Frau am ganzen Körper zu zittern. Ein Schrei entfährt ihrer Kehle, langgedehnt und markerschütternd, der erst endet, als sämtliche

Luft aus ihrer Lunge herausgepresst ist. Vor dem Zaun steht, in serbischer Offiziersuniform und lässiger Haltung Ulysses. Er hat einen Daumen hinter die Gürtelschnalle geklemmt und unterhält sich mit dem Oberkommandierenden der serbischen Truppen, dessen Bild die ganze Welt kennt.
Branko Bagić bleibt ihr Entsetzen nicht verborgen und er folgt ihrem erstarrten Blick und betrachtet das Foto. Sofort erkennt er den Mann, den er als Anhalter mitgenommen hat. Seine Augen wandern zwischen dem Foto und dem schmerzverzerrten Gesicht Calypsos hin und her. Dann ergreift er das Foto und stürzt aus dem Haus zu seinem Auto. Er reißt die Beifahrertür auf und hält Petar das Foto vor sein Gesicht.
„Ist das der Mann, den du heute Nacht gesehen hast?"
Auch Petar erkennt Ulysses sofort und nickt.
Branko Bagić stürzt zum Haus zurück, wobei er seine Pistole aus dem Hosenbund zieht.
„Wo ist er? Wo ist die serbische Ratte, das Christenschwein? … Hast du ihn versteckt, du Hure?"
Mit vorgehaltener Waffe durchsucht er das Haus, wird aber nicht fündig. Er hält inne und atmet schwer. Er kehrt in die Küche zurück, wo Calypso noch immer völlig paralysiert auf die Bilder starrt.
„Das wirst du büßen!"
Er wendet sich ab und geht zu seinem Auto zurück. Als er eingestiegen ist, die Waffe noch immer im Schoß haltend, bemerkt er, dass Petar nicht mehr da ist. Branko Bagić öffnet noch einmal die Tür und ruft den Jungen. Als dieser sich nicht meldet, startet er kurzentschlossen das Auto und fährt davon.

Petar ist, während Branko Bagić das Haus durchsucht, um das Haus herumgeschlichen und steht an der Hintertür, als Branko Bagić den Satz „Das wirst du büßen!" spricht. Jetzt steht er reglos und weiß nicht, was er tun soll, als er Geräusche aus dem Hausinnern vernimmt. Er zieht sich zurück und versteckt sich hinter dem Brennofen. Calypso erscheint. Wie eine Nachtwandlerin, mit steifgliedrigen Bewegungen, kehrt sie an ihre Arbeit zurück. Die erste kleine Skulptur, die sie in die Hand nimmt, um sie in den Ofen zu tragen, entgleitet ihr und zersplittert in unzähligen Scherben. Es war ebenfalls ein Körper, der von Ulysses inspiriert war. Mechanisch greift sie nach anderen Objekten, steigt die Stufen zum Eingang des Ofens hinunter und verschwindet im Dunkel des Innern. Petar kommt aus seinem Versteck, betrachtet die blecherne Tür und schließt und verriegelt sie ohne Eile. Dann schaut er sich um, entdeckt einen farbgetränkten Lappen. Im Haus findet er in der Küche am Gasherd Streichhölzer und kehrt damit zum Brennofen zurück. Er wickelt den Lappen um einen Stock, entzündet ihn und geht von Feuerloch zu Feuerloch und schürt das darin befindliche Reisig. Schnell beginnt das Feuer zu brennen und während sich Petar dem Heimweg zuwendet, glaubt er ein schwaches Klopfen zu vernehmen. Aber er ist sich nicht sicher. Leise zitiert er seinen Koranvers: „Und wer eine Missetat tut oder wider sich sündigt und dann Gott um Verzeihung bittet, wird Gott verzeihend und barmherzig finden.“ Er ist stolz, dass er ihn auswendig kann.

Ulysses zurrt den Tampen fest, der die Persenning umspannt, in der sich die Leiche von Marko Pogačar, dem Fischer, und der Anker des Beibootes befinden. Und während er das fachgerecht geschnürte Paket über die Reling gleiten lässt, denkt er, dass dieser schnelle Tod einem einjährigen Siechtum doch allemal vorzuziehen ist. Dann entledigt er sich seiner leichten Schuhe, steigt auf das Dach der Kajüte, erklimmt den kurzen Mast und beginnt mit einer kleinen Axt den Radarreflektor herunter zu schlagen. Er muss dafür sorgen, dass niemand seine Fahrt verfolgen kann. Als er seinen Blick nach Nordosten wendet, sieht er eine Rauchsäule aufsteigen. Ein letztes Mal gibt er sich der sentimentalen Erinnerung an Calypso hin. Dann steigt er herunter, startet den Diesel und bringt den Kutter mit halber Kraft auf den Kurs nach Griechenland. Im selben Augenblick denkt Lidija Vukcevic, die Ladenbesitzerin des kleinen, beschaulichen Ortes an der adriatischen Küste darüber nach, warum der Qualm, der am Schwalbenhaus auf der Klippe aufsteigt, dieses Mal so bedrohlich schwarz ist.

Impressum

Aleph Verlag
Erstausgabe 2018

Coverbild: Ute Dissmann
Vignette Innentitel: Inge Jastram
Umschlaggestaltung und Layout: Theresia Teck
Herstellung und Vertrieb: Books on Demand GmbH Norderstedt

ISBN 978-3-936934-16-8

Frank Sporkmann *wurde 1955 auf der Insel Rügen als Sohn eines NVA-Offiziers geboren. Mit Beginn eines Studiums der Germanistik und der Geschichte an der Ernst-Moritz-Arndt-Universität in Greifswald geriet er durch eine Falschaussage eines Informellen Mitarbeiters in den Focus der Staatssicherheit. Die lückenlose Überwachung dauerte bis 1989 an. Anfang der 80er Jahre begann Frank Sporkmann Theaterstücke zu schreiben und wurde von den Sicherheitsbehörden mit einem Veröffentlichungsverbot belegt. Er diplomierte im Fach Philosophie und erhielt durch einen Irrtum der Verwaltung 1987 die Zulassung als freiberuflicher Autor bei andauerndem Aufführungs- und Publikationsverbot. Im Februar 1989 war er Mitbegründer des 1. unabhängigen Verlages in der DDR (Autoren Kollegium - Dramenvertrieb) in Berlin. Seit 1989 war er journalistisch für nationale und internationale Tageszeitungen und Zeitschriften tätig. 1989 fanden die Uraufführung des Dramas „Dame zu dritt - oder die Nulldynamik der alten Männer" am Volkstheater Rostock sowie zahlreiche Gastspiele in der alten Bundesrepublik (z.B. Einladung zum Stückemarkt in Heidelberg) statt. Nach Anfeindungen durch die alten politischen Eliten der DDR siedelte er 1996 nach Amsterdam um. 1997 folgte die Uraufführung von „Fidibus" am Schauspielhaus Leipzig in der Regie von Armin Petras, im Anschluss daran im Mai 1998 eine Einladung zum Festival „Auawirleben" in Bern /Schweiz. Nach einem einjährigen Aufenthalt in Australien und Neuseeland ließ er sich 1998 in München nieder, wo er seitdem als freiberuflicher Schriftsteller, Literaturdozent und Theaterkritiker lebt. Seit 2004 schrieb er für das Portal www.theaterkritiken.com unter dem Pseudonym Wolf Banitzki mehr als 600 Kritiken (Stand 2018), von denen einige in Materialsammlungen für den Gymnasialunterricht Eingang fanden. 2004 wurde sein Theaterstück „Der Weltveränderer" im Theater Blaue Maus in München uraufgeführt. Von 2004 bis 2015 unterhielt Frank Sporkmann auf der indonesischen Insel Lombok einen Zweitwohnsitz, wo er neben seiner schriftstellerischen Arbeit auch als Tauchlehrer tätig war. Nebenher bereiste er fast sämtliche Länder Asiens. Seine Theaterstücke werden vom Drei Masken Verlag und vom Aleph Verlag vertreten.*